本科院校国际化特色
应用型人才培养模式研究与实践

李春忠 ◎著

中国书籍出版社
China Book Press

图书在版编目 (CIP) 数据

本科院校国际化特色应用型人才培养模式研究与实践 / 李春忠著 . -- 北京：中国书籍出版社，2023.12
ISBN 978-7-5068-9718-1

Ⅰ . ①本… Ⅱ . ①李… Ⅲ . ①高等学校 – 国际化 – 人才培养 – 培养模式 – 研究 – 中国　Ⅳ . ① G649.2

中国国家版本馆 CIP 数据核字（2023）第 234832 号

本科院校国际化特色应用型人才培养模式研究与实践

李春忠　著

丛书策划	谭　鹏　武　斌
责任编辑	李　新
责任印制	孙马飞　马　芝
封面设计	博健文化
出版发行	中国书籍出版社
地　　址	北京市丰台区三路居路 97 号（邮编：100073）
电　　话	（010）52257143（总编室）　（010）52257140（发行部）
电子邮箱	eo@chinabp.com.cn
经　　销	全国新华书店
印　　厂	三河市德贤弘印务有限公司
开　　本	710 毫米 × 1000 毫米　1/16
字　　数	230 千字
印　　张	15.5
版　　次	2024 年 5 月第 1 版
印　　次	2024 年 5 月第 1 次印刷
书　　号	ISBN 978-7-5068-9718-1
定　　价	86.00 元

版权所有　翻印必究

目 录

第一章 绪 论 ………………………………………………………… 1
 第一节 教育国际化的背景与内涵 ………………………………… 1
 第二节 本科院校教育国际化的趋势与现状 …………………… 14
 第三节 本科院校教育国际化的实施路径 ……………………… 23
 第四节 本科院校应用型人才培养的理论阐释 ………………… 27

第二章 本科院校国际化特色应用型人才培养的理念 ……………… 32
 第一节 以人民为中心发展教育的理念 ………………………… 32
 第二节 教育公平理念 …………………………………………… 39
 第三节 打造国际留学中心 ……………………………………… 51

第三章 本科院校国际化特色应用型人才培养的国外借鉴 ………… 53
 第一节 澳大利亚高等教育国际化的经验与启示 ……………… 53
 第二节 英国高等教育国际化的经验与启示 …………………… 60
 第三节 俄罗斯高等教育国际化的经验与启示 ………………… 63
 第四节 其他国家高等教育国际化的经验与启示 ……………… 75

第四章 本科院校国际化特色应用型人才培养的模式 ……………… 91
 第一节 现代学徒制人才培养模式 ……………………………… 91
 第二节 产教融合人才培养模式 ………………………………… 104
 第三节 校企合作人才培养模式 ………………………………… 111
 第四节 实践教学管理人才培养模式 …………………………… 121

第五章 本科院校国际化特色应用型人才培养的内容 ……………… 127
 第一节 应用型人才的知识素养 ………………………………… 127
 第二节 应用型人才的媒介素养 ………………………………… 138

  第三节 应用型人才的文化素养…………………………… 143
  第四节 应用型人才的全球胜任力…………………………… 152
第六章 本科院校国际化特色应用型人才培养的主导………… 155
  第一节 国外教师国际化能力培养的经验借鉴……………… 155
  第二节 我国本科院校教师的专业发展……………………… 166
  第三节 本科院校双师型师资队伍的建设…………………… 177
第七章 本科院校国际化特色应用型人才培养的趋势………… 191
  第一节 本科院校内部治理的破局之路……………………… 191
  第二节 本科院校教育供给质量优化………………………… 200
  第三节 本科院校的人工智能教育…………………………… 209
  第四节 本科院校国际化特色应用型人才培养路径探索…… 221
参考文献………………………………………………………… 236

第一章 绪 论

教育国际化是指将教育纳入国际视野,借鉴和吸收国际先进教育理念和经验,加强国际交流与合作,提高我国教育国际化水平的过程。在当今世界,教育国际化已成为不可阻挡的趋势,许多国家都在加强教育国际化方面的工作。在我国,教育国际化也越来越受到重视,许多省市和学校都在积极推进教育国际化。总之,教育国际化是当前教育改革和发展的重要方向,需要不断加强和完善。如何培养应用型人才,以更好地应对教育国际化带来的机遇与挑战,我们需要重点关注。

第一节 教育国际化的背景与内涵

一、教育国际化的背景

在世界日趋走向一体化的今天,教育国际化已经成为当今世界教育发展的必然趋势。这不仅是经济全球化、政治多极化、科技信息化、文化多元化的要求,也是教育自身发展的要求。

(一)经济全球化带来的大市场要求教育国际化

经济全球化对教育产生了深刻的影响。在经济全球化的背景下,教育不再仅仅是国内的事情,而是面向全球。

首先,经济全球化使人才市场趋向国际化,一个世界性的人才流动市场正在形成。这意味着,人才的培养和使用都需要更加注重国际化,培养具有国际竞争力的高素质人才。同时,人才的流动也将促进各国之间的教育交流和合作,推动全球教育的发展。

其次,经济全球化也带来了教育资源的全球化配置。国外的优质教育资源不断涌入国内,为教育提供了更多的选择和机遇。这也促进了国内教育的竞争,推动了国内教育质量的提升。

最后,经济全球化也对国内教育的教学方式和教学内容产生了影响。国内教育需要更加注重国际化和适应性,注重培养学生的创新能力和实践能力,以适应全球化背景下的国际竞争和合作。

总之,经济全球化对教育产生了深刻的影响,国内教育需要更加注重国际化和适应性,提高教育质量和教学水平,以适应全球化背景下的国际竞争和合作。

(二)政治多极化带来的大变革要求教育国际化

政治多极化对教育产生了深刻的影响。在政治多极化的背景下,各国之间的关系变得更加复杂和紧密,教育也成了国际关系中的一个重要领域。

首先,政治多极化促进了国际合作和交流。各国之间的教育合作和交流得到了加强,如各国之间的学生交流、教师交换等项目越来越多。这有利于促进各国之间的相互了解和友谊,提高教育的质量和影响力。

其次,政治多极化也带来了教育资源的多元化配置。各个国家在教育资源方面的差异逐渐显现,这为各国的教育提供了更多的选择和机遇。同时,教育资源的多元化配置也推动了各国之间的竞争,促进了全球教育的发展。

最后,政治多极化也对教育的内容和方法产生了影响。各国需要更加注重本国文化和传统的传承和创新,同时也需要注重国际化和适应性,以适应不同国家和地区的需求和挑战。此外,教育的方法也需要更加注重创新和实践,以适应快速变化的社会环境和需求。

总之,政治多极化对教育产生了深刻的影响,需要各国之间加强合作和交流,推动教育的发展和进步。

(三)科技信息化带来的大创新要求教育国际化

科技信息化和教育国际化是相互促进、相辅相成的。在当今世界，科技信息化已经成为不可阻挡的趋势，为教育国际化提供了基础设施和技术支持。

首先，科技信息化为教育国际化提供了便捷的渠道。通过互联网等渠道，学生和教师可以在全球范围内进行教育和交流，打破了地域和时间的限制。这为教育国际化提供了更广阔的舞台和机遇。

其次，科技信息化也带来了教学方式和内容的变革。教育国际化需要注重培养学生的跨文化交流能力和国际视野，这需要采用更加多元化和创新的教育方式。同时，教育的内容也需要更加注重国际化和实用性，以适应不同国家和地区的需求和挑战。

最后，科技信息化也对教育的质量和评价产生了影响。教育国际化需要注重监控和提升教育质量和教学水平，以保证教育的质量和影响力。同时，教育的评价也需要更加注重国际化和多元化，以客观评估学生的综合素质和能力。

总之，科技信息化和教育国际化是相互促进、相辅相成的。需要加强科技信息化的建设和应用，推动教育国际化的发展和进步。

(四)文化多元化带来的大兼容要求教育国际化

在教育国际化的过程中，尊重文化差异、促进文化交流是重要的原则之一。通过了解和尊重不同文化的特点和价值，可以增进各国人民之间的相互理解和友谊，促进各国之间的合作与交流。同时，通过引进国外先进的课程和教育模式，可以丰富和拓展本国教育的内涵与外延，提高教育的质量和效益。可以说，文化多元化是教育国际化的重要支撑。

以哥伦比亚大学为例，该校聚集了来自全球一百四十多个国家的国际学生和教授，这些学生和教授来自不同的文化背景下，使得哥伦比亚大学成了一个真正的国际化校园。这种文化多元化的氛围也促进了哥伦比亚大学的教育国际化。该校在国际学术合作、科研交流、学生交流等方面都取得了很好的成果。

文化多元化不仅促进了教育的国际化发展，还有助于培养学生的跨文化沟通能力,增强学生的全球化视野。

首先,文化多元化使得学生能够更好地了解和尊重不同国家和地区的文化背景和价值观,从而提高跨文化沟通能力。这种能力在现代社会中越来越重要,特别是在国际合作和跨国交流中。

其次,文化多元化能够帮助学生更好地了解世界各地的事物和文化,从而增强他们的全球视野。这对于学生未来的职业发展和国际交流都具有重要意义

在未来,随着全球化的不断发展,文化多元化将继续发挥重要的作用,为各国人才培养和国际的交流与合作提供更好的支持和保障。

二、教育国际化的内涵

(一)"国际化"与"教育国际化"

"国际化"(internationalization)由英语中的"international"(国际的)演变而来,它在英语中是名词,在汉语中则既可作动词,又可作名词。要认识"国际化"的定义,我们首先来看"国际的"的定义。

"国际的"在汉语中为形容词,《韦氏新国际字典》(第三版)对它的定义,提出了四个方面:

```
                  ┌─ 在国家或者其公民之间的
                  │
                  ├─ 与国家间交流有关的
        国际的 ───┤
                  ├─ 由两个或两个以上国家参与的
                  │
                  └─ 影响两个或两个以上国家的
```

基于此定义,《韦氏新国际字典》(第三版)提出了作为动词和名词的"国际化"的定义,即"……在关系影响或范围上成为国际性的"(动词的),"……这样的活动或者过程"(名词的)。在此基础上,我们可将"国际化"理解为在世界多极化日益交往的今天,各个国家之间相互影响,形成具有共性的先进事物,然后将先进事物逐渐推广,成为不同国家通行的标准的状态或趋势。

从经济学上分析,国际化是企业有意识地追逐国际市场的行为体

现。在全球化的背景下,企业需要更多地关注国际市场,通过改进产品质量、优化营销策略等方式来适应国际市场的需求。国际化是企业实现全球化战略的重要手段之一。

企业的国际化包括产品国际流动和生产要素的国际流动。企业在进行国际化时需要考虑多方面的因素,如语言能力、市场分析、供应链管理等。同时,企业也需要遵守当地的法律法规和文化传统,尊重当地的消费者和用户习惯,以便更好地融入当地市场。

除了企业层面,教育国际化也是当前社会的重要议题。随着全球化的不断发展,各国都在努力推进教育国际化,通过提高教育质量、扩大教育开放等方式来提高教育的国际化水平。教育国际化能够帮助学生更好地了解世界各地的事物和文化,从而提高他们的跨文化沟通能力和全球视野。

总之,国际化是现代社会发展的重要趋势,它对于企业、教育和整个社会的发展都具有重要的意义。

(二)对"教育国际化"的理解

教育国际化(Internationalization of Education)这一术语虽然早已出现,但普遍使用还是在20世纪80年代,它是第二次世界大战后国家间相互交流、研讨、协作,解决教育上共同问题的发展趋势。它旨在通过国际交流与合作,促进各国教育资源的共享,推动教育现代化的发展。教育国际化的目的是将国际、跨文化或全球层面的意识纳入本科院校教育的目的、功能和培养方式的过程,并融合本科院校的各项职能。对"教育国际化"的理解通常来说,是从理论角度来进行的,但它也有基于实践角度的特殊含义。

1. 基于理论视角的理解

教育国际化是一种重要的教育发展趋势,可以从不同理论视角进行分析。例如从利益相关者理论视角分析,在教育国际化进程中,政府、学校、教师、学生、家长、企业等利益相关者都扮演着重要的角色。通过分析这些利益相关者的需求和利益诉求,可以制定相应的政策和措施,促进教育国际化的发展。该视角关注的是教育国际化中的利益相关者及其利益诉求。

从折中理论视角分析,在教育国际化中,政治、经济、文化、社会等因素都会对教育国际化产生影响。因此,需要通过综合考虑这些因素,制定相应的政策和措施,促进教育国际化的发展。该视角关注的是教育国际化的影响因素。折中理论认为,事物的发展是通过矛盾的对立和统一来实现的。

从全球化理论视角分析,教育国际化是全球化趋势的重要组成部分,可以促进国际的交流与合作,提高教育质量和教学水平,培养具有国际视野和跨文化交流能力的人才。因此,需要制定相应的政策和措施,促进教育国际化的发展,以适应全球化的趋势。该视角关注的是全球化背景下的教育发展。

而从教育国际化自身理论的角度来分析,教育国际化是一个复杂的概念,它涵盖了多个方面,包括价值引领、基础和宗旨、黏度与效度以及多样性等。这些方面相互交织、相互促进,共同推动着教育国际化的进程。

教育国际化的价值引领主要体现在联合国教科文组织等国际组织对全球教育发展的规范和引领上。例如,联合国教科文组织发布的《反思教育:向"全球共同利益"的理念转变?》指出,教育和知识是全球共同利益,是实现全球可持续发展的关键,并提出了教育应以"平等、合作、共建、共享"为核心价值诉求与最终旨归。

教育国际化的基础和宗旨是尊重生命和人格尊严、权利平等和社会正义、文化和社会多样性,以及为建设我们共同的未来而实现团结和共担责任的意识。这意味着教育国际化不仅是引入一些国际化的元素,更重要的是要培养学生具有国际视野和跨文化交际能力,以适应全球化社会的发展。

教育国际化的黏度与效度在很大程度上取决于价值引领。一个有效的价值引领可以促进教育国际化的黏度和效度,使学生、教师、员工都能积极参与到国际交流与合作中,从而推动教育国际化的发展。

同时,教育国际化应基于多样性的原则。每个国家和地区都有其独特的文化、历史和社会背景,因此,教育国际化不应该是单一模式的,而应该是基于多样性的原则,尊重每个国家和地区的独特性,同时推动不同国家和地区之间的交流与合作。

2. 基于实践视角的理解

实践层面的教育国际化主要是从内容要素、途径、策略等方面来分析,具体来说,可包括区域和学校两个层面。

实践视角的教育国际化关注的是教育国际化的实践效果和实践经验。例如,对国际交流与合作的强调,国际交流和合作是教育国际化的重要表现形式之一。学校和教育机构可以通过组织学生赴海外交流、邀请国际学生来华学习等方式,促进国际的交流与合作。又如,对课程开发和教学方式的分析,课程开发和教学方式是教育国际化的核心内容之一。学校和教育机构可以通过引进国际先进的教育理念和教学方法,开设具有国际化特色的课程,探索新的教学方式等,提高教育的质量和水平。再如,对学生发展的关注,学生是教育国际化的主体之一。学校和教育机构可以通过开展国际化的教育项目和活动,为学生提供更多的学习机会和资源,拓宽学生的视野和思路,提高学生的跨文化交流能力,为学生的未来发展打下坚实基础。

实践领域的教育国际化还需要重点分析两个问题,即课程国际化与教师教育的实践转向。

课程国际化是实现高等教育国际化的重要途径。在现有专业技术课程中加入国际化元素,增设更多国际课程,训练和培养学生国际思维以及自主选择空间。优势特色学科专业可以加强自身办学特色,提高国际知名度,引进国外先进教材,增加国际教材所占比例。利用现代互联网技术,实现知识共享,网络认定修读跨国课程。在基础课程中增加国际课程、双语课程的比例,实现双语教学,使课程在内容上具备国际性和前沿性。设置本校学生与外来参加培训学员混班课程,增强本校学生的外语实践,也增强外来学生对中文的学习兴趣,培养不同文化程度学生之间的交流与合作。[①]

同时,教师教育应开始更加关注实践问题,进行实践转向。这种转向是为了弥合教师教育理论与实践之间的鸿沟,解决目前国际上主流的以大学为主要单位进行教师教育所产生的弊端,如过于注重掌握抽象的、去情境化的学术知识,忽视发展具体的、程序性的、基于经验的实践

---

① 王红蕾,艾达."一带一路"视域下地方行业高校教育国际化实践[J].神州学人,2022(09):22-25.

能力。教师教育的实践转向主要表现在两个方面：一是实践知识转向，二是实践经验转向。实践知识转向强调教师需要不断借鉴临床医学、法学和建筑学等成熟专业，发展出专属于自己独特领域的专业实践话语体系与实践模式。实践经验转向注意融合教师的个人经验与专业经验，认为教师专业发展中所依存的经验具有情境性、连续性、延展性与互动性。[①]

三、本科院校教育国际化的性质与特点

（一）国际化的重要组成部分

教育国际化是国际化的重要组成部分，它是教育领域内国际交流与合作的不断加强和深入发展的结果。随着经济全球化的不断推进，各国之间的教育交流与合作日益频繁，教育国际化已经成为现代教育事业发展的重要趋势之一。

（二）强调交流与合作

教育国际化强调国际的交流与合作。在教育国际化的过程中，各国之间的交流与合作是至关重要的。这种交流与合作可以包括教师和学生的流动，教育资源的共享，联合研究项目的开展，以及文化交流等方面。通过这些交流与合作，可以促进各国之间的相互理解和友谊，推动世界和平与发展。

同时，教育国际化也强调对不同文化的尊重和包容。在教育国际化的过程中，应该尊重每个国家和地区的文化差异和特点，同时促进各国之间的文化交流和理解。

总之，教育国际化强调国际的交流与合作，这种交流与合作可以促进各国教育资源的共享，推动教育现代化的发展，并培养学生的国际视野和跨文化交际能力。同时，教育国际化也强调对不同文化的尊重和包

---

① 祝刚,章晶晶.教师教育发展五大国际转向[J].云南教育(视界综合版),2021(C2):77-78.

容,以促进各国之间的相互理解和友谊。

（三）具有鲜明的国家属性的发展战略

教育国际化是具有鲜明的国家属性的发展战略。不同国家的教育系统和文化背景不同,因此,教育国际化需要根据不同国家的实际情况进行定制化的实施。同时,教育国际化也需要遵循国家的教育方针和政策,以确保教育的质量和公平性。

许多国家把教育开放政策作为一项基本国策,积极吸收他国之长,发展本国教育事业。如美国通过立法形式要求加强外语教学和国际理解教育；日本为培养国际化人才实行了三十多年的"留学立国"方针；俄罗斯为推进本国的现代化建设,提出要使俄罗斯成为世界文明的主宰者之一,实施了包括扩大外国留学生招生规模在内的多项国际化举措。

（四）具有开放性、通用性、系统性和综合性的特点

本科院校教育国际化的特点确实包括开放性、通用性、系统性和综合性。

（1）开放性。教育国际化打破了传统的教育模式,促进了全球范围内的知识传递和分享。无论是教育资源、教学内容,还是教师和学生,都在不断跨越国界进行交流和合作。

（2）通用性。在推进教育国际化的过程中,注重与世界标准的接轨,如采用欧洲课程科目编码体系设置课程,以实现课程的可比性和通用性；以世界通行的 GPA 制考核学生成绩,采用欧盟英语标准 CEFR 作为学生英语学习的评价标准。

（3）系统性。教育国际化不仅关注某一方面的改革和发展,而且从整体上推进教育系统的变革和完善。

（4）综合性。教育国际化不仅关注教育的质量和效益,还关注如何培养学生的国际视野和跨文化交际能力。它旨在培养具有国际视野、跨文化交际能力和创新精神的人才,以适应全球化社会的需求。

总之,教育国际化具有多个方面的特点,这些特点相互交织、相互促进,共同推动着教育国际化的进程。

四、本科院校教育国际化的作用

本科院校教育的国际化从促进学生发展、扩大教育规模、推动教育改革等方面对我国教育产生了影响,它改变了我国传统的教育环境与教学模式,对于发挥学生学习的自主性,培养学生的创新性与协作性发挥着重要作用,这大大提高了我国人才的国际竞争力。

(一)促进学生发展

首先,国际化教育可以帮助学生获得全球视野和跨文化理解。通过接触不同国家和文化,学生可以更好地了解世界,提高跨文化交流和理解能力,这有助于他们在全球化的社会中更好地适应和发展。

其次,国际化教育可以提高学生的综合素质和竞争力。在国际化教育中,学生通常需要学习外语、掌握国际规则和惯例、接触先进的科技和文化,这有助于培养他们的创新思维和解决问题的能力,提高他们在就业市场上的竞争力。

再次,国际化教育还可以帮助学生拓展人脉。通过与来自不同国家和文化的学生交流和学习,学生可以建立广泛的社交网络,积累国际资源和经验,这有助于他们在未来的职业和生活中的发展。

最后,国际化教育可以促进学生的个性和全面发展。在国际化教育中,学生可以接触到不同的学科和思想,拓展自己的兴趣爱好和知识面,同时也可以更好地了解国际的教育差异和优劣,在多元化的环境中发现和挖掘自己的潜力,促进个性和全面发展。

因此,本科院校推动教育国际化对于学生的发展具有积极的意义,可以帮助学生更好地适应全球化社会和未来的职业发展,同时也可以促进他们的个性和全面发展。

(二)扩大教育规模

首先,国际化教育可以吸引更多的学生和教师参与。通过与国外高校的合作和交流,本科院校可以吸引更多的海外学生和教师前来学习、研究和任教,从而扩大教育的规模和影响力。同时也可以借鉴国际上成功的办学经验和管理模式,提高自身的管理水平和办学质量。

其次,国际化教育可以促进学科建设和教学资源共享。通过与国外高校的合作和交流,本科院校可以引进先进的学科建设和教学资源,提高教学质量和水平,同时也可以与其他高校共享资源,提高教育资源的利用效率。

此外,国际化教育可以推动本科院校的科研发展和创新。通过与国外高校和研究机构的合作和交流,本科院校可以引进先进的科研理念和技术,开展高水平的科研合作和创新活动,提高科研水平和影响力。

(三)推动教育改革

首先,国际化教育可以促进本科院校的教育教学改革。通过与国外高校的合作和交流,本科院校可以引进先进的教育理念、教学模式和教学方法,改革传统的教学方式和手段,提高教学质量和水平。

其次,国际化教育可以促进本科院校的学科建设和专业发展。通过与国外高校的合作和交流,本科院校可以了解学科发展的最新动态和趋势,加强学科建设和专业发展,提高人才培养的质量和水平。

此外,国际化教育可以推动本科院校的师资队伍建设。通过与国外高校的合作和交流,本科院校可以引进优秀的教师资源,提高师资队伍的素质和水平,同时也可以为教师提供更多学习和发展的机会。

五、本科院校教育国际化的要素

(一)教育理念国际化

本科院校教育理念国际化是指以国际先进教育理念为基础,结合我国高等教育的实际情况和需要,建立符合时代要求的本科教育理念。因此,要积极引进和吸收国际先进的教育理念,将其融入学校的办学思想、管理模式和人才培养方式中。例如,可以学习借鉴国际知名高校的教学理念、课程设置、教学方法等,提升学校的整体办学水平。

（二）培养目标国际化

本科院校培养目标国际化是指以国际先进人才培养目标为基础，结合我国高等教育的实际情况和需要，建立符合时代要求的本科人才培养目标。本科院校应该注重培养学生的国际视野和跨文化交际能力，让学生了解和掌握不同国家和地区的文化、历史、社会等知识，同时，注重培养学生的全球意识、国际责任感和领导才能等方面的素质。一般认为，国际化的人才应该具备如下素质：

- 较强的创新意识和广阔的国际化视野
- 除了在国际交流学习中掌握了本专业的知识和技能以外，还掌握了本专业在国际中的发展与定位
- 通晓国际交流规则和发展的惯例
- 具有国际交流与沟通能力，能够跨语种和跨文化交流
- 具备较高的心理素质能力和较强的政治思想素质，既能够吸纳世界各国的优良品质，又不会丧失本民族的传统和风格
- 能够吸纳国际信息，具有较强的信息处理和分析的能力

图 1-1　公认的国际化人才素质

（三）人员交流国际化

本科院校国际化的人员交流是促进学校与国际社会交流和合作的重要手段，可以提高学校的国际影响力和竞争力，同时也为学生提供更广阔的发展机会和平台。交流的人员主要包括学生与教师两方面。

第一，本科院校可以招收和接收国际学生来华学习和生活，通过组织国际学生交流项目，促进不同文化之间的交流和理解。同时，也可以为国际学生提供更加广阔的发展机会和平台。

第二，学生交流是国际化人员交流的重要方面。本科院校可以开展多种形式的学生交流项目，如短期交流、学期交流、实习、科研等，让学生有机会到海外学习和交流,拓宽视野,提高跨文化交际能力。

第三,教师交流是实现本科院校国际化的重要途径。本科院校可以邀请海外学者、专家来校进行学术交流和教学,同时也可以派遣本校教师到海外进行学术交流和教学,学习借鉴国际先进的教育理念和教学方法。

第四,学者互访是本科院校国际化人员交流的重要形式。通过学者互访,可以加强学校与海外高校、研究机构的联系和合作,促进学术交流和科研合作。

(四)学术交流国际化

本科院校国际化的学术交流可以通过多种途径实现,如参加国际学术会议和研讨会、发表国际学术论文、建立国际学术合作伙伴关系、举办国际学术会议和研讨会、开展国际合作研究项目以及建立海外实习基地和实验室等。通过这些途径,可以加强学校与海外高校、研究机构的联系和合作,提高学校的国际化水平和学术影响力。

第一,参加国际学术会议和研讨会。本科院校可以组织教师和学生参加国际学术会议和研讨会,了解国际最新的学术研究成果和动态,学习借鉴国际先进的研究方法和经验。

第二,发表国际学术论文。本科院校可以鼓励教师和学生发表国际学术论文,提高学校的国际学术影响力和地位,同时也可以学习借鉴国际先进的学术思想和理论。

第三,建立国际学术合作伙伴关系。本科院校可以与海外高校、研究机构建立国际学术合作伙伴关系,共同开展科研项目、学术交流等活动,促进学校的国际化发展。

第四,举办国际学术会议和研讨会。本科院校可以举办国际学术会议和研讨会,吸引国际知名学者和专家来校交流和研讨,提高学校的国际知名度和影响力。

第五,开展国际合作研究项目。本科院校可以与海外高校、企业等开展国际合作研究项目,共同解决某一领域的学术问题,推动学校的国际化发展。

第六,建立海外实习基地和实验室。本科院校可以在海外建立实习基地和实验室,让学生有机会到海外进行实践和学习,同时也可以吸引海外学生来校进行实习和实践。

第二节 本科院校教育国际化的趋势与现状

一、本科院校教育国际化的趋势

随着各国对本科院校教育国际化重视程度的不断提高,越来越多的本科院校开始把教育国际化作为自己发展的一项基本战略。本科院校教育国际化在发展过程中受到国际竞争与信息技术的影响,出现了一些新的趋势,对此是需要我们特别注意的。

(一)合作办学的潜力正在显现

中外合作办学是指中国教育机构与外国教育机构依法在中国境内合作举办以中国公民为主要招生对象的教育教学活动。目前,中外合作办学有"中外合作办学机构"和"中外合作办学项目(专业)"两种形式。[①] 截至2021年,经国内审批机关批准的中外合作办学机构和项目就有2332个,其中涉及高等教育的中外合作办学机构和项目占比为90%。

中外合作办学专业的开设大都集中在热门专业领域。例如,工学占39%、管理学占22.2%、艺术学占9.3%、经济学占8.6%、理学占6.3%、医学占4.4%、文学占3.9%、教育学占3.2%等。从这个数据来看,中外合作办学看准的都是国内学生比较热门报考的学科门类,其中很多又集中于几个门类中的热门专业上。

合作办学在高等教育领域具有巨大的潜力,这种潜力主要体现在填补专业和学科空缺、提高教师国际竞争力以及提升学生综合素质等方面。

首先,合作办学能够填补国内高校在专业和学科上的空缺。许多合作办学项目引进了世界先进水平的学科和专业,如物流、领导力、体育

---

① 程斌.中外合作办学发展研究[D].昆明:云南师范大学,2008.

管理、零售管理以及花卉设计等。这些专业在国内的培养体系中可能相对薄弱,而合作办学恰好可以弥补这一缺陷。通过与国外高校的合作,我们可以培养更多具有专业技能和知识的人才,满足国内对这些领域的需求,同时也有助于提高行业的整体素质。

其次,合作办学能够提高国内教师的国际竞争力。通过合作办学,国内教师可以获得出国考察、学习、培训的机会,这不仅有助于他们深造自己的专业,掌握双语教学技能,还能够开阔视野,现场了解国外的教学模式。这种经验积累和能力提升,将使他们在各自的领域中更具竞争力。

最后,合作办学还有助于提升学生的综合素质。通过与国外优秀高校的合作,学生可以获得更丰富的学习资源,更广阔的视野和更深入的实践机会。这不仅可以增强他们的学术能力,提高其专业知识水平,还能培养他们的跨文化交流和团队协作能力。这些素质在未来的职业生涯中都将发挥重要作用。

此外,出国留学的费用太高,而且随着近几年受疫情的影响,出国留学的选择难度越来越高,这就使国内的中外合作办学迎来了更好的机会。很多高校打着在国内留学的口号招揽学生。的确,在国内读中外合作办学专业或高校,比国外的费用要低很多。

因此,中外合作办学的潜力正在显现。通过中外合作办学,学生可以获得国内外的优质教育资源,提高其国际竞争力。同时,对于国内高校来说,中外合作办学也是推进高等教育国际化、提高学校整体水平的重要途径。

（二）信息交流技术初露锋芒

随着信息技术的不断发展和应用,信息交流技术(ICT)在高等教育国际化中发挥着越来越重要的作用。通过信息交流技术,本科院校可以为学生提供更多的学习资源和教学工具,如在线课程、虚拟实验室等,从而提高教学效果和学生的学习兴趣。同时,信息交流技术也可以帮助本科院校与国外高校进行更为紧密的联系和交流,促进中外合作办学项目的开展,进一步提高本科院校的国际化水平。

随着全球化进程的不断加速,本科院校必须不断提高自身的国际竞争力才能在全球教育市场中立于不败之地。信息交流技术可以为本科院校提供更多的国际交流和合作机会,帮助本科院校加强与国外高校的联系和合作,进一步提高本科院校的国际竞争力。

信息交流技术在本科院校教育国际化的过程中可通过以下方式产生影响:

(1)远程教育。通过信息交流技术,学生可以在线接受国际化的教育资源。这不仅使学生能够在自己的国家接受到国外的优质教育,也使得国外的学生可以选修国内的名校课程。这种远程教育模式可以促进知识共享,提高教育公平性。

(2)在线合作项目。ICT可以促进不同国家本科院校间的在线合作项目。例如,学生可以在网络平台上与全球的同学共享项目,合作完成作业或研究。这种合作方式可以帮助学生发展全球视野和跨文化沟通能力。

(3)学术交流。ICT在学术交流方面也起到了关键作用。例如,通过视频会议和在线研讨会,学者可以跨越地理障碍进行深入的学术讨论和合作。这不仅促进了学术知识的交流,也有助于提高研究的质量和影响力。

(4)教育资源共享。通过ICT,不同的本科院校可以共享教育资源,包括课程资料、教学视频、研究数据等。这有助于减少教育资源的浪费,提高教育效率。

(5)语言学习。ICT为学生提供了语言学习的机会。例如,学生可以通过在线语言学习平台学习外语,或者通过观看外语电影和电视剧来提高语言能力。这有助于学生更好地适应国际化的环境。

总的来说,信息交流技术为本科院校教育国际化提供了强大的支持。然而,虽然ICT带来了许多好处,但我们也需要注意其可能带来的问题,如网络安全、隐私保护等问题。因此,在利用ICT推动教育国际化的过程中,我们也需要关注这些问题并采取相应的措施。

(三)地区和国际的推动日渐活跃

在地区层面,地方政府可以通过资金、政策等方面的支持,为本地区高校的教育国际化提供有力保障。例如,地方政府可以出台相关政策,对参与国际化项目的高校进行奖励和补贴,鼓励更多高校积极参与国际化办学。此外,地方政府还可以为高校提供更多的国际交流和合作机会,促进与当地企业、机构等的合作,为本地区高校教育国际化提供更多的资源和支持。在某些地区,国家之间的高等教育系统有较为密切的合作。例如,欧洲地区的博洛尼亚进程(Bologna Process)和北美地区的北美自由贸易区(NAFTA)都促进了高等教育学历的相互承认和跨境教育合作。又如,欧盟的伊拉斯谟斯计划(Erasmus Programme)和美国的富布莱特项目(Fulbright Program)都提供了奖学金和其他形式的支持,以鼓励本科学生参与跨国的学习和研究项目。这些地区性的合作有助于推动本科院校教育国际化的进程。

国际组织如联合国教科文组织(UNESCO)、经济合作与发展组织(OECD)和国际教育协会(IEA)等在推动本科院校教育国际化方面也发挥了重要的作用。这些组织通过制定国际教育标准、推广最佳实践和提供政策建议等方式,帮助各国提高其高等教育质量和国际化水平。

国际高等教育排名机构,如QS世界大学排名和泰晤士高等教育世界大学排名等,提供了全球范围内的大学排名和学科评估。这些排名和评估不仅反映了各所大学的学术水平和声誉,也间接地推动了本科院校教育的国际化。为了提高排名和获得更多国际学生,许多大学努力提高其国际化的程度和水平。

地区和国际组织还通过实施跨境合作项目来推动本科院校教育的国际化。例如,通过建立跨国教育中心、联合学位课程和跨境科研项目等,学生可以获得更广泛的教育机会和更全面的学术体验。

综上所述,地区和国际的推动本科院校教育国际化是促进本科院校教育国际化的重要手段和途径。通过地区和国际层面的推动和支持,可以为本科院校的教育国际化提供更多的资源和支持,进一步提高本科院校的国际化水平和竞争力。

(四)进一步提升我国本科院校教育的国际竞争力

国际竞争力是指一个国家在世界经济的大环境下,各国的竞争力相比较,其创造增加值和国民财富持续增长的能力。本科院校发展的基础是规模,但核心却是质量。没有数量的扩张就谈不上质量的发展,没有质量的保证,数量的扩张也只能是一种缺乏效益的发展。我国本科院校在发展过程中,应该始终把人才培养放在第一位,从未来社会经济和科学技术对本科院校人才需求的发展趋势与质量标准来看,提高其国际竞争力是人们关注的焦点,为此需要从多个方面入手。

首先,加强本科院校的基础设施建设和师资力量建设。对于本科院校来说,基础设施和师资力量是影响教育质量的重要因素。因此,本科院校需要加大对基础设施建设的投入,提高教学设施和教学资源的质量,同时也需要加大对教师的培养和引进力度,吸引更多优秀的教师参与到本科院校的教育教学中来。

其次,加强本科院校的科研创新能力。在当前国际形势下,本科院校需要不断提高自身的科研能力和创新能力,积极开展高水平科研项目,产出更多具有国际影响力的学术成果,提高自身的学术水平和竞争力。

再次,推进教育国际化。本科院校需要加强与国际知名高校的合作,开展中外合作办学项目、互换生计划等形式,提高学校的国际化水平和影响力。此外,本科院校还可以为学生提供更多的国际交流和合作机会,促进国际化办学的开展。

最后,加强本科院校的教育管理和服务质量。本科院校需要加强对教育的管理和服务,提高教育质量和学生满意度。同时,也需要加强对本科院校的监督和评估,推动本科院校不断提高自身水平和质量。

二、本科院校教育国际化的现状

（一）留学生完成教育归国率低

留学生完成教育归国率是指完成学业后选择回国的留学生所占的比例。这个比例在一定程度上反映出了留学生回国的意愿和趋势。留学生完成教育归国率是一个反映留学生回国意愿和趋势的重要指标。大力发展留学生教育是各国为了迎合教育国际化发展趋势而采取的一项重要举措,然而留学生"学而不归"导致的人才外流却成为本科院校教育国际化进程中的重要难题。

造成这种现象的原因是多方面的。例如,很多留学生毕业后选择留在海外,因为海外有更多的就业机会和薪资待遇较高;一些留学生可能希望在海外获得更多的个人发展机会,如拓展人际关系、提升自我价值等。

留学生在投入阶段从本国吸收各种资源优势,到了产出阶段却开始服务外国企业,这就使得发展中国家在国际化竞争中处于劣势地位。留学生完成教育归国率低的现象不仅造成了经济上的损失,还带来了教育上的人才断裂。

(二)本科院校教育国际化办学意识不强

在当前的高等教育体系中,本科院校教育国际化办学意识不强是一个普遍存在的问题。这主要表现在以下几个方面:

第一,缺乏国际化办学意识。部分本科院校对国际化办学的意识不够强烈,缺乏参与和主动作为的积极性,导致国际化办学和国际合作项目推动困难。

第二,师资力量薄弱。由于办学层次和历史原因,许多应用型本科高校由高职高专升格而来,往往缺乏国际化发展的有效载体,国际化教师队伍普遍短缺,教师双语教学与沟通能力、国际化拓展能力欠缺,缺乏具有较宽国际视野和较高水平的师资力量。

第三,教育资源不足。部分本科院校缺乏国际化教育资源,如国外交换生计划、海外实习项目等,无法为学生提供充足的国际化教育体验和实践机会。

(三)本科院校教育国际化规划不到位

教育国际化是本科院校改革和发展的必然选择和主要目标,然而由于地方本科院校起步较晚,因此国际化的整体发展水平仍然较低,这突出表现在规划不到位上:

第一,缺乏科学规划。部分本科院校缺乏科学规划和系统安排,没有制定明确的教育国际化发展战略和计划,无法有效地推进教育国际化。国际化战略应该与学校的发展目标、学科建设、人才培养等方面相匹配,但有些本科院校的国际化战略与学校整体发展脱节,也导致国际化发展缺乏针对性和实效性。

第二,缺乏长远规划。部分本科院校缺乏长远规划,只注重眼前的教育国际化项目和活动,缺乏长期规划和战略考虑,导致教育国际化水平难以提高。

第三,缺乏统一协调和资源整合能力。国际化办学需要多个部门和学院之间的协同配合,但有些本科院校缺乏有效的协调机制和合作平台,导致资源分散、信息不畅,无法形成合力。部分本科院校也缺乏资源整合能力,无法充分利用海外优质教育资源,导致教育国际化水平受到制约。

第四,缺乏专业人才。国际化办学需要具备国际化视野、专业知识和管理经验的人才,但有些本科院校缺乏这方面的专业人才,导致在国际化战略规划、课程开发、学生管理等方面存在困难。

第五,缺乏有效的评估机制。国际化办学需要建立有效的评估机制,以了解国际化发展的成效和问题,但有些本科院校缺乏这方面的评估机制,导致无法及时发现问题并进行改进。

(四)区域国际化教育资源结构不合理

区域国际化教育资源结构不合理是当前中国教育资源分配不均、区域发展不平衡的一个重要表现。主要表现在以下几个方面:

第一,教育资源分布与布局不合理。在教育资源的布局上,不同地区之间存在着较大的差距,一些发达地区的教育资源相对丰富,而一些欠发达地区的教育资源相对薄弱。在某些地区,国际化教育资源的分配也不均衡,导致一些学校或地区拥有过多的资源,而其他学校或地区则缺乏必要的资源支持。这种不均衡的分配可能导致教育机会的不平等。

第二,缺乏统一规划,教育资源投入不足。不同地区的教育部门和学校在国际化教育方面缺乏统一的规划和管理,导致资源的使用和配置缺乏效率和协调性。这可能导致资源的浪费和重复投入。同时,在教育资源的投入上,不同地区之间也存在着较大的差距,一些发达地区的教育资源得到了更多的政府投入和支持,而一些欠发达地区的教育资源则面临着资金短缺等问题。

第三,教育资源质量不高,缺乏优秀师资。在教育资源的质量方面,不同地区之间也存在差距,一些发达地区的教育资源质量较高,而一些欠发达地区的教育资源质量较低。在一些地区,优秀的外语教师和具有国际视野的教师资源匮乏,导致这些地区的国际化教育质量受到限制。

此外,还有文化差异的影响以及缺少与当地产业结合等问题。不同地区和国家的文化差异也会影响国际化教育的实施和效果。在某些地区,由于文化差异,国际化教育的推进可能面临更多的困难和挑战。一些地区的国际化教育未能与当地产业相结合,也导致培养出来的人才无法满足当地企业的需求,进而影响当地经济的发展。

(五)地方高校国际化办学不规范

本科院校教育是社会公共事业的重要组成部分,它走向国际化是为了进一步提高整个国家的教育水平。从现阶段来看,本科院校教育的国际化已经形成了一定的规模,其形式与内容也逐渐丰富多样,但随着不断的深入发展,办学不规范的问题却逐渐显现出来,这主要表现在:

第一,缺乏经验和能力。地方高校在国际化办学方面可能缺乏经验和能力,包括课程开发、学生管理、合作与交流等方面的经验和技能。这可能导致高校在国际化办学方面存在一些不规范的问题。

第二,缺乏规范的办学体系、制度和流程。部分地方高校在国际化办学方面缺乏规范的办学体系和制度,导致国际化办学项目和活动缺乏系统性和连续性。在具体的办学制度与流程上,包括招生、教学、学生管理等,也可能缺乏规范性。

第三,缺乏规范的国际交流平台。部分地方高校缺乏规范的国际交流平台,缺乏优秀的师资队伍与规范的师资培训体系。地方高校在国际化办学方面可能缺乏优秀的师资队伍,包括具有国际视野和教学经验的教师。这可能导致高校在国际化办学方面存在一些不规范的问题。部分地方高校缺乏规范的师资培训体系,无法为教师提供充足的国际化培训和交流机会,也导致教师国际化水平较低。

第四,缺乏资金和资源。地方高校在国际化办学方面可能缺乏资金和资源,包括教学设施、科研设备、国际合作与交流等方面的资金和资源。

第五,缺乏合作与交流的平台和机会。地方高校在国际化办学方面可能缺乏合作与交流的平台和机会,包括与国外高校、企业、科研机构的合作和交流,无法为师生提供良好的国际交流和学习机会,导致学校国际化水平难以提高。

（六）本科院校教育国际化社会参与度不高

一般来说，本科院校教育的国际化是由政府来主导的，政府在整个过程中起到宏观管理和引导的作用。而本科院校是实施的主体，在政府的引导下开展各项国际交流与合作事务。但由于部分高校在国际化进程中由于扩招问题，出现了经费不足的问题，因此引入了社会力量。社会力量作为本科院校教育国际化的重要参与力量，尽管有国家和地方的政策支持，但总体的参与度并不高，这主要是因为：

第一，社会认知度不足。社会上对本科院校教育国际化的重要性和意义认知不足，缺乏对国际化办学的了解和关注。这可能导致社会对国际化办学的支持和参与度不高。

第二，社会支持力度不够。在本科院校教育国际化进程中，社会支持力度不够，包括资金、人才等方面的支持不足，从而影响教育国际化的推进。

第三，缺乏合作机制。本科院校与社会、企业、行业等之间的合作机制不够完善，缺乏有效的合作平台和渠道。这可能导致社会资源无法得到充分利用，降低了社会参与度。

第四，缺乏信息共享。本科院校与社会之间的信息共享不够充分，缺乏透明度和开放性。这可能导致社会对国际化办学的了解不足，难以做出有效的参与决策。

第五，缺乏激励机制。本科院校和社会对国际化办学的激励机制不够完善，缺乏对参与国际化办学的社会团体和个人的奖励和支持。这可能导致社会参与的积极性和动力不足。

（七）本科院校教育国际化政策不健全

教育国际化政策是本科院校发展的重要保障。然而，当前一些本科院校的教育国际化政策并不健全，主要表现在以下几个方面：

第一，政策制定不够科学。一些本科院校在制定教育国际化政策时缺乏科学性和系统性，导致政策措施不够完善，难以有效推动教育国际化的落实。

第二，政策支持不到位。一些本科院校在政策执行上存在不到位的情况,如缺乏足够的财政支持、人力资源配备不足等,这些因素都制约了本科院校教育国际化的推进。

第三,政策执行不够有力。一些本科院校在政策执行上存在不够有力的情况,如政策宣传不够到位、管理措施不够严格等,这些因素都导致了教育国际化政策的落实效果不佳。

第三节 本科院校教育国际化的实施路径

一、大类招生,提升人才质量

大类招生是高校为了提高人才培养质量而实施的一项改革措施。通过大类招生,学生可以在入学时先进入一个大类专业学习,在大一、大二期间接受基础课程学习,同时可以选择大类内部的专业课程学习,从而有利于学生充分了解各类专业,明确自己的兴趣爱好和职业发展方向。在完成基础课程学习后,学生可以通过专业分流进入相应的专业继续深入学习,从而更好地发挥自己的潜力和能力。

大类招生的实施可以提高学生的综合素质和知识面,为学生提供更多的选择和发展空间,有利于培养具有广博知识和专业能力的人才。同时,大类招生还可以促进高校内部教学资源的整合和专业结构的调整,推动高校内涵建设,提高人才培养质量,增强高校的核心竞争力。

然而,大类招生也存在一些挑战,如课程设置、教学资源分配、专业分流机制等问题。要确保大类招生模式的有效实施,需要高校在以下几个方面进行努力:完善课程体系,建立科学合理的课程体系,确保学生能够在基础学习阶段获得全面的学科知识;优化教学资源分配,平衡各领域教学资源的投入,确保学生在各个专业领域都能得到良好的教育;明确专业分流机制,制定公平、透明的专业分流机制,确保学生能够在充分了解各专业的基础上做出选择;加强学生指导,在基础学习阶段,加强对学生学业和职业规划的指导,帮助学生更好地适应大类招生模式。

总之,大类招生模式有助于提升人才质量,但实施过程中需要注意解决一些潜在问题,以确保该模式能够真正发挥出其优势。

二、推动教师队伍走向国际化

教师与教育国际化有着密切的联系。在推动教育国际化的过程中，教师扮演着重要的角色。教师通过国际学术交流、参与国际课程、开展跨国合作研究等方式，直接参与教育国际化的实践。这些活动不仅有助于提高教师的国际化视野和教学水平，同时也为推动学校与国际接轨、培养具有国际视野的人才提供了支持。教师在教学过程中，通过引入国际先进的课程理念和教学方法，帮助学生了解不同文化背景下的知识和技能，培养学生的跨文化意识和国际竞争力。教师的国际化水平和教学方法直接影响到学生的学习效果和教育国际化的发展。此外，教师还应该在教育国际化中发挥积极作用。例如，教师应该关注学生的个体差异，根据不同学生的需求和文化背景进行教学设计，以适应不同学生的发展需要。同时，教师还应该积极参与国际教育合作项目，与其他国家的教育工作者分享经验和资源，共同推动教育国际化的发展。因此，提高教师的国际化水平是教育国际化的重要任务之一。为了提高教师的国际化水平，可以采取以下措施：

（1）鼓励教师参加国际学术交流活动，加强教师与海外同行之间的交流和合作。可以通过组织国际会议、邀请海外学者来校演讲、支持教师参加国际学术团体等方式促进学术交流。

（2）支持教师赴海外进修和学习，提高教师的学术水平和教学能力。可以通过提供奖学金、制定优惠政策等方式鼓励教师出国进修。

（3）建立海外教学基地和研究中心，为教师提供海外实践和交流的平台。可以通过与海外高校合作、建立海外分校等方式拓展教学基地和研究中心。

（4）吸引海外人才来校任教，加强教师队伍的国际化建设。可以通过提供优厚的薪酬待遇、提供更好的职业发展机会等方式吸引海外人才。

（5）加强国际化培训，增强教师的国际意识和跨文化交流能力。可以通过组织国际化培训、邀请海外专家授课等方式提高教师的国际化水平。

（6）完善激励机制，制定优惠政策，设立奖励制度，鼓励教师参与国际交流与合作，提高教师的积极性和参与度。

（7）加强教学评估，建立与国际接轨的教学评估体系，对教师的教学效果进行评估和反馈，促进教师不断提高自身素质。

（8）营造国际化氛围，加强校园文化建设，营造包容、开放、多元的文化氛围，为教师提供良好的工作环境和生活条件。

总之，推动教师队伍走向国际化可以提高高等教育学校的教育质量和国际竞争力，有利于吸引更多的国际学者和合作伙伴，提升学校的品牌形象和国际影响力。

三、利用地缘优势开发留学教育市场

利用地缘优势开发留学教育市场是一种有效的策略，可以帮助地区吸引更多的国际学生，促进教育产业的发展。以下是一些建议，以帮助利用地缘优势开发留学教育市场：

首先需要了解国际学生对留学目的地的需求和偏好，包括对教育水平、文化氛围、生活环境和就业机会等方面的考虑。通过对市场进行深入调研，可以更好地定位留学教育市场，制定有针对性的策略。

提高教育品质是吸引国际学生的关键。地区可以加强与国际知名高校的合作，引进先进的课程和教育资源，提高本地区的教育水平和知名度。同时，加强师资队伍建设和教学设施的投入，提高教学质量和学生学习体验。

通过多种渠道和形式进行宣传推广，如举办教育展、参加国际教育会议、开展合作宣传活动等，可以提高地区留学教育的知名度和影响力。同时，利用互联网和社交媒体等渠道，可以提供丰富的留学信息和咨询服务，方便学生了解和选择地区的教育。

地区还可以加强基础设施建设，提高生活便利性和安全性，营造良好的留学环境。同时，积极开展文化交流活动，增强学生对地区文化的认知和理解，促进跨文化交流和融合。并与相关机构和企业建立合作关系，共同推动留学教育市场的发展。可以与当地企业合作，提供实习和就业机会；与相关机构合作，提供语言培训、签证申请和生活服务等支持。

针对不同学生的需求，可以提供个性化的服务，如定制化的课程安排、语言培训、住宿安排和社交活动等。同时，提供专业的留学咨询和指导服务，帮助学生更好地适应新的学习和生活环境。根据市场需求

和学生反馈,定期评估留学教育市场的表现和发展趋势,进行改进和优化,不断更新教育内容和教学方法,以适应不断变化的市场需求和学生需求。

总之,利用地缘优势开发留学教育市场需要深入了解市场需求、提升教育品质、强化宣传推广、优化留学环境、拓展合作伙伴关系、提供个性化服务和持续改进与优化等方面的工作。通过综合施策和不断创新,可以增强地区留学教育的竞争力和吸引力,进一步促进教育产业的发展和国际化水平的提升。

四、政府对本科院校教育国际化进行统筹规划

政府在教育国际化中扮演着重要的角色。政府可以制定有关教育国际化的政策法规,规范和促进教育国际交流与合作,包括留学政策、中外合作办学政策等。也可以提供财政支持,促进教育国际化的发展。例如,为留学生提供奖学金、为中外合作办学项目提供资助等。搭建教育国际交流与合作的平台,促进国内外高校、科研机构之间的合作与交流,如组织国际会议、研讨会等。还可以对教育国际化进行监管和评估,确保教育国际化的质量和效果。例如,对中外合作办学项目进行评估和审核,确保其符合国家教育标准和教学质量要求。政府提供的公共服务为教育国际化提供了支持和保障。例如,为留学生提供签证服务、为中外合作办学项目提供语言培训等。

政府对本科院校教育国际化进行统筹规划,旨在推动高等教育国际化进程,提高人才培养质量。具体来说,可以从以下几个方面入手:

第一,制定教育国际化发展战略。政府可以制定本科院校教育国际化的宏观发展战略,明确教育国际化的目标、重点领域和实施策略。同时,可以出台相关政策鼓励和支持本科院校参与教育国际化进程,并提供必要的财政和政策支持。

第二,统筹国际交流与合作项目。政府可以统筹和管理本科院校的国际交流与合作项目,包括学生交流、教师进修、合作研究等方面。通过搭建合作平台,促进本科院校与国外高校、科研机构之间的交流与合作,提升本科院校的国际化水平。

第三,优化留学政策。政府可以优化留学政策,提高留学教育的质量和效益。例如,通过完善留学法规、加强留学中介机构的监管、提高留学申请效率等方式,为学生提供更好的留学环境和机会。

第四,建立教育国际化评估机制。政府可以建立本科院校教育国际化的评估机制,定期对本科院校的国际化水平和成果进行评价和评估。同时,可以设立奖励机制,对在教育国际化方面表现优秀的本科院校和个人进行表彰和奖励。

第五,加强教师队伍建设。政府可以出台相关政策,鼓励和支持本科院校的教师参与国际学术交流和合作研究。例如,提供海外访学、参加国际会议和研讨会的机会,提升教师的国际化素养和学术水平。

第六,促进课程与教学的国际化。政府可以鼓励和支持本科院校引入国际先进的课程和教学方法,推动课程与教学的国际化。同时,可以设立专项资金支持本科院校开发具有国际竞争力的特色课程和教材,促进本科院校的课程建设与国际接轨。

第七,强化语言与文化交流。政府可以加强语言与文化交流,促进不同国家之间的文化理解和沟通。例如,支持本科院校开设外语课程、建立语言实验室、提供语言培训和留学机会等,提高学生的语言能力和跨文化沟通能力。

第四节 本科院校应用型人才培养的理论阐释

一、人才培养的分类

人才培养指对人才进行教育、培训的过程。被选拔的人才一般都需经过培养训练,才能成为各种职业和岗位要求的专门人才。《国家百千万人才工程实施方案》是为了贯彻落实《国家中长期人才发展规划纲要(2010—2020年)》,进一步实施并完善百千万人才工程,培养造就一批高层次急需紧缺人才而制定的法规。2012年5月,《国家百千万人才工程实施方案》由中组部牵头,人力资源和社会保障部会同科技部、教育部等15部门联合发布。人才培养的分类可以从不同角度进行划分。以下是几种常见的分类方式:

按照培养对象的不同,人才培养可以分为本科生培养、研究生培养、职业培训等。本科生培养是指对本科层次的学生进行培养,研究生培养是指对研究生层次的学生进行培养,职业培训则是指对企业和社会需要进行培训的人员进行培养。

按照培养内容的不同,人才培养可以分为学科类人才培养和非学科类人才培养。学科类人才培养是指针对某一学科领域的学生进行培养,如自然科学、社会科学、工程技术等领域;非学科类人才培养则是指针对其他领域需要进行培训的人员进行培养,如职业技能培训、综合素质培训等。

按照培养层次不同,人才培养可以分为基础教育阶段培养、高等教育阶段培养和职业培训阶段培养。基础教育阶段培养包括小学、初中、高中等教育阶段的培养;高等教育阶段培养包括大学本科和研究生教育阶段的培养;职业培训阶段培养则是指对企业和社会需要进行培训的人员进行培养。

按照培养方式不同,人才培养可以分为传统课堂教学培养、实践教学培养、创新创业培养等。传统课堂教学培养是指主要通过课堂上的讲授和阅读来进行人才培养;实践教学培养是指通过实践操作、实习实训等方式来进行人才培养;创新创业培养则是指通过对学生进行创新创业教育,培养学生的创新创业能力和素质。

按照培养方向来说,人才培养可以分为研究型人才培养与应用型人才培养两种。研究型人才是指具有研究能力的人才,他们通常具有扎实的研究基础、高水平的研究能力和创新能力,能够独立从事科研实践活动并取得有价值的科研成果。研究型人才在知识创新和创造方面起到重要作用,他们能够系统地整理和分析知识,并进行再传播。应用型人才是指能将专业知识和技能应用于所从事的专业社会实践的专门人才,他们熟练掌握社会生产或社会活动一线的基础知识和基本技能,主要从事一线生产的技术或专业人才。应用型人才的特点是具有较强的实践能力和创新能力,能够将所学知识应用于实际工作中,并不断创新和改进。

表 1-1 研究型人才与应用型人才的比较

	研究型人才	应用型人才
教育背景和研究经历	研究型人才一般具有更高的学历背景,通常为博士或硕士,他们通常在学术领域有深入的研究,具备独立进行科研工作的能力。	应用型人才可能没有如此高的学历,但他们通常具有丰富的实际工作经验,能够将理论知识应用到实际工作中。
工作方向	研究型人才主要从事学术研究工作,包括但不限于基础研究、应用研究和开发研究等。	应用型人才则主要关注如何将理论知识应用到实际工作中,他们通常在生产、管理、销售等岗位上发挥重要作用。
创新能力	研究型人才更注重创新思维的培养,他们需要具备独立思考和解决问题的能力。	应用型人才也具备一定的创新能力,但这种创新能力更多地体现在如何将理论知识应用到实际工作中,创造出更具实用价值的产品或服务。
适应性和灵活性	研究型人才通常需要适应相对单一、静态的工作环境,进行相对固定的研究工作。	应用型人才则需要适应更广泛的工作环境,能够灵活地处理各种实际问题。

综上所述,人才培养可以从不同角度进行分类,不同类型的人才培养有不同的培养目的和方式。本科院校应该根据自身情况和培养需求,选择适合的培养方式和课程设计,为学生提供更加优质的人才培养服务。

二、应用型人才培养的特点

应用型人才培养的特点是强调实践应用、社会需求、实用技能、创新能力和创业精神以及综合素质的培养。这些特点有助于培养出更多能够适应社会需求、具备实际操作能力和创新思维的应用型人才。

(1)强调实践应用。应用型人才培养更加注重实践操作能力的培养,将实践教学作为培养学生创新能力和实践操作能力的主要手段。通过在实验室、企业等为学生提供适宜的练习和实践机会,加强学生实际操作和应用能力的培养和提升。

(2)注重社会需求。应用型人才培养模式也十分重视与社会的紧密联系。学校会与各类企业和机构建立合作关系,通过对企业和机构的调研、实习等方式,了解社会的需求和发展趋势,为学生的职业规划提供更为科学的依据。同时,也方便了学生实习以及就业等和社会环境的无缝衔接。

（3）强化实用技能培养。在应用型人才培养过程中,实用技能的培养被视为重要的一环。学生不仅需要掌握基本的理论知识,还需要具备将这些知识应用到实际工作中的能力。因此,在课程设置中会更加注重实践课程,以帮助学生培养实用的操作技能。

（4）强调创新能力和创业精神。应用型人才培养不仅要求学生具备实践能力和实用技能,还强调培养学生的创新能力和创业精神。通过引导学生参与创新项目或创业实践,提高学生的创新思维和创业能力,帮助他们能够在未来的职业生涯中具备更多的竞争优势。

（5）强调综合素质的培养。除了专业知识和技能的培养,应用型人才培养还注重学生的综合素质培养,包括领导力、团队协作能力、沟通能力、批判性思维等。这些素质的培养有助于学生在未来的职业生涯中更好地适应和应对各种挑战。

三、应用型人才培养目标的内涵

（一）专业性应用教育是应用型人才培养的本质特征

专业性应用教育是应用型人才培养的本质特征之一。应用型人才的培养需要注重实践能力的培养,而专业性应用教育正是通过实践操作、实习实训等方式来进行人才培养。专业性应用教育强调针对某一特定领域的人才培养,如医学、工程、信息技术等领域。通过专业性应用教育,学生能够掌握该领域的专业技能和知识,具备解决实际问题的能力。

专业性应用教育反映了应用型人才的培养目标是为社会培养高素质、应用型、创新型人才,以适应社会发展和市场需求的需要。在应用型人才的培养中,注重实践能力的提高,要求学生能够将所学知识应用于实践中,解决实际问题。而专业性应用教育正是通过实践操作、实习实训等方式来进行人才培养,提高学生的实践能力和职业素养。因此,专业性应用教育是应用型人才培养的重要组成部分。

在专业性应用教育中,教师扮演着重要的角色。他们不仅需要具备扎实的专业知识和实践经验,还需要具备灵活的教学方法和良好的沟通能力,能够引导学生主动参与学习和实践,激发他们的学习兴趣和积极性。

此外,专业性应用教育还需要与行业和企业紧密合作,了解社会的需求和发展趋势,将最新的技术和应用引入到教学中,使学生能够及时掌握实用的技能和知识,提高他们的就业竞争力。

(二)实践性是应用型人才培养的过程特征

实践性是应用型人才培养的过程特征。在应用型人才的培养过程中,强调实践教学和实习实训环节的设置,以提高学生的实践能力和职业素养。

实践性反映了应用型人才的培养目标是为培养具有实践能力和职业素养的人才。实践性体现在以下几个方面:

(1)实践教学的设置。在应用型人才的培养中,注重实践教学环节的设置,如实验课程、实践课程、实习实训等。这些实践教学环节的设置,旨在让学生将所学知识应用于实践中,提高其实践能力和职业素养。

(2)实践操作的开展。在应用型人才的培养中,注重实践操作的开展。例如,在工程领域中,学生需要进行实践操作,如机械装配、电路焊接等,以提高其实践能力和职业素养。

(3)实习实训的安排。在应用型人才的培养中,注重实习实训的安排。例如,在医学领域中,学生需要到医疗机构进行实习,以了解医疗实践操作流程,提高其职业素养和实践能力。

(4)实践能力的培养。在应用型人才的培养过程中,注重实践能力的提高,要求学生能够将所学知识应用于实践中,解决实际问题。因此,在应用型人才的培养中,注重培养学生的实践能力和职业素养。

综上所述,实践性是应用型人才培养的过程特征,反映了应用型人才的培养目标是为社会培养具有实践能力和职业素养的人才。实践性在应用型人才的培养过程中得到广泛应用,旨在提高学生的实践能力和职业素养。

第二章 本科院校国际化特色应用型人才培养的理念

本科院校秉持国际化特色应用型人才培养理念,旨在培养学生具备全球视野、跨文化沟通能力和实际应用技能的新一代专业人才。通过丰富的国际交流项目、双语授课体系以及实习实践机会,学生得以深度融入国际学术与职业领域。课程注重将理论知识与实际应用相结合,培养学生创新思维和团队协作能力。通过国际合作与交流,学生将不仅具备本土专业知识,更能在全球范围内胜任各类挑战,致力于在国际舞台上展现卓越的综合素养。

第一节 以人民为中心发展教育的理念

百年大计,教育为本。教育关乎国家的发展,决定民族的未来。教育是全面建成小康社会的关键一环。在教育进程中坚持以人民为中心的理念是加快建设现代化教育强国的重要依据,以人民为中心是习近平新时代中国特色社会主义思想的重要组成部分之一,坚持发展为人民,发展依靠人民,发展成果由人民共享。在优先发展教育事业的进程中,坚持以人民为中心的发展思想具有重要的时代价值。

第二章 本科院校国际化特色应用型人才培养的理念

一、在教育中坚持以人民为中心是继承马克思关于人的发展的时代要求

在社会主义现代化发展的时代背景下,人与人民之间的关系是构建和谐社会、推动教育事业发展的关键所在。中国坚持以人民为中心的发展思想,将发展紧密联系于人民群众的利益和需求,同时继承和发展了马克思主义关于人的观点,这在当前新时代的教育进程中显得尤为重要。

第一,现实的个体是马克思唯物史观的核心内容,也是以人民为中心的理论基础。相对于抽象的个体,现实的个人是我们面对的真实存在,是社会历史的参与者和创造者。这个观点对于教育具有深远的指导意义。在教育实践中,我们必须以现实的个人为核心,理解并尊重他们的特点、需求和潜能,将教育的方向与个人的成长需求相结合。

教育的目的在于培养人才、促进个体全面发展,而这需要教育系统围绕人民的需求展开。以人民为中心的发展理念意味着将教育目标、课程设置、教学方法等与社会需求和人民群众的实际生活联系起来,使教育更加贴近人民、服务人民,为个体提供更多发展的机会和平等的教育资源。

在中国教育事业的发展中,教师和学生都扮演着重要的角色。教师作为教育事业的实施者,肩负着培养未来社会建设者的使命,需要具备高尚的师德和专业的教育技能。而学生则是教育的受益者和参与者,在教育过程中应得到全面发展和个性成长的保障,成为具有创新意识和实践能力的社会栋梁。

坚持以人民为中心的发展理念意味着认识到人民群众的多样性和个体差异性。在教育实践中,我们需要关注每一个学生的成长,倡导平等的教育机会,促进个体发展,使每个人都能够充分展现自己的潜能和价值。

继承和发展马克思主义关于人的观点,不仅是对现实的人的尊重和重视,更是教育事业的内在要求。只有将教育目标与人民群众的需要紧密联系,才能真正实现以人为本的教育理念,为社会主义现代化发展提供坚实的人才支持和智力保障。

在新时代下,我们必须不断思考、深化对人与人民关系的理解,不断探索更为科学、人性化的教育模式,让教育更好地服务人民、造福社会,助力实现国家的繁荣昌盛和人民的幸福生活。

第二,在新时代的发展中,我们深刻认识到实践观点是马克思主义哲学的本体论,同时也是关于人的发展的基本观点。人民群众作为实践的主体和历史的创造者,在教育中扮演至关重要的角色,这成为坚持以人民为中心的发展理念的基本依据。

马克思在1845年的《关于费尔巴哈的提纲》中强调了实践观点的重要性,指出以往唯物主义的缺陷在于对事物、现实、感性的理解过于客观,忽略了将其作为感性人的活动、实践去理解。这一观点对社会主义现代化教育的理论建构提供了深刻的启示。在教育中,我们不仅是在向学生传授知识,更是在引导他们参与社会实践,通过实际活动去理解和应用所学知识。

教育是一种生产实践活动,是研究人的问题的过程。因此,在教育中必须坚持以人民为中心。人民是教育的主体,他们不仅是接受教育的对象,更是实践的参与者和推动者。只有紧密结合人民的实际需求,使教育服务于人民、造福人民,才能真正实现以人为本的教育理念。

马克思在《德意志意识形态》指出:"单个人受分工的支配,分工使人成为片面的人,使其畸形发展并受到限制,导致异化劳动的产生。"[①] 这一洞察力使我们认识到社会分工可能导致人的异化,即个体失去对自身活动的自觉性,从而陷入片面和畸形的发展。在教育事业中,我们需要关注个体的全面发展,避免过度的分工和机械的教育方式,以充分激发学生的主观能动性和创造性。

在社会主义现代化教育事业的发展过程中,我们需要深刻理解马克思主义关于人的实践观点。实践不仅是获取知识的手段,更是人类认识世界、改造世界的根本途径。马克思认为,脱离社会现实的人是不存在的,人的本质是现实社会关系的总和。因此,在教育中要关注学生的实际需求,引导他们在实践中不断深化对知识的理解,培养实际解决问题的能力。

坚持以人民为中心的发展理念,需要在教育中深入基层,解决实际的教育难题。通过深入社区、农村等基层地区,了解人民的真实需求,调

---

① 〔德〕马克思,〔德〕恩格斯著;郭沫若译.德意志意识形态[M].上海:群益出版社,1949.

第二章　本科院校国际化特色应用型人才培养的理念

整教育方针和政策,确保教育资源的公平分配。这是适应时代潮流的迫切需求,也是实践驱动下的必然选择。

继承和发展马克思主义关于人的实践观点,不仅使我们更好地理解了教育的本质,也为构建以人为本的教育体系提供了理论支持。只有通过实践,教育才能更好地服务于人民、服务于社会,为新时代中国的现代化建设提供有力的人才支持。在这个过程中,以人民为中心的发展理念将继续引领我们走向教育事业的新高度。

第三,在当代社会,教育事业的发展被认为是国家繁荣和社会进步的基石。然而,教育不仅是知识的传递,更是关乎个体人的发展和社会全面进步的重要因素。在这一背景下,马克思的观点,特别是关于人的主观能动性的理念,为我们深刻理解并推动教育事业的发展提供了宝贵的启示。

人的主观能动性被认为是人类与动物最本质的区别之一。人之所以为人,在于其具备思维和思考的能力,能够自觉地认识世界并改造世界。这一观点强调了个体在社会中的积极作用,同时也提醒我们,教育事业必须充分发挥每个个体的主体性。在教育过程中,要重视培养学生的思维能力、创造性和实践能力,使其具备更好地认识和改变世界的能力。

社会主义教育事业建设中,要注重人的发展问题,发挥人的主体性作用。这要求社会、学校、家庭之间形成一种紧密的教育合力,共同推动我国教育事业的发展。在这个过程中,教育不仅是知识的传递,更是关注人的全面素质的培养,使每个个体都能在发展中实现自我认同和社会价值。

马克思的关于现实的个人、实践的观点以及人的主观能动性的理念在我国的教育进程中具有深远而重要的地位。中国的教育事业始终依托于现实的个体,并强调人的主观能动性在教育中的关键作用。这不仅是教育理念的传承,更是适应新时代发展需要的重要举措。

在社会主义现代化建设的进程中,人始终是社会发展的主体。新时代坚持以人民为中心的发展理念,正是对马克思关于人的观点的继承和发展。这一理念旨在确保每个个体都能在社会主义建设的过程中得到充分的发展,实现个体与社会的和谐共生。

二、在教育中坚持以人民为中心是履行党的初心和使命的时代任务

中华民族的复兴需要以教育为依托,教育兴则人才兴,人才兴则科技兴,科技兴则国家强。一个国家的发展需要强有力的科学技术作支撑,实现中华民族的伟大复兴,教育是基础,在发展教育的进程中坚持以人民为中心的发展思想是履行中国共产党的初心和使命的时代任务。

第一,教育是实现人民幸福生活和社会发展进步的重要途径。在新时代,中国共产党坚持以人民为中心的发展思想,将增进人民福祉、促进人的全面发展作为发展的出发点和落脚点。

习近平总书记提出的以人民为中心的发展思想是中国共产党教育使命的行动指南。这一思想强调保障人民的参与权利,提高人民的获得感和幸福感。教育是实现人民全面发展的重要手段,既要关注人们的物质需求,也要关注他们的精神文化需求。

中国共产党坚持崇高的教育理想,以实现人的全面发展为最终目标。这一理想追求人的自由、平等、全面解放,使每个人都能够充分发展潜能,实现自身的价值。党的教育理想旨在培养具有创新能力、责任感和国际视野的优秀人才,推动社会进步与发展。

中国共产党教育使命的核心内容是维护社会公平正义,保障人民群众平等参与教育的权利。党的教育事业应该关注弱势群体的教育需求,缩小教育差距,提供平等的教育机会。同时,教育应该注重培养学生的综合素质和实践能力,使他们能够适应社会的发展需求,为国家的建设和社会的进步作出贡献。

实现人的全面发展是中国共产党教育使命的根本目标。人的全面发展不仅包括物质层面的需求,更涵盖了精神文化层面的追求。通过教育,人们可以获得知识和技能,提高自身素质,实现自我价值。同时,教育还能够培养人们的创新精神和社会责任感,推动社会进步和发展。

第二,教育信仰是中国共产党发展教育事业的使命,也是实现中国共产党的初心和使命的强有力支撑。习近平总书记在纪念红军长征胜利80周年大会上曾指出:"心中有信仰,脚下有力量;没有牢不可破的理想信念,没有崇高理想信念的有力支撑,要取得长征胜利是不可想象的。"这句话深刻表达了信仰对于人民和国家的重要性。

教育事业是国家发展的重要支柱,教育信仰更是中国共产党在教育

第二章　本科院校国际化特色应用型人才培养的理念

领域的核心价值观。只有人民有信仰,国家才能拥有力量,民族才能有希望。回顾伟大的长征历程,我们可以看到人民的信仰对于克服困难、取得胜利的重要作用。在艰苦的环境中,人民面临着过草地、爬雪山、走索桥等种种险境,但正是坚定的革命信仰使人民克服了一个又一个的阻碍,最终赢得了伟大的胜利。

在全面深化改革的进程中,以及社会主义教育事业的建设过程中,我们必须坚持以人民为中心的发展理念,履行中国共产党在教育事业中使命。只有坚守教育信仰,扎根于人民之中,我们才能够推动教育事业不断发展,培养更多适应时代需求的优秀人才,为实现中华民族伟大复兴的中国梦做出更大贡献。[1]

三、在教育中坚持以人民为中心是实现人民美好生活的时代基础

教育的价值在于满足人民对美好生活的向往和实现。随着我国改革的深入发展,我国社会主要矛盾已经转化为人民日益增长的美好生活需要和不平衡不充分的发展之间的矛盾。人类对美好生活的向往成为社会发展的主要动力。因此,在新时代的社会发展中,教育作为一种以人的发展为研究对象的实践活动,具有重要的社会价值。

教育的目的不仅是传授知识和技能,更重要的是通过教育的形式,使人民在物质基础充足的前提下,追求高层次的精神文化生活需求,满足人民群众对美好生活的向往。在教育进程中,立足于以人民为中心的理念,是实现人民美好生活的根本要求和实践基础。

第一,立足以人民为中心,提升教育的思想性,是新时代实现人民美好生活的精神需求。教育应该关注人们的思想意识,通过思想教育和思想交流碰撞,引导人们形成正确的价值观和世界观。在教育中,应该回答好"什么是美好生活""为什么要实现人民美好生活""美好生活如何实现"等问题,从思想层面满足人民对美好生活的追求。

在实现人类美好生活的进程中,教育扮演了重要的角色。教育依托于人的生存和发展,应当以人的发展为中心,促进人的全面发展。教育的目标不仅是为了提供知识和技能,更重要的是培养人们的创新能力、

---

[1] 葛道凯.坚持以人民为中心的发展理念推动高等教育内涵发展[J].中国高等教育,2017(20):4.

责任感和国际视野,使其能够适应多样化、复杂化的社会环境,为国家的建设和社会的进步贡献力量。

教育应当注重满足人民群众不断增长的精神文化生活需求。教育应该从人们的实际生活出发,鼓励人民群众创造自己的文化,创新文化发展形式。通过丰富人们的精神文化生活,提升人们的品质和修养,使他们在追求美好生活的过程中能够真正获得满足和幸福。

教育作为实现人民美好生活的重要途径,必须立足以人民为中心的理念,不断提升教育的思想性,满足人民对美好生活的向往。教育应该注重人们的思想意识培养,推动人类的精神文化发展,促进人们全面发展。只有这样,我们才能在新时代的教育改革中实现人民对美好生活的期待,为实现中华民族伟大复兴的中国梦贡献力量。

第二,在新时代,为了实现人民对美好生活的向往和追求,我们必须坚持以人民为中心的发展思想,致力于破除教育体制机制的弊端,并培养符合时代要求的高素质人才。这是当前教育改革发展的重要任务和使命所在。

教育作为社会发展的基石,其本质使命在于服务人民,满足人民群众对教育公平、教育环境和教育资源的需求。正如四川大学刘吕红教授所指出的,人民日益增长的美好生活需要体现在对生活层次提高和生活内涵丰富的双重诉求上,包括对物质文化生活提出更高的要求,也包括在民主、法治、公平等方面日益增长的要求。因此,教育不仅要满足人们对知识和技能的需求,更应当在培养学生素质、价值观念和社会责任感方面下功夫。

在教育领域,我们也面临着各种各样的问题,如教育公平、教育环境、教育资源等方面存在的不足和不平衡。这些问题的存在,直接影响着人民群众享有优质教育的权利,也制约着人民群众对美好生活的向往和实现。因此,破除教育机制体制的弊端成为当务之急。唯有如此,才能为实现人类美好生活的需要奠定坚实的基础。

为了实现这一目标,我们需要重视培养时代新人,这既是当前教育改革的根本出发点,也是未来社会发展的战略支撑。时代新人不仅需要具备扎实的专业知识和技能,更需要具备创新精神、责任感和国际视野,能够适应多样化、复杂化的社会环境,为建设现代化强国贡献力量。培养时代新人,就是培养社会主义事业的合格接班人,他们将肩负起继续推进改革开放、全面建设社会主义现代化国家的历史使命。

第二章 本科院校国际化特色应用型人才培养的理念

同时,教育的宗旨应当坚持全心全意为人民服务。教育的价值在于造福人民,推动社会进步。只有将人民利益置于首位,才能真正实现教育的使命和价值。因此,教育改革发展必须以人民的需求和利益为核心,不断完善教育体系,创造更加公平、公正的教育环境,让每个孩子都有平等接受优质教育的机会,让每个人都能够在教育中找到自己的成长空间和发展机遇。

第三,在新时代,实现人民美好生活需要全方位的文化支撑,而发展全民文化教育事业、弘扬中华传统文化,正是这一支撑的关键。文化兴则国运兴,文化强则民族强,因此,文化不仅是一个民族的精神命脉,更是一个国家的精神符号,代表着过去,彰显着未来。

发展全民文化教育事业,弘扬中华传统文化,不仅是文化事业的发展方向,更是实现人民美好生活的必由之路。只有通过全社会的共同努力,才能够在文化的滋养下,构建一个更加美好、富有深厚传统底蕴的现代社会。

第二节 教育公平理念

一、教育公平与当代教育公平

教育公平思想不是凭空诞生的,其思想主张、理论基础、实施过程都有明显的差异。从内涵、理论、实施的成熟度来看,还有漫长的发展历程。

(一)教育公平的内涵释义

教育公平是一个深刻而复杂的概念,涉及对教育资源的合理配置以确保每个个体都有平等的受教育权利和机会。从孔子的"有教无类"到现代学者对权利、机会和结果的均等进行综合分析,教育公平的内涵不断演变。

胡森(瑞典教育家)和科尔曼(美国社会学家、理论家和实证研究人员)等学者对教育公平提出的权利和机会的平等观点,突显了确保每个人都有平等学习机会的重要性。权利和机会的平等意味着每个人都应该不受歧视地享有开展学习生涯的机会,而教育系统应该以平等为基础对待不同人种和社会出身的个体。科尔曼的四个方面阐释更是深入剖析了教育机会均等的历史演变,从前工业社会到当代的服务和公款资助的教育。

翟博提到的教育均衡发展指数包括教育机会均衡指数、教育资源配置均衡指数、教育质量均衡指数和教育成就均衡指数等四个维度方面。这个维度的考量为我们提供了更全面的了解,从教育机会的平等到资源的平衡配置,再到教育质量和成就的均衡发展,翟博的理论为教育公平提供了更为系统和具体的考察视角。

教育公平是一个不断发展的概念,它涉及社会的方方面面。从历史的角度看,教育公平的理论逐渐从简单的教育对象分类扩展到权利、机会、结果的全面平等。而不同学者对教育公平的理解和界定也为我们提供了多元的视角。最终,实现教育公平需要综合考虑各个层面的平等,包括权利、机会、结果的平等,以及教育资源的均衡配置。这不仅是一种理论追求,更是社会公正和可持续发展的基石。[①]

王善迈提出了包括受教育权和入学机会公平、公共教育资源配置公平、教育质量公平、群体间教育公平等四个因素。高丙成认为衡量我国教育公平状况的一级指标有三个:教育机会公平、教育条件公平、教育质量公平,并由此提出了我国的教育公平评价指标体系。

表2-1 我国教育公平评价指标体系

一级指标	二级指标	三级指标
机会公平	入学率、升学率	入学率的差异 升学率的城乡差异 生均教育经费支出的城乡差异
	教育经费	生均财政性教育经费支出的城乡差异
条件公平	办学条件	生均建筑面积的城乡差异 生均图书册数的城乡差异
	信息化水平	生均计算机台数的城乡差异 建网学校比例的城乡差异

---

① 尹晶晶.在教育进程中坚持以人民为中心的时代价值[J].未来与发展,2020(05):4.

续表

一级指标	二级指标	三级指标
质量公平	教师队伍	教师学历合格率的城乡差异 高级职称教师比例的城乡差异 学校生师比的城乡差异
	人才培养	巩固率的城乡差异 人力资源的性别差异

教育不平等是一个全球性的社会问题，各国学者从不同的角度对这一现象进行了深入的研究与探讨。在《从反正到立新》中，袁振国通过分析受教育机会的不均等现象，提出了教育资源均衡配置理念，强调教育资源的公平分配是实现教育公平的关键。

孙新则认为，教育不平等主要源于教育过程中资源分配的不均等和社会价值的不均等在社会领域的延伸。他指出，教育机会的差异直接影响到公民受教育的权利和机会，强调了教育资源分配的公正性对于减少教育不平等的重要性。

裙宏启在研究教育公平理论问题时进一步强调，教育不平等表现为公民受教育权利和受教育机会的差异。这种差异既体现在教育机会的不平等上，也表现为实际的不平等，从而使得教育不平等成为社会中的一个突出问题。

佐腾孝弘对日本的教育不平等进行了深刻的分析，得出结论认为教育不平等可以分为机会的不平等和实际的不平等。他指出，日本的教育不平等主要是由于经济不平等导致的实际不平等所致。这一观点为理解教育不平等提供了更为全面的视角。

在布迪厄文化资本理论下，王胜利探究了教育不平等问题，强调了教育机会的不平等受到越来越多关注。他指出，教育资源的不均分配与高等教育入学机会的不均等在我国仍是影响教育不平等的主要因素。这一观点呼吁在教育体系中更加注重资源的公平配置，以促进教育的普及和公平。

（二）当代教育公平的内涵

习近平总书记提出的"人民中心、人本主义"是教育公平的核心思想。教育应该让每个人都有实现人生出彩的机会，这体现了中国特色社会主义的核心目标和教育的核心价值观。教育公平应以人民的需求和利益为出发点,关注每个学生的身心发展需求。

适宜的教育是指在社会高度文明的基础上,为每位受教育者提供符合其身心发展需求的教育。这种教育差异是因材施教而非歧视和区别对待,旨在满足个体发展的需求。适宜的教育应与社会发展需求和供给水平相一致。

公平的教育必须在权利机会保障、资源配置、过程控制和结果评价等方面实现均衡。特别需要关注消除地域差别、阶层差别和特权差别。只有实现均衡的教育,才能真正促进教育公平的实现。

舆论公平是评价教育是否公平的重要依据。公道自在人心,人的主观感受会导致人们对教育公平的态度。舆论支持和评价对于教育公平的实现起着重要作用,需要社会各界共同努力,营造公正、公平的舆论环境。

教育公平是一个不断发展的过程。在特定的历史条件下,只要教育能够解决特定的历史问题,满足人民的需求,并引起人民的满意,就可以视为公平的教育。在当前阶段,我国实施的精准扶贫政策、考试改革、地区倾斜政策等都是推动教育公平发展的重要举措。

当代教育公平的内涵包括以人民为中心、适宜的教育、均衡发展、舆论公平和发展公平。为了实现教育公平,需要各方面的共同努力,包括政府的政策支持、社会的关注和参与,以及舆论的监督和评价。只有通过多方面的努力,才能够逐步实现教育公平的目标,为每个人提供平等的受教育机会,促进社会的可持续发展。

二、教育公平的时代性特征

教育公平在漫长的发展历程中,经历了不同的认识和推进,体现出典型的时代特征。满足时代特征就是追求社会公平的体现形式之一。

(一)原始社会时期的简单公平性

原始社会时期,氏族成员共荣共生,教劳结合,体现出低层次的全民平等性,也就是简单公平性。

（二）奴隶社会时期的朴素性和阶级性、局限性

在奴隶社会时期，教育成为贵族阶层的特权，呈现出明显的阶级性和局限性。然而，一些有良知的先贤们对教育公平的关注使得在这个时代仍能看到朴素的思想和一些历史进步性。

贵族阶层垄断了教育资源，导致教育体现出阶级性和教劳分离性的特征。这使得教育不再是全体人民的权利，而成为少数特权阶层的专属福利。然而，即使如此，一些先贤还是对教育公平产生了关注。

孔子提出的"有教无类"思想可谓是朴素的教育公平思想的萌芽。这一理念旨在通过教育使人们"止于至善"，最终实现"德治"天下，替代法治天下。在《论语·为政》中，孔子强调了道德和礼仪对治理的重要性，体现了他对教育的政治和文化功能的信仰。

与孔子类似，古希腊哲学家柏拉图和亚里士多德也提出了教育公平的思想。柏拉图在《理想国》中阐述了培养"哲学王"的理想教育体系，而亚里士多德则从法律的角度探讨了公民自由和教育的权利。

这些古代先贤的认识存在一定的局限性。孔子在实施"有教无类"时，并没有涵盖女子教育和奴隶教育，显示出其时代局限性。柏拉图的理想教育体系更倾向于培养国家领导人，而非广泛的教育公平思想。其他春秋战国时期的思想家如宋襄公、季平子、孙膑等，虽然探讨了治国平天下的途径，但对于教育公平的论述多半局限于特定策略，而非全面的教育制度改革。

综合而言，古代奴隶社会时期的教育公平思想在一定程度上反映了先贤们的良知和对社会进步的追求。然而，这些思想仍受到时代局限性的制约，未能形成真正全面的教育公平理念。在今天，我们可以从这些历史经验中吸取教训，致力于建立更为公正平等的教育体系。

（三）封建社会时期的实践性和欺骗性

在封建社会时期，统治者对于营造一种公平正义的清明政治统治表现出明显的关注。然而，对于教育公平的实践却充满了矛盾和欺骗性。

我国历史上，教育公平的手段主要体现在人才选拔制度的演变上。从远古的"禅让制"到后来的"世袭制""军功爵制""养士制""察举

制""九品中正制"等,这些制度都未能真正体现教育的公平原则。其中,封建社会的种种尝试更多的是在维护统治者的权力和利益,而非为广大民众提供公平的教育机会。

直到隋朝创立科举制,才在表面上为大众提供了公平竞争的机会。科举制度在制度层面上为人们提供了通过考试脱颖而出的途径,体现了一种社会公平的思想。然而,随着时间的推移,科举制度在实施过程中暴露出的问题使其真正的公平性受到质疑。即便后来进行的八股改良,也未能根本解决科举制的弊端,更未认识到社会对多样化人才的需求。

科举制的存在长达1300年,但在这漫长的历史中,并未涌现出更为合理、能够真正反映人才多样性的替代制度。尽管其表面上为社会提供了一种有序的人才选拔机制,但却未能解决实质性的教育公平问题。其扁平化的"万般皆下品,唯有读书高"的理念脱离了现实,未能体现教育的真正公平性。

当科举制在某个朝代末期失去公允性时,社会动荡不安。然而,在新的朝代建立之后,科举制又被重新奉为表面上的公平手段,维护了统治者的统治。

(四)资本主义社会的真正教育公平思潮与二重性

随着工业革命的到来,教育在社会生产中扮演着越来越重要的角色,其普及化、高层次化和系统化等特征逐渐显现,教育公平思潮也应运而生。这一思潮在哲学、教育学、社会学以及空想论等领域都发现了相似的主张和实践。从夸美纽斯、卢梭、爱尔维修到斯宾塞、赫尔巴特、雅斯贝尔斯等学者,都在资产阶级"自由、平等、博爱"的精神框架下,不断探索实现教育公平的途径。

在资本主义社会中,"科学下嫁、全面发展"成为学者的梦想、下层人的梦魇,也是资本家的诅咒。由于社会阶层的分化和利益的冲突,教育公平的理想难以真正实现。然而,在这一时期,理论研究和师范教育的兴起为教育公平的实施提供了新的方向。这些努力扩大和丰富了教育公平实践的研究对象,为未来的教育改革提供了借鉴和启示。

因此,资本主义社会的教育公平思潮虽然受到二重性矛盾的制约,但也在不同领域产生了积极的影响。通过理论探索和师范教育的推动,人们对于教育公平的认识逐渐深化,为未来教育体系的建设奠定了基础。然而,这一时期也提醒我们,实现真正的教育公平需要更深层次的社会变革和制度创新。

(五)社会主义社会出现了起点公平与过程、结果公平难以实现的矛盾性特征

社会主义社会旨在构建一个公平、平等的社会制度,其中教育公平被认为是实现全体人民共同富裕和社会发展的重要基础。在社会主义社会中,我们面临着起点公平与过程、结果公平之间的矛盾。由于多种原因,包括社会发展水平、资源配置差异、地区差异、性别差异等,教育公平难以得到有效实现。

1. 教育公平困境的挑战

在社会主义社会中,教育公平仍面临一系列挑战:

首先,教育资源配置不公。由于各地区的经济发展水平和资源分配不均衡,导致一些地区的教育资源相对匮乏,学校条件较差,师资力量不足,影响了教育公平。

其次,城乡教育差异明显。农村地区的教育资源相对较少,教师队伍相对薄弱,教学质量相对较低,导致城乡之间的教育差距日益扩大。

再次,性别教育不平等。在一些地区和社会群体中,存在对女性教育的偏见和歧视,女性的受教育机会相对较少,教育公平受到了严重影响。

2. 克服教育公平困境的解决方案

为了克服教育公平困境,需要采取以下措施:

首先,加大教育投入力度。政府应加大对教育事业的投入,确保各个地区和学校都能够获得足够的教育资源,改善学校条件,提高教师队伍素质。

其次,优化资源配置。应通过调整和优化教育资源的分配,确保资源合理利用,减少地区之间的教育差距,特别是城乡教育差距和性别教

育差距。

再次，推进均衡发展。要加强城乡教育一体化建设，提高农村地区教育水平，缩小城乡教育差距。同时，要促进性别教育平等，消除对女性教育的偏见和歧视。

最后，加强政策支持和监督。政府应制定相关政策，加强对教育公平的监督和评估，确保政策的有效实施，推动教育公平的不断改善。

克服教育公平困境是社会主义社会发展的重要任务。只有通过加大投入、优化资源配置、推进均衡发展以及加强政策支持和监督，才能够逐步实现教育公平的目标。全社会应共同努力，为每个人提供平等的教育机会，促进社会主义社会的可持续发展。①

三、当前的教育公平时代特征

教育公平成为当代教育领域的焦点之一。然而，在对教育公平的研究中，我们面临着一系列的时代特征和复杂的问题。

首先，教育公平的研究在理论创新方面呈现出集中的趋势。学者们致力于研究不同模型下的资源配置，关注初始禀赋、教育基尼系数等因素对教育公平的影响。同时，也从不同层次的教育公平表现出发，探讨起点公平、过程公平、结果公平以及可观测指标的表现等问题。这一理论创新推动了教育公平研究的不断深入和发展。

其次，教育公平的实践受到宏观和微观层面资源配置的影响。学者们通过研究资源配置情况来揭示教育公平的存在状况，关注扩招、自主招考等现象对教育公平的潜在影响。然而，尽管不同学科的研究方法和思路丰富了该领域的研究，但仍存在理论不够深入、观测点不一致导致结论分歧的问题。

再次，当前教育公平研究的问题还在于研究方法的不足。学者们难以完全解决估计中的内生性问题，缺乏系统思维。这使得教育公平研究的可信度受到一定制约，需要更加科学和全面的研究方法来解决这一难题。

最后，社会结构方面存在较大问题，包括地区差异、城乡差异、贫富

---

① 刘代友.全面建成小康社会时代教育公平实施对策探新[J].四川职业技术学院学报，2023（02）：99-105.

差异、资源配置差异等。这些差异导致教育公平在不同地区和社会群体之间难以调和,使得一些地区或群体在受教育机会上面临更大的挑战。

当前教育公平时代既充满了理论创新和研究活力,又面临着理论深入、观点一致性、研究方法以及社会结构等方面的挑战。为了更好地推动教育公平的实现,我们需要进一步加强跨学科合作,深入研究不同层面的问题,探索更科学的研究方法,并关注社会结构的深层次变革,以期构建更加公平的教育体系。

四、教育公平的实施对策

教育公平作为社会公平在教育领域的具体体现,是人们对教育中人与人之间利益分配关系的评价。保障全体公民平等的受教育机会和权利,实现公平地享有公共教育资源,是社会各阶层合理分配教育利益的追求和制度安排。然而,在当前教育公平实施中,我们面临一系列挑战,需要制定明智的对策以促进教育公平的实现。

在教育公平的考察指标体系中,过于注重基本条件的量化考察,而忽视软指标和系统性的问题。教育公平不仅仅是硬性条件的问题,更涉及社会文化、心理因素等软性层面。因此,对教育公平的考察指标体系需要更全面,关注学生的学习环境、家庭背景、文化氛围等软性要素,以确保考察的全面性和公正性。

当前,社会日益增长的教育需求与公共教育供给之间存在不平衡,尤其是在优质教育资源不足的情况下。为了实现教育公平,必须加大对教育的投入,提高教育资源的供给水平,特别是在农村和贫困地区。通过推动教育改革,建设更多高水平的学校和培训机构,可以有效提高全体学生获得优质教育的机会。

考虑到我国社会结构的复杂性,制定差异化的教育政策是实现教育公平的必要条件。地区差异、城乡差异、贫富差异等问题需要因地制宜,制定更加精准的政策来解决。例如,针对贫困地区,可以采取精准扶贫的教育政策,确保贫困学生能够平等享有教育资源。

为确保教育公平的实施效果,需要建立健全的教育监管和评估机制。通过对学校、教育机构的监督,以及对教育政策实施效果的评估,可以及时发现和解决教育公平存在的问题。这也需要建立更加透明、公正的评估标准,确保评估过程的公正性和客观性。

教育公平的实现需要全社会的共同努力和理解。因此,加强教育宣传,提高社会对教育公平的认知和理解是至关重要的。通过媒体、学校教育和社区宣传等途径,培养社会对教育公平的共识,形成全社会共同关注、共同推动的良好氛围。

(一)完善并创新教育精准扶贫战略,阻断贫困代际传递

在中国,教育公平一直是社会关注的焦点之一。从宏观的角度看,研究发现增加教育经费支出可以有效减少教育差距,因此,建议政府要加大对教育的投资,以实现更广泛的教育公平。然而,微观层面的影响因素也不可忽视,大多数研究指出,家庭背景对子代的教育差距产生重要影响,初生禀赋对教育公平也有显著影响。

宗晓华等的研究表明,在城乡接合部学生的认知能力成绩最低,与农村学校的学生相比存在较大差距,这是城乡教育质量梯度落差中的一个"突然断裂"。在推动城乡义务教育均衡的过程中,政策过于聚焦于农村的短板,而对于"城乡接合部塌陷"的问题关注不够。

因此,解决教育公平和精准扶贫问题需要综合施策。政府应当继续增加教育投资,但更要注重资源配置的公平性。在实施精准扶贫时,要避免形式主义,确保帮助真正需要帮助的家庭。同时,需要关注城乡接合部的教育问题,促进城乡教育质量的均衡提升。通过这些综合措施,才能更好地实现教育公平和精准扶贫的目标,促进社会的公平正义。

(二)实施教育信息化与智能化教育战略,大力促进教育公平

教育信息化和智能化教育战略已成为中国教育改革的重要举措,其目标是大力促进教育公平,让更多孩子享有优质教育资源。习近平主席在2015年致国际教育信息化大会的贺信中指出了中国不懈推进教育信息化的决心,强调以信息化手段扩大优质教育资源覆盖面,逐步缩小区域、城乡数字差距,让亿万孩子共享优质教育,通过知识改变命运。

另外,《国家职业教育改革实施方案》中也提出了一系列基于互联网技术的教育改革策略,如实施1+X证书制度、书证融通、开发、开放国家网络课程、学分银行等,这些举措将极大地推进教育公平发展,特别是在边远地区、老少边穷地区更要注意发展信息化教育,让更多人共享

优质教育资源。

在这一进程中,各地方和学校需要紧跟时代步伐,切实落实、落细信息化和智能化方面的创新教育教学,创新制度和管理,牢记社会人才需求是全方位的,做好人才分流、各取所需的教育,切实提高育人水平,确保更大范围的教育公平实现。

总之,教育信息化和智能化教育战略的实施将为中国教育的未来发展注入强劲动力,让更多孩子在蓝天下共享优质教育,通过知识改变命运。希望在这一过程中,每一个孩子都能获得公平的教育机会,共同成长,为国家的未来作出贡献。

(三)采取教师共享策略,促进优质师资资源共享

近年来,教育质量差距逐渐成为城乡义务教育面临的一大挑战。研究表明,相较于经济因素,文化性因素对教育质量的影响更为显著,这意味着均衡城乡义务教育发展需要调整政策重心。在这一背景下,优质师资资源共享成为促进教育公平发展的重要策略之一。

1. 优质师资资源共享的意义

优质师资是保障教育质量的核心要素。通过共享师资资源,可以实现以下几个方面的意义:

首先,共享师资资源能够提高教育资源均衡配置的效率。各地区的师资资源分布存在不平衡现象,通过共享,可以使教师资源得到更加合理的利用,减少教育资源间的不均衡。

其次,共享师资资源有助于提升边远地区和农村地区的教育质量。这些地区通常面临教师资源匮乏的问题,而通过共享,可以使这些地区的学校也能够拥有优质的师资支持,提高教育水平。

最后,共享师资资源可以减少家长和学生对所谓优质资源的盲目追逐。在共享模式下,学校不再被归类为有或无优质教师的标签,所有学校可以共同分享师资资源,避免了资源分配不均带来的不公平感。

2. 具体实施方法

为了实现师资资源的共享,可以采取以下措施:

首先,将师资资源纳入地方教育主管部门的统一管理。各国、各省、各地区的师资资源归属于地方教育主管部门,由其负责统筹安排和调配,确保资源的合理利用。

其次,建立就近实施原则和工作量封顶机制。就近实施原则可以确保教师资源更好地服务于所在地区的学校,减少因距离限制而造成的资源利用浪费。工作量封顶机制可以保障教师的工作负荷合理,避免资源过度集中于少数学校。

最后,加强教师培训和交流合作。通过加强教师培训和交流活动,可以提升教师的专业素养和教学水平,促进优质教育资源的共享与传播。

共享师资资源是促进教育公平发展的重要举措。通过优化师资配置、减少地区间的教育质量差距,可以实现教育资源的均衡配置,提高教育公平性。政府、学校和教育主管部门应加强合作,共同推动师资资源共享的落实,为每个学生提供优质教育机会,推动教育公平发展迈出坚实的步伐。

(四)加强教师成熟管理,促进关键资源普及化

在当今社会,教育被视为推动社会发展和人才培养的关键力量。为了提高整个教育系统的质量和效益,加强对教师的成熟管理成为至关重要的任务。

教育主管部门和学校在加强教师成熟管理方面,应当紧密结合"科曼领导生命周期理论",对不同成熟期的教师制订有针对性的培训计划。这一理论指导下的管理策略将有助于提高整个教师队伍的教育教学水平。

不同成熟期教师的管理策略有以下几种:

(1)不成熟期教师的命令型管理。对于处于不成熟期的教师,采用命令型管理是必要的。强制听课、学习、培训等举措将有助于在教育理论和实践中迅速积累经验,奠定其教育基础。

第二章 本科院校国际化特色应用型人才培养的理念

（2）较低成熟期教师的说服型管理。针对处于较低成熟期的教师，采取说服型管理更为适宜。通过深入沟通，说服他们按照教师成熟规律成长，激发其对教育事业的热情。

（3）较高成熟期教师的参与式管理。对于处于较高成熟期的教师，采取参与式管理是关键。让他们参与培训、管理工作，成为学校内的榜样，带动青年和不成熟教师的发展。

（4）成熟期教师的授权式管理。成熟期的教师应当享有更多的授权，充分发挥其专长，成为学校乃至整个地区教育教学发展的引领者。

教育公平是教育体系中的一项重要目标。然而，要实现教育公平，需要更深入的研究和创新。当前的教育公平理论需要不断发展，实施条件也需要不断深化研究。教育公平的实现程度受多方面因素影响，具有明显的时代性特征。

为了更有效地推动教育公平前进，我们需要在理论和实践层面创新。通过针对教育公平的阶段性工作，解决关键问题，才能有力地推动教育公平的实现。同时，需要不断寻找更合理、更有效的解决办法，以创新的思维推动教育公平实施道路的发展。

加强教师成熟管理，促进关键资源普及化，是提高整个教育体系质量的关键一环。通过"科曼领导生命周期理论"的指导，对不同成熟期的教师采取恰当的管理策略，可以提高教育教学水平。同时，教育公平的实现需要深化研究和创新，通过阶段性工作解决关键问题，推动教育公平不断前进。在这一过程中，创新教育公平实施道路将成为关键的推动力量。

第三节 打造国际留学中心

全球化的不断推进，留学已成为世界范围内广受欢迎的教育方式之一。中国，作为一个拥有悠久历史和丰富文化底蕴的国家，正积极致力于打造国际留学中心，吸引更多国际学子来华学习，促进跨文化交流与合作。

中国的教育体系在全球范围内逐渐崭露头角,许多中国大学在国际排名中取得了显著成绩。这使得中国成为越来越多留学生优先选择的目的地之一。政府和高校纷纷出台政策,提供更多的奖学金和便利条件,以吸引更多国际学子前来深造。

中国的城市也在积极打造留学生友好型环境。大城市如北京、上海、广州等提供丰富多彩的文化体验和良好的生活条件,而小城市则以淳朴宜居为特色,满足留学生多样化的需求。在中国,留学生可以感受到传统文化的魅力,同时接触到现代社会的创新活力,这为他们的学习和生活提供了丰富的资源。

中国的高等教育机构也在不断提升国际化水平。许多大学设立了国际学院或者提供以英语授课的课程,为留学生提供了更多学科选择的机会。同时,建立了一系列国际交流项目,鼓励学生参与全球性的学术研究和实践活动,促使他们在跨文化背景下培养全球视野和创新思维。

中国的语言环境也成为留学生选择中国的重要因素之一。学习中文不仅有助于更好地融入中国社会,还为他们将来在国际舞台上有更广泛的发展提供了有力支持。许多留学生表示,通过学习中文,他们更深刻地理解了中国的历史文化,并培养了对这个国家的浓厚兴趣。

中国政府积极推动国际留学中心的建设,除了提供优质的教育资源外,还在签证、就业等方面提供更加便利的政策。这些举措不仅使中国在留学生中的吸引力大幅提升,同时也有助于促进国际人才的流动,为中国的科技创新和社会发展注入新的动力。

总体而言,中国致力于打造国际留学中心的努力在多个方面取得了显著成果。这不仅使中国成为越来越多留学生的理想选择,也为中外学子之间的文化交流和合作搭建了坚实的桥梁。随着时间的推移,相信中国将继续在国际留学领域中发挥重要作用,为建设开放、包容、多元化的国际化社会作出更大贡献。

第三章 本科院校国际化特色应用型人才培养的国外借鉴

本科院校在国际化特色应用型人才培养方面汲取了国外成功经验。由于国外并没有"本科院校"一说,因此本书主要论述国外高等教育成功经验。借鉴国外模式,学校注重构建与世界一流教育机构的紧密合作,引入先进的教学理念和实践经验。通过建立全球性的校际交流与合作平台,学生得以参与国际性项目、课程,提升跨文化交流与合作的能力。强调实际应用技能培养,借鉴国外先进的实习与实训机制,使学生在真实职场中得到锻炼。通过这一国际化特色的教育模式,培养出具备国际竞争力的应用型人才。

第一节 澳大利亚高等教育国际化的经验与启示

澳大利亚的高等教育国际化在20世纪90年代经历了迅猛发展,尤其是在国际学生招收方面。从1997年至2006年,澳大利亚国际学生的增长率明显超过了美国、加拿大和英国等主要英语国家,持续保持两位数的增长。截至2013年,全球范围内有近25万名留学生在澳大利亚的教育机构注册,遍布一百九十多个国家和地区。

这一现象的根源可以追溯到澳大利亚在1950年为东亚和东南亚学生提供的教育援助项目。最初,澳大利亚对所有国际学生提供免费教育,但在1980年后逐渐开始收费。这种援助的方式旨在建立与亚洲国家的友好关系,彰显了澳大利亚高等教育国际化的基本价值取向是为了国家的外交利益服务。

在经历长期的财政危机后,澳大利亚于20世纪90年代初全面推行国际学生全额支付学费的制度。这使国际学生的学费成为澳大利亚大学重要的资金来源之一,与政府拨款相辅相成。举例来说,莫纳什大学和墨尔本皇家理工大学在1992年的资金结构中,国际学生的学费分别占比8%和6%。

1991年,澳大利亚产业委员会发表的调查报告明确指出,澳大利亚的教育出口产业包括高等教育,成为国际教育服务的积极推动者之一。通过将教育产品输出至全球,澳大利亚逐渐形成了以教育服务贸易为基础的产业体系,从而获得巨大的经济利益。20世纪80年代末,高等教育服务贸易在澳大利亚总服务贸易中的占比从0.6%上升到2000年的11.8%。

显然,澳大利亚高等教育国际化的发展方向已逐渐由教育导向向贸易导向转变,国际化的推动力也由外交使命向经济利益转变。这一趋势不仅在国内为高校提供了重要的经济支持,同时也为国际学生提供了更多的学习机会。然而,我们也应深入探讨这一现象背后的深层原因,以更好地理解澳大利亚高等教育国际化的动力和影响。

一、从联邦政府的角度出发

20世纪90年代初期,澳大利亚的高等教育体系经历了一场深刻的变革,其中国际化成为推动力之一。在当时,澳大利亚政府通过强调贸易利益,着力拓展国际高等教育市场,为后来在全球竞争中取得领先地位奠定了基础。这一时期,国际学生在澳大利亚高等教育学生总数中所占比例显著增加,相关数据显示,到2014年时,国际学生已经占据了总体学生数的20%。

相较于其他国家,澳大利亚是世界上首个在这一比例上取得显著成就的国家。这个数据不仅是澳大利亚高等教育国际化的成功案例,更是其面向贸易发展的有力证据。这种国际化战略不仅令澳大利亚的高等教育市场得以扩展,而且使其在国际市场上取得了领先、高水平的竞争能力。

从2014年开始,澳大利亚的国际学生数量持续增加,为该国的高等教育市场注入了新的活力。经济合作与发展组织的数据预测显示,从

第三章 本科院校国际化特色应用型人才培养的国外借鉴

2000年到2025年,澳大利亚在亚太地区高等教育市场的占有份额仍将继续增长。同时,澳大利亚在中国、印度、印尼以及马来西亚等国的高等教育国际市场份额有望增加8倍,进一步巩固了其在该地区的地位。

这一成功背后的关键因素之一是澳大利亚联邦政府采取的有针对性的国际组织战略。通过积极吸引国际学生,提供优质的教育服务和多元文化体验,澳大利亚成功地树立了国际形象,吸引了来自世界各地的学子。政府的支持和相应政策的实施为澳大利亚的国际化奠定了坚实基础。

要保持这一领先地位,澳大利亚仍需不断调整其国际化战略,以适应全球教育市场的变化。随着全球社会的不断发展,高等教育面临着新的挑战和机遇。因此,澳大利亚有必要进一步加强国际合作,提升教育质量,拓展合作领域,以确保其在国际高等教育舞台上继续取得显著成就。

(一)政府任务组的建立和运作

1993年,澳大利亚联邦政府面对高等教育国际化的不断发展和日益复杂的任务,迅速行动,成立了专门的政府机构——"澳大利亚国际教育处",隶属于联邦教育、科学和培训部。该机构的职责不仅仅包括提供国际教育政策建议,还在全球范围内设立了办事处,以更好地协调和推动澳大利亚高等教育的国际化进程。

澳大利亚国际教育处在亚洲地区的日本、韩国、中国、马来西亚、越南、泰国、印度等国家和地区设有办事处,这些办事处不仅提供了澳大利亚大学机构的详细信息,还起到了桥梁的作用,促进了澳大利亚与这些国家之间的高等教育合作与交流。

除了澳大利亚国际教育处,20世纪90年代初期,澳大利亚联邦政府还设立了另一专门机构,即"澳大利亚国际开发署"。该机构的成立旨在加强对私立高等教育的国际化支持,为其提供长期的财务支持。根据与联邦政府的合同条款,澳大利亚国际开发署的工作重点之一是协助澳大利亚大学吸引国际学生。在全球范围内,该机构设立了七十多个办事处,遍及29个国家,构建了一个庞大的网络系统,旨在向世界各地的学生提供关于澳大利亚大学的信息和咨询服务。

这一网络系统不仅有助于澳大利亚大学的宣传和广告,还为澳大利亚高等教育的国际招生提供了有力支持。通过这一体系,国际学生可以获取关于澳大利亚高等教育的详细信息,同时也能够得到助力,顺利处理澳大利亚大学入学和签证事务。

综合而言,这两个政府机构的建立与运作,不仅反映了澳大利亚政府对高等教育国际化的高度重视,也为澳大利亚的大学在国际舞台上树立了更加积极的形象,推动了澳大利亚高等教育的全球合作与发展。

(二)建立高等教育质量保证体系

随着1990年以来高等教育国际市场竞争的不断激烈化,澳大利亚联邦政府迅速认识到建立国家高等教育质量保障体系的紧迫性。这一体系的目标旨在巩固澳大利亚在国际市场上的高等教育地位,并提高本国高等教育的整体质量。在高等教育国际化的背景下,澳大利亚的质量保障体系主要聚焦在国际高等教育资格认证、保障国际学生权益,以及确保国内外高等教育质量这三个核心功能上。

为了满足国际高等教育认证的需求,联邦政府成立了"澳大利亚资格考试制度"。同时,还设立了"国家海外技术鉴定局"等机构,以确保满足国际认可标准。澳大利亚的资格审查制度的设立旨在实现对地方职业技术教育机构和高等教育院校学历和学位证书的统一认证,从而使其在教育机构之间得到衔接和广泛认可的资格。

对澳大利亚教育机构的资格认可意味着政府已充分认可这些机构的教育质量。国际学生通过资格审查制度可以获得对澳大利亚学历和学位的认可,而澳大利亚本土的灵活规划研究则进一步促使了不同学校文凭的结合和认可。

国家海外技术鉴定局作为澳大利亚国际教育部门的一部分,其基本功能不仅仅是促进澳大利亚和外国之间的外交互认,更是在负责文凭认证及相关咨询服务的基础上,负责推动澳大利亚在与其他国家签署的双边或多边协议中的高等教育方面的国际认可。

在2000年,澳大利亚联邦政府采取了一系列措施,旨在建立起一套完善的高等教育质量监督机制,同时确保国际学生在澳大利亚的教育享有权益和质量的双重保障。这一机制的核心是澳大利亚大学质量监督局,一个独立的非营利机构,受到政府的资助,并负责对高校的教学、学习、研究、管理等各方面进行定期评估。

澳大利亚大学质量监督局的评估涵盖了一个五年的周期,其中高校需要接受来自监督局的全面评估,同时进行自我评价,并公布供学生参考的评价报告。这一过程确保了高校在教学质量、管理水平等各个方面都能达到一定的标准。特别是对于在海外运营的高等教育,如海外校区或与外国教育机构的合作项目,也被纳入监督评估范围,以确保其与澳大利亚本土机构的水平相当。

除了大学质量监督局,澳大利亚的国际学生教育学院也制定了一般质量规范要求,基于2000年的海外学生教育服务法案。这一法案为国际学生的教育质量提供了保障,通过对国际化课程的注册要求,不仅保障了留学生的权益,还维护和完善了澳大利亚高等教育机构的学业成绩,最终促进国际认可澳大利亚的大学文凭。

在国际学生权益方面,联邦政府采取了金融权益保护和教育质量的双重保障措施。通过执行海外学生的教育服务法案,确保国际学生在澳大利亚取得的学位得到国家和地方的认可。此外,这一法案还旨在保障国际学生处理学费的权利,为其提供了金融上的支持。联邦政府对于违反海外大学的学生服务法案的行为进行了授权,实施强制性的惩罚。[1]

二、从大学的角度出发

除了联邦政府在扩大高等教育国际化方面的有效战略以外,澳大利亚高等教育在国际市场上的主导地位也是澳大利亚大学迎接国际化挑战的另一个重要因素,这是为了应对挑战所采取的国际行动的目标。

在澳大利亚高等教育国际化的进程中,联邦政府负责顶层设计的国际化教育,包括宏观战略的规划、相关基本法律和政策系统的建立;民间组织帮助联邦政府建立适合澳大利亚高等教育国际化的环境,加强澳大利亚高等教育的国际竞争力,包括澳大利亚高等教育品牌管理和海外推广、高等教育质量审计等;大学院校是对澳大利亚高等教育国际化价值主张的最直接回应者,并通过具体的制度策略和相关行动来实现澳大利亚的高等教育国际化目标。

莫纳什大学将"国际大学"作为核心的办学理念,长期致力于国际

---

[1] 彭国华,甘永涛.澳大利亚政府高等教育国际化的推进策略及对我国的启示[J].教育理论与实践,2022(18):8-12.

化发展,取得了显著的成绩,同时也成为澳大利亚高等院校之中国际化水平较高的学校,是世界一流大学。莫纳什大学在国际学生规模指标排名上,长期位于澳大利亚高校的前列,在莫纳什大学的例子中,我们可以总结出澳大利亚高等教育国际市场在大学层面的扩张策略。

(一)机构资源和行政支持

在"国际大学"的发展目标下,莫纳什大学为学生制定了全面的国际化政策和措施。在向国际学生提供咨询服务和协助方面,学校特别设立了国际学生支援系统、国际学生事务办事处,并在海外校区安排专职行政人员协助处理国际学生事务。另外,还设立了国际办事处,以处理与大学有关的更具体的国际化问题。

(二)全球教育布局在海外

莫纳什大学明确了学校发展和路径选择的基本方向是"国际化"和"立足世界",它必将打破国界与传统的界限。在以全球为基础的思想指引下,莫纳什大学通过在全球范围内建立海外分支机构的形式开展跨境合作。

(三)教师和学生的国际流动性

高等教育国际化战略的重点之一就是学生、教师和学者之间的国际流动性的提升。莫纳什大学实现成为"国际大学"目标的主要方式之一就是促进学生与学者的国际流动。2005年,莫纳什大学提出人员流动计划,对不同的领域增加资金、奖学金和补贴,鼓励当地学生以及国际教师和研究人员的流动。莫纳什大学人员流动计划分为国际流动计划、国际校园流动计划以及专业成长计划三个主要计划。

国际流动计划旨在帮助在莫纳什大学留学的学生在国外的教育机构或相关的教学场所进行学习、研究或实践,以增加他们的国际经验,培养他们的文化理解能力。国际校园流动计划旨在鼓励和促进莫纳什大学国际学院的学生运动,并将教育中心与蒙纳士大学的整体文化相融合。该计划包括两个子项目:①学生在国际校园内的学术迁移计划;②

国际校园内教职员工的流动计划。专业成长计划旨在加强和补充原有的专业成长计划,为莫纳什大学的教职员工提供更多的机会。专业成长计划还包括两个子项目:外部研究项目和一般员工流动项目。前者的实现和评估要在高校内进行,是高校本身向员工提供的国际职业教育;后者协助莫纳什大学普通员工建立个人跨国专业网络,并向申请人提供与工作相关的出差补贴。

三、从课程的国际化角度出发

1995年,澳大利亚国际开发计划署参加了由经济合作与发展组织领导的国际大学课程国际化比较项目。澳大利亚国际开发计划署的研究小组为澳大利亚大学提供了由经济合作与发展组织制定的国际课程指标体系。

(一)南澳大学研究生能力指标体系的开发

南澳大学与经合组织的课程国际化标准保持一致,制定了一套全面的指标来评估毕业生的能力。值得注意的是,第7项指标强调了南澳大学毕业生作为专业人士和澳大利亚公民的国际视野。根据这一总体指标,南澳大学确定并详细说明了9个子能力,创建了一个细致入微的框架,称为"南澳大学毕业生国际化能力指标体系"。这确保了国际化技能的发展与学生的学习体验无缝结合,有效地满足了经合组织制定的国际化标准。

(二)指标系统的组成部分

指标体系的结构强调了国际课程在其设计、实施和评估中的中心地位。虽然知识和技能仍然是重点,但该系统也优先培养学生的国际价值观和跨文化意识。此外,特别强调知识和技能的实际应用,鼓励学生积极参与现实世界的场景。

（三）实施国际化教学

为了实现国际化目标，南澳大学加大了提高教学标准的力度。该大学制定了一个卓越的教学标准框架，明确列出了国际化教学的要求。鉴于国际化的目标，建议教育工作者扩大对该领域的参与，熟悉全球问题，并在各自学科中遵守国际标准和实践。此外，鼓励教师分配足够的时间与国际学生进行讨论，为探索主题和解决学习问题创造有利的环境。

（四）实现全球影响力

南澳大学采取的国际化举措不仅提高了澳大利亚高等教育的质量，而且对该国在全球教育市场上的突出地位做出了重大贡献。通过拥抱国际化，南澳大学将自己定位为培养具有全球视野的毕业生的领导者，随时准备应对互联世界的挑战。

第二节 英国高等教育国际化的经验与启示

一、英国高等教育国际化与国家软实力构建

软实力，作为一国综合国力的关键组成部分，远离了传统的硬实力路径，如军事和经济实力，而更加注重榜样的力量，强调着一国的吸引力。在这方面，英国独具特色，即便在硬实力层面出现下降的趋势，软实力仍然使其保持软实力超级大国的地位。软实力的主要特点是其能够激发受力者的自愿行动，让他人自愿支持本国政府的政策。

根据IFG-Monocle Soft Power Index的统计数据，2010—2013年间，英国软实力一直稳居世界前两名，为其在全球范围内展示了卓越的软实力。而SoftPower30对世界上30个国家软实力的统计显示，2015—2017年英国软实力一直名列前茅，这进一步印证了英国在全球舞台上的软实力表现。

第三章 本科院校国际化特色应用型人才培养的国外借鉴

Anholt-GfK Roper Nation Brands Index 的国家品牌和影响力排名中,2011—2016年英国的软实力稳居世界第三名,仅次于美国和德国。这个排名反映出英国在国际上的影响力,以及其他国家民众对其文化的认可。英国的软实力不仅体现在政治、经济等传统领域,更是深深植根于其文化、教育和国际交往之中。

英国的文化传统、优秀的教育体系以及对国际合作的积极参与,为其软实力的崛起提供了坚实基础。英国在国际舞台上广泛传播的语言、文学、艺术等元素,不仅为本国树立了积极的形象,也在全球范围内塑造了丰富而引人入胜的文化面貌。[①]

在当今全球化的时代,国家软实力的构建成为国际竞争的核心。高等教育作为一项重要的公共外交渠道,对于提高国家的国际声誉和吸引力具有不可忽视的作用。英国以其强大的高等教育体系成为软实力的支柱,通过国际教育交流与合作不断提升国际影响力和国家竞争力。

英国的高等教育体系不仅在本土享有盛誉,更在国际上树立了卓越的声望。国际教育交流与合作是英国推动国际影响力的关键举措之一。根据 Soft Power 30 对各国软实力的统计,在 2015—2017 年期间,英国的教育实力一直位居世界第二。Soft Power 30 评估软实力时采用的指标体系包括政府、企业、文化、国际参与、数字科技以及教育。其中,教育指标综合考量在英国就读的留学生数量、英国大学的质量以及高等教育机构的科研产出。这些指标共同描绘出英国高等教育的卓越水平,为国家软实力的提升提供了坚实的基础。

二、英国高等教育国际化的实施路径

(一)全方位、多层次的国际学生招生战略

英国作为全球第二大留学目的地国,自1995年以来一直受到世界各地学生的青睐。在英国大学中,国际留学生占总人数的18%,并且英国拥有除美国之外最多的世界大学100强名校。近年来,英国高等教育

---

① 胡婉,徐瑞珂.软实力视角下的英国高等教育国际化:经验与启示[J].戏剧之家,2019(19):149-153.

的一个显著趋势是其国际化程度不断提高，各所大学的国际留学生人数稳步增长，并且所占比重也在不断上升。英国之所以吸引国际学生，是因为它认识到发展中国家对英美高等教育质量的需求。

近年来，随着新兴经济体国家经济实力的增强，以及受到英国本科教育质量的吸引，越来越多的学生选择直接到英国攻读本科学位。在知识经济时代，大量的国际学生在英国求学，不仅为英国社会带来了丰富的人才资源，而且他们的学费和生活消费也对大学的收入和英国的经济增长做出了积极贡献。

(二)基于全球视野的国际教育合作

在全球化的时代，国际教育合作成为各国高等教育体系的重要组成部分。英国作为世界著名的教育强国，通过多元化的国际化举措，积极吸引全球学子，同时，关注并满足其他国家学生的教育需求，为跨国教育合作树立了典范。

其中，最引人注目的举措之一是英国在全球建设海外校园、研究中心以及与当地国家合作建立大学。这一战略不仅有助于吸引国际学生到英国求学，还为其他国家的学生提供了高质量的跨国教育服务。目前，英国已在世界各地建立了37座海外校园，主要集中在海湾地区、阿联酋、新加坡和中国等地，展现了其在全球范围内的影响力。

特别是在亚洲地区，英国的海外校园数量显著，分布在新加坡(18座)和中国(17座)等地。这不仅是对亚洲地区教育需求的回应，也是对亚洲崛起在全球经济和科技领域中发挥日益重要作用的体现。此外，英国还在其他国家如韩国、希腊、墨西哥、卢旺达等设立了海外校园，构建了全球性的教育网络。

截至目前，英国仅在15个国家没有提供跨国教育服务，显示了其全球化战略的广泛覆盖。在全球范围内，马来西亚、中国、新加坡、巴基斯坦和尼日利亚成为英国跨国教育服务接受人数最多的五个国家。在2011年和2012年，约有57万国际学生选择在英国进行跨国教育，进一步巩固了英国高等教育在全球的地位。

随着信息时代的来临，英国不仅通过传统方式吸引国际学生，还通过建设高水准的电子图书馆、网络公开课(MOOC)和网络专业课程等手段，为国际学生提供多样化的学习资源。这一举措不仅提升了英国高等教育的全球影响力,也为学生提供了更灵活、便捷的学习途径。

(三)高水平的国际化学术研究

在当今竞争激烈的国际舞台上,高水平的国际化学术研究成为提升国家软实力和国际影响力的关键途径之一。对于英国而言,其出色的科研能力不仅是高等教育体系的骄傲,更是塑造英国在全球的声誉的重要支柱。

英国,拥有仅占世界1%人口的国家,在科研领域却贡献了全球3.2%的科研经费、7.9%的科研论文、11.8%的论文引用次数以及16%的最高被引论文。这些数据无疑反映了英国在科研产出质量上的卓越表现。这种高水平的科研能力为英国赢得了国际社会的认可,为其软实力的不断崛起奠定了坚实基础。

第三节 俄罗斯高等教育国际化的经验与启示

一、俄罗斯高等教育国际化的战略框架

(一)《俄联邦教育法》(1992年)

1991年,苏联解体后,整个俄罗斯国家政局不稳,经济滞后,教育发展也因此遭受了重创。为了保障教育活动的有序开展,1992年7月,俄罗斯政府颁布实施了《俄联邦教育法》,这是苏联解体后俄罗斯颁布的第一部教育法。

在《俄联邦教育法》颁布之前,俄罗斯高等教育办学主体相对单一,由国家主管。《俄联邦教育法》的实施使得俄罗斯高等教育规模迅速扩大。一方面,非国立高等教育机构的数量增加迅速,根据统计,在该法正式实施后的10年内,俄罗斯的非国立高等教育机构从78所增加到了410所。另一方面,俄罗斯高等学校的学生人数也不断增加。从1992年的一百八十多万人增长到2001年的六百多万人,这一增长速度在世

界范围内属于前列。

俄罗斯高等教育规模在1998—1999学年达到历史的最高值,标志着俄罗斯高等教育进入了大众化的新阶段。这一变化在非国立高等教育机构与国立大学教育的相互补充与促进下实现,具有划时代的意义。这些变化不仅为俄罗斯高等教育的国际化奠定了坚实基础,同时也为其高等教育国际化发展设立了新的目标。

俄罗斯高等教育的多元化办学主体和形式带来了更加丰富多样的教育资源和机会,使得俄罗斯教育体系在国际上获得了更多的关注和认可。这也为俄罗斯学生提供了更广阔的选择和发展空间。同时,俄罗斯高等教育机构与国际教育机构之间的合作与交流也日益加强,推动了俄罗斯高等教育的国际化进程。

随着高等教育规模的扩大,俄罗斯也面临着一些挑战。其中包括如何保证教育质量的提高、如何加强教师培训和专业发展、如何提升学生就业竞争力等问题。这些都需要俄罗斯政府、教育机构以及相关利益方共同努力,制定合理政策和措施,以确保俄罗斯高等教育的可持续发展。

(二)《联邦高等和大学后职业教育法》(1996年)

1995年,俄罗斯启动了推进高等教育国际化的计划,为此,切尔诺·梅尔金总理签署了第774号政府令,明确支持俄罗斯高校与外国高校的合作交流。在1996年,俄罗斯颁布了《联邦高等和大学后职业教育法》这一国家级法律,作为对《俄联邦教育法》的深化和补充。该法明确规定了高等院校的办学自主权和学术自由,推动了俄罗斯高等教育的大众化,促进了国际化进程。

(三)《2010年前俄罗斯教育现代化构想》(2001年)

为了应对俄罗斯教育不断变化的形势,2001年推出了"2010年俄罗斯教育现代化蓝图"。这份全面的文件不仅概述了俄罗斯教育的现代化目标,还强调了高等教育国际化的当代必要性。

蓝图的主要目标是多方面的。它呼吁大幅增加教育预算拨款,建立法律框架以保障教育系统的发展,建立国家和社会教育管理体系,并扩大职业教育机构的学术自由。该蓝图还旨在通过各种机制确保获得高等教育,启动对教育内容和结构的广泛更新,并引入新的教育发展组织机制。

在高等教育领域,蓝图主张继续深入改革教育制度。它强调了大学研究活动的重要性、提高教学质量的详细计划,并概述了更新教育内容以适应社会发展需求的战略。该蓝图力求使人才发展与社会进步的要求相协调。

为了实现蓝图中概述的目标,俄罗斯教育部制定了相关文件,重点讨论高等教育中的科学、技术和创新领域。这些文件明确呼吁学术智库为俄罗斯的技术和创新能力做出重大贡献。此外,教育、研究和生产机构的重组被列为优先事项,产生了教学、研究和创新的综合体。这包括创建大学科技园、创新中心和建立大学教育区。这些举措旨在将大学转变为从事基础研究以及高科技产品开发和生产的中心,为创新的新时代做出重大贡献。

(四)《大学法》(2003年)

2003年11月,俄罗斯政府颁布了《大学法》,这是俄罗斯首次专门制定联邦高等教育法的关键时刻。这项法律标志着俄罗斯高等教育正在进行的改革和加强中迈出了重要的一步,建立和发展了"2010年之前俄罗斯教育现代化概念"中提出的核心思想。其原则的核心是承认现代教育和技术的紧密结合与国家的未来发展密切相关。

《大学法》规定了大学的两个基本特征:自主性和开放性。根据法律,自治意味着大学应该有自治的权力。例如,教师评估由大学学术委员会进行,授予大学学位和颁发证书是由大学自己管理的独立过程。内部治理和管理责任交给了各委员会,促进了权力下放的做法。该法律还鼓励大学通过教育服务市场的健康竞争来提高教学效率。

对自主性的强调反映了一种信念,即大学应该有独立决策的自由。大学内部的学术委员会负责评估教师,确保内部和自我监管机制。此外,授予学位以及设计和颁发证书的过程完全属于各个大学的职权范围。这种对自主性的强调延伸到了内部治理和管理,委员会代表着大学的教职员工,培养了责任感和所有权。

《大学法》强调了俄罗斯大学开放的重要性。该法律打破了历史上的孤立主义，鼓励大学与国内外教育和研究机构建立密切联系。这一战略转变旨在推动俄罗斯进入全球学术舞台，促进国际合作，促进社会内部知识资源的开发和再生。

《大学法》的颁布被视为俄罗斯高等教育国际化的一个里程碑。这标志着俄罗斯脱离了历史上封闭的高等教育体系，为加强与外国学术机构的外部接触与合作铺平了道路。该法律促进了范式的转变，使国际化成为俄罗斯高等教育不可避免的重要轨迹。

（五）《国家优先教育计划》（2006年）

2006年2月，俄罗斯政府实施了"国家优先教育计划"。这项国家级教育倡议旨在弥合俄罗斯教育体系与现代化社会日益增长的需求之间的差距，使国家能够应对日益激烈的全球竞争。

国家优先教育计划旨在通过纳入国际知名教育项目来提高俄罗斯高等教育机构的教育质量和研究能力。该计划强调了高等教育机构管理结构的创新，增加了对大学的财政支持，并表明了对支持教育工作者和学生的坚定承诺。

《国家优先教育计划》的有效实施对提高俄罗斯的整体教育水平，特别是在高等教育领域发挥了关键作用。向大学和学术界提供的支持表明了政府致力于营造一个有利的学习环境。

该计划中列出的雄心勃勃的目标之一是建立一批世界级大学。人们期望这些机构不仅在传统的学术衡量标准上表现出色，而且在研究和创新方面也表现出色。评估大学的标准包括关注研究和创新能力，强调了保持在全球进步前沿的重要性。

为了促进实现这些目标，俄罗斯联邦设立了一个专门的国家基金。该基金由联邦预算的具体拨款支持，于2006年开始提供2亿美元的初始捐赠。随后，该基金的年度预算增加，从2亿美元到4亿美元不等，这表明俄罗斯政府的支持持续不断。

国家基金专门用于旨在提高大学和教育机构研究能力的关键项目。这包括购置现代研究设备，提高研究人员的技能，以及扩大教师培训项目。该基金在促进学术界的研究和创新文化方面发挥了至关重要的作用。

在国家优先教育计划的支持下，向教育工作者和学生提供了大量支持。每年平均有10000名顶级教师和五千多名优秀青年学生获得联邦政府的资助。到2014年,这些举措的拨款总额达到了令人印象深刻的5000万美元,反映出政府致力于培养和留住教育部门的人才。

(六)《俄罗斯2020年前的发展战略》(2008年)

2008年,俄罗斯政府提出了《俄罗斯2020年前的发展战略》(国家创新战略),旨在充分发挥俄罗斯人的潜力,通过全面创新提升国家经济水平和人民生活质量。该战略以教育为优先领域,希望通过构建完备的高等教育体系,实现"世界上最好的教育",从而推动俄罗斯成为创新强国。

根据《俄罗斯教育中长期发展纲要》,高等院校主要分为四种类型:联邦大学、联邦研究型大学、地方大学和学院。联邦大学通过整合优质高校资源,以较高的科研实力和教育质量,代表着俄罗斯高等教育的最高水准,力图跻身世界一流大学之列。联邦研究型大学则注重创新与科研,在培养具有创新精神的人才方面,以"科研—生产活动一体化"为模式,开展科技创新和科研成果的转化。除了对高等教育体系的构建,该战略还推动了教育机构的类型更新,以优化区域高等教育资源,提升科技创新能力,并实施创新计划。此外,俄罗斯还致力于发展多层次的高等教育体系,突破传统高校治理体制的制约,以应对高等教育国际化的挑战。

(七)《新俄联邦教育法》(2013年)

俄罗斯于2013年颁布的《新俄联邦教育法》引起了广泛的关注和瞩目。这一法案的制定经历了多年的酝酿,从2009年的草案起草、2010年的全国范围内讨论、2011年的补充修改,到2012年的国会审议,几经周折,最终在2013年初提交国家杜马,并正式实施。这个法案的制定不仅是俄罗斯社会经济发展的需要,也符合世界现代教育发展的趋势。

《新俄联邦教育法》的实施将有力推动俄罗斯的教育体系向更高水平发展。这不仅有助于培养更多的高素质人才,提升国家的科研实力,也为俄罗斯在国际上树立起更为崭新和有竞争力的形象,为其成为真正的"教育强国"打下了坚实的基础。

二、俄罗斯高等教育国际化的政策举措

（一）多种方式开展国际教育交流与合作

第一，联合办学，提升国际影响力。

在历史的长河中，莫斯科大学、圣彼得堡大学、人民友谊大学等苏联名校辉煌屹立于俄罗斯，然而，苏联解体后，其他共和国未能分享这些高等教育资源，导致它们的高等教育体系面临沉重打击。为了重建和提高高等教育水平，独联体国家纷纷寻求与俄罗斯的合作，通过在主要城市建立联合分校，为俄罗斯的高等教育国际化提供了宝贵机遇。

塔吉克斯坦与莫斯科国立大学的合作协议是这一合作浪潮的生动例证。自2010年起，双方逐步为塔吉克斯坦的莫斯科国立大学分校增设新专业，旨在强化两国之间的教育合作，同时满足学生的需求。这种形式的合作为俄罗斯的高等教育提供了国际化的发展契机。

而在东亚地区，俄罗斯积极推动联合办学，以上海合作组织大学为重点。2007年8月16日，俄罗斯联邦政府总统普京在上合组织峰会上倡议建立上海合作组织大学。在2008年10月的上海合作组织成员国教育部长会议上，双方进一步商讨并签署了合作协议。该大学以俄语和汉语为基础教学语言，专业设置以能源、生态、纳米技术、地域学等为主，为硕士毕业生提供了双文凭，增加了其在就业市场上的竞争力。

这种全球合作不仅体现在独联体国家与俄罗斯之间，对于东亚地区的其他国家，如日本和韩国，俄罗斯也在其留学生项目中开设了经济、社会等传统课程，为国际留学生提供了更广泛的选择。

俄罗斯高校与独联体国家、东亚地区的合作，不仅推动了高等教育的国际化发展，还为不同国家的学生提供了更多选择，拓宽了他们的学术视野。这种形式的合作不仅在教育层面上建立了紧密的纽带，更为全球高等教育体系的互通互融提供了有益实践，共同促进了世界范围内的教育交流与发展。

第二，开展各项交流活动，促进学生流动。

高等教育的国际化是当今世界教育的显著特征之一，而学生跨国流

第三章　本科院校国际化特色应用型人才培养的国外借鉴

动在其中扮演着关键的角色。俄罗斯作为一个重要的教育中心,近年来见证了来自独联体国家的留学生数量呈指数级增长,同时与中国的密切合作也促进了双方留学生流动,使得俄中两国高等教育间的交流活动日益活跃,这无疑展现了国际化教育的蓬勃发展态势。

自 2001 年至 2011 年,俄罗斯境内来自独联体国家的留学生数量增长惊人,从 535 人上升至 5000 人,增长近 10 倍,这充分彰显了俄罗斯在扩大留学生招生规模方面的巨大努力与成就。

与此同时,俄罗斯与中国的交流合作在多个领域取得了显著进展,特别是在教育领域。两国政府与民间组织相继举办了"国家年""教育年""语言年"等系列活动,极大地推动了两国间的交流与合作。截至 2014 年,在俄罗斯中俄合作办学的高校已达 120 所,而在中国这一数字是在俄罗斯的 5 倍之多,达到了 600 所。俄罗斯高校接收来自中国的留学生数量也持续攀升,到 2014 年已达到 25000 人,同时为中国提供了 800 个公费留学的名额。

这种留学生流动不仅在数量上体现了巨大的增长,更加深了两国高等教育机构之间的紧密联系。留学生们在跨文化交流中收获了宝贵的经验与知识,促进了俄中两国之间的相互了解与友谊,同时也为世界教育的多元化贡献了一份力量。

国际化的高等教育不仅是数字的增长,更重要的是在不同国家、不同文化间建立起的桥梁与纽带。俄罗斯与中国之间日益密切的教育合作与留学生流动,将为两国未来的发展注入更多活力与希望,也为世界各国的教育交流与合作树立了典范。这股蓬勃发展的留学生流动趋势必将为全球教育体系带来更多的创新与活力,为构建和谐、多元的国际化教育环境做出更大的贡献。

第三,跨国联合,培养国际化人才。

在俄罗斯高等教育的发展中,跨国联合培养计划成为一项引领国际化人才培养模式的创新方向。这新潮流主要通过与国外优秀高等院校和行业领先企业的合作,开展具体的培养方案,为学生提供更广泛、深入的学术与实践体验,从而推动俄罗斯高等教育走向世界,培养更具国际竞争力的人才。

校企合作不仅推动了俄罗斯高校的科研水平,同时培养了高质量的毕业生,使俄罗斯的工程人才储备达到世界先进水平。通过提供各类先进设备支持学校的科研与教学工作,企业为高校师生提供了更广阔的发展平台。这种紧密的合作关系有助于促进科研成果的转化,推动产学研结合,为俄罗斯工程人才的培养创造了更加有利的环境。

跨国联合培养计划为俄罗斯高等教育注入了新的活力,为学生提供了更丰富的学术与实践体验。通过与国际学府和企业的合作,俄罗斯高校培养出更具国际竞争力的人才,为国家的科技创新与产业升级注入了源源不断的动力。这一新潮流将俄罗斯的高等教育推向国际舞台,为国际化人才培养树立了典范。

(二)促进教育与科研融合,增强创新实力

随着全球经济的不断发展和科技的飞速进步,俄罗斯意识到教育与科研融合是推动国家创新实力的关键。为此,俄罗斯在1996年拉开了科教一体化改革的序幕,不断深化改革以适应变化的国际教育环境。

首先,在俄罗斯的科教一体化改革中,整合高校、科研机构、行政部门被确定为任务的核心。在《2010年前俄罗斯教育现代化构想》中,将整合这三股重要力量作为实施科教一体化的核心出发点。此后,俄罗斯政府在《教育与创新经济的发展:2009—2012年推行现代教育模式》国家纲要中,对科教一体化改革提出了新的发展目标,包括建立世界水平的科研中心、加强人才培养新模式的推行,促进国家科技创新等。这表明俄罗斯在不断深入科教一体化改革,致力于适应经济全球化,推动俄罗斯经济发展。

科教一体化改革的目标主要有三个方面:一是,走创新道路,适应经济全球化,促进俄罗斯经济发展。二是,形成统一、强有力的教育与科研体系,促进科研成果的有效产出与转化。三是,充分连接科技与教育,发展科研与教学过程中的信息技术,巩固俄罗斯在国际科技领域的领先地位。

其次,为促进科研成果的转化,俄罗斯采取了校企合作的方式。国家战略要求高校不断提高对企业的吸引力,实现高校与工业企业的战略合作。俄罗斯政府提出以大学为基础组建"大学综合体",密切关注高校、科研机构、企业之间的相互合作。这一综合体以大学为中心,联合科研机构与企业,共同创建专门区域,在"教学—科研—生产一体化"模式的推动下,实现专门教学和科学研究。通过充分利用高校和科研机构的科研能力与企业的高效率、高产出相配合,俄罗斯为科研成果的高效转

第三章　本科院校国际化特色应用型人才培养的国外借鉴

化奠定了坚实的基础。

(三)建立新型高等教育质量评估体系

高等教育的质量评估一直是国际范围内备受关注的话题,而在俄罗斯,这一问题更是在国际化变革中占据了重要地位。在政府的积极推进下,俄罗斯已经形成了一套内外兼顾的特色评估体系,使得高等教育机构能够在国际竞争中脱颖而出。

1. 内部评估:强调高校的自我检查

俄罗斯的内部评估体系注重高校的自我检查,这有助于使高校在外部评定中拥有相当的竞争力。高校通过自我检查,能够全面了解自身的办学状况,发现问题并及时进行改进。这种自我监察机制为高校提供了改进和提高质量的机会,从而更好地适应国际化的教育环境。

2. 外部评估体系:认可、评定与鉴定

外部评估体系由认可、评定与鉴定三种制度构成,形成了一个多层次、全方位的质量评估机制。
(1)认可:审核教育机构办学资质
认可是对各类教育机构办学资质的审核,只有在教育主管部门获批的条件下,高校才能够合法地进行教学活动。这一步骤确保了教育机构具备一定的基本条件,为学生提供稳定和有保障的学习环境。
(2)评定:全面评价高校的教育活动
评定是一个比较完善的过程评价,包含了高校教育活动范围内的多方主体和各个方面,如师资、教学内容、整体质量等。通过评定,高校能够了解自身在不同方面的表现,为改进提供具体的方向。
(3)鉴定:最高级别的国家鉴定
鉴定是在评定的基础上完成的,是最高级别的国家鉴定,决定了高校是否符合国家的各类教育指标,以及是否有资格享受国家财政支持和颁发全国认可的学位证书。这一步骤确保了高校在国家层面上的优质水平。

三、俄罗斯高等教育国际化带来的启示

在俄罗斯高等教育国际化战略框架和政策举措实施中,政府推动、社会带动、高校联动、师生互动、同时发力,有效地促进了俄罗斯高等教育国际化的发展。

(一)政府推动下的国际化战略指导

俄罗斯政府通过颁布法律和政策来进行高等教育国际化的战略指导。《俄联邦教育法》为俄罗斯高等教育走向国际化奠定了基础,并对俄罗斯高等教育国际化发展提出了新要求。随后,《联邦高等和大学后职业教育法》促进了俄罗斯高等教育的大众化和国际化。进入 21 世纪,俄罗斯政府颁布了一系列战略框架,如《构想》《大学法》《国家优先教育计划》《俄罗斯 2020 年前的发展战略》和《新俄联邦教育法》,这些战略框架与俄罗斯高等教育国际化改革与发展的进程密切相关。

在我国,高等教育国际化也被视为一项重要战略。在改革开放初期,邓小平就提出了"面向世界、面向未来、面向现代化"的教育目标。经过几十年的发展,我国在国家层面上对高等教育国际化的战略与政策也逐渐明晰。例如,《国家中长期教育改革和发展规划纲要(2010—2020年)》提出了创建世界一流大学的规划,旨在增强我国高等教育的综合实力和国际竞争力。

同时,我国政府还可以加大对高校设立、财政支持和内部管理原则等方面的指导力度,以推动高等教育国际化进程更加顺利。

总之,高等教育国际化是促进教育发展、提升国家综合实力的重要举措。借鉴俄罗斯政府在高等教育国际化战略指导方面的经验,我国政府可以加强法律法规的完善,提高政策制定的针对性和持续性,以推动我国高等教育国际化进程取得更好的成果。

(二)社会带动下的国际化需求提升

在俄罗斯,高等教育国际化不仅是政府与高校的事务,更得到了广泛的社会参与,其中"俄罗斯工业与企业工人联盟"等劳动力市场代表

第三章 本科院校国际化特色应用型人才培养的国外借鉴

发挥了关键作用。这些组织在国际化过程中不仅调试解决了具体问题，还影响了人才培养模式等方面。此外，一些非营利性社会组织也积极参与，提供透明、真实的需求信息，更贴近民众实际，推动俄罗斯高等教育国际化的全面发展。

相较之下，中国在高等教育国际化中社会力量的引导和利用程度相对不足。社会组织主要以从事个人留学服务的公司为主，存在信息不全面、偏向营利的问题。这对我国高等教育国际化的长远发展构成了一定的障碍。因此，我们有必要向俄罗斯学习，建立更多非营利性社会组织，提供更为全面的服务，推动中国高等教育国际化的全面发展。

首先，在法律政策、资金人员等方面对从事高等教育国际化服务的非营利性社会组织进行支持与投入。这将有助于提升这些组织的专业水平，确保提供的信息更加真实、可靠。

其次，借鉴俄罗斯的需求反馈机制，建立我国独特的机制，如"俄罗斯工业与企业工人联盟"在俄罗斯高等教育国际化进程中发挥的作用。通过充分对市场需求、资源分配结果等进行有效反馈，政府与高校能够更灵活地应对问题，确保在推进高等教育国际化的同时，保持我国高等教育国际化的特色。

（三）高校联动中的国际化政策落实

高等教育的国际化是当前全球教育领域的热点之一。俄罗斯高校在这一领域取得显著进展，通过联动与国际化政策的有机结合，展现了强大的实施力和战略眼光。相较之下，我国在这方面尚显薄弱，需要借鉴俄罗斯的成功经验，结合本国实际，积极应对国际化带来的挑战。

俄罗斯高校通过联合，共同应对高等教育国际化带来的挑战，体现了协同发展的理念。我国可在这方面加强政策引导，通过合作办学、联合培养等方式，促进高校之间的合作与交流，共同提升整体实力。

俄罗斯高校与企业的紧密合作为科研成果转化提供了有力支持。我国可借鉴这一经验，加强高校与社会、企业之间的交流，促进科研成果的产业化，提升高等教育的实际效益。

俄罗斯高校通过构建国际化课程体系，使其逐渐与国际接轨。我国应根据实际情况，灵活调整课程设置，加强对人文科学领域的重视，平衡自然科学与人文科学的发展，提升培养学生的国际竞争力。

俄罗斯高校在外语教育方面采用灵活的双语或多语种教学模式,有力减少国际交流中的语言障碍。我国可借鉴这一经验,加强外语教育,培养具有跨文化沟通能力的人才,促进国际化进程。

俄罗斯高校通过完善内部质量评估体系为接受外部评估做好准备,强调高等教育发展的质量。我国可向俄罗斯学习其在高校内部评估方面的优势,完善我国高校的质量评估体系,提升高等教育的整体质量水平。

(四)师生互动间的国际化信息完善

俄罗斯高等教育的国际化发展不仅是政府和高校相关部门的决策与规划,更离不开广大师生的积极参与。在这一过程中,师生们充分发挥了民主权利,为高等教育国际化的发展提供了基础信息,推动了高校和政府在教育领域改革的有效实施和不断完善。

师生的参与不仅是一种权利,更是俄罗斯高等教育国际化战略和政策实施过程中的有效经验。这体现了一种广泛民主参与的理念,使决策更为贴近实际需求和实际情况。然而,相对而言,我国在这方面存在一些欠缺。为了借鉴俄罗斯的经验,我国首先应完善关于民主权利的法律和规范,推进国家层面的民主决策制度完善。其次,应鼓励师生积极表达民主意愿,建立通畅的建议渠道,通过师生反馈有针对性地解决高等教育国际化过程中的问题。最后,要注重引导高校师生进行有关高等教育国际化的系统性研究,建立长效的研究反馈系统,对国外先进的方式方法进行有效传播,为我国高等教育国际化提供借鉴。[1]

---

[1] 袁利平,李盼宁. 俄罗斯高等教育国际化的战略框架及政策分析 [J]. 中国人民大学教育学刊,2017(01):156-173.

第三章　本科院校国际化特色应用型人才培养的国外借鉴

第四节　其他国家高等教育国际化的经验与启示

一、美国高等教育国际化的经验与启示

（一）美国高等教育国际化发展

自 20 世纪初期，"国际教育"概念的产生标志着全球高等教育领域的一场深刻变革。美国在这一历程中崭露头角，经历了从低潮到成为世界最大高等教育输出国的转变。然而，这一过程并非一帆风顺，"二战"与冷战时期的阴影、来自其他国家的竞争压力以及一系列内在问题都给美国高等教育国际化带来了挑战。

在过去的几十年里，美国一直保持着高等教育输出国的领先地位。2017 年，美国高校就读的国际学生人数接近 89 万，远超其他高等教育输出国。这领先地位最初得益于其高度发达的高等教育系统和母语英语作为高等教育工作语言的优势。

随着国际高等教育市场的扩大，美国面临着来自其他国家的激烈竞争压力。1998 年的一项研究指出，美国高等教育国际化最显著的局限在于相关财力资源不足与针对性政策的缺位。这两个问题折射出国家对高等教育国际化关切不足，导致美国大学生与教师缺乏高等教育国际化的意识。

尽管近年来大量国际学生涌入美国高校，但这一庞大的国际学生群体总体上难以真正融入美国社会生活。这一现象引发了对美国高校国际化程度的关切，呼吁采取措施促使国际学生更好地融入本土文化。

与此同时，美国本土大学生在学校期间到海外进修的比例较小，引起了教育界和社会的关注。人们要求联邦政府与各大学促进大学课程国际化，提高美国本土学生的国际学习经验。这不仅有助于拓宽学生的国际视野，也有助于加强国际文化交流与合作。

进入 21 世纪以来，美国联邦政府开始有意识地制定相关政策与实施相应的措施,为高等教育国际化提供基本框架,描画可行的方向与路径。与此同时,民间组织也积极回应,提供资金支持,共同推动高等教育国际化的进程。

(二)美国高等教育国际化的启示

在全球化的浪潮中,美国高等教育体系逐渐迎来了全面国际化的时代。由联邦政府主导,民间组织从旁协助,构筑起了支持框架,为美国高校提供了深刻而系统的国际化经验。这一进程为美国高校带来了丰富的收益,体现在国际学生比例的稳定或提高、本校师生对外输出数量的持续增长、国际化课程体系的建设或改造以及院校组织为适应国际化需求而进行的结构性变化等方面。

这些收益的表象背后,是美国高校在世纪之交全球化脉络下发生的深刻变化。从单向度、非系统性的国际化转变为双向度、多元的全面国际化,标志着美国高校理念与范式的演变。这一变革的目标不仅是为了适应全球化趋势,更是为了培养具备全球视野的学生,使他们能够成长为全球公民。

美国教育协会对于这一趋势的敏感觉察使其提出了"全面国际化"这一新术语,并指出它不仅是一种教育理念,对学校的总体理念、政策制定以及校内人员的行为产生深层次的影响,同时也是一种可以使大学校园走向国际化的广泛、深入和综合的国际实践。

在美国教育协会"国际化与全球参与中心"的积极推广下,"全面国际化"作为高等教育国际化领域的新概念已经被广泛认同与采纳。美国国际教育工作者协会的定义进一步强调了"全面国际化"对学校办学的渗透式影响,即全面国际化可以渗透到高等教育的各个方面。这意味着在院校的层面上,"全面国际化"实质上是一种渗透式的国际化模式,其引发的是学校全方位的、由表及内的组织变革。

总体而言,自 21 世纪初,美国高等教育已经进入到一个"全面国际化"的阶段。联邦政府的政策导引与民间组织的国际化参与皆以"全面国际化"为要旨。从顶尖的研究型大学到普通的综合性大学、文理学校乃至基层的社区学院,美国高校普遍在"全面国际化"的思维指引下探寻适合自身的国际化路径,学校的内涵与外延也在全面国际化的进程中发生了深刻的变化。

二、日本高等教育国际化的经验与启示

（一）日本高等教育国际化发展

日本致力于使其高等教育系统国际化，这一点通过诸如 1983 年的"10 万国际学生入学计划"和随后 2008 年的"30 万国际学生录取计划"等关键举措可见一斑。这些计划是基础蓝图，反映了日本促进全球理解、提高世界舞台知名度、促进经济和社会领域国际化的愿望。

最初的计划旨在第一阶段（1983—1992 年）将每年的外国学生入学人数增加 16.1%，第二阶段（1993—2000 年）增加 12.1%。为了支持这一举措，日本大学采取了一些措施，如提高教育和研究质量、调整学位授予规定、提供财政援助和负担得起的住宿，以及提供语言培训，以促进国际学生适应日语学习环境。

20 世纪 90 年代初的经济衰退影响了"10 万名国际学生入学计划"的进展，该计划最终于 2003 年完成。由于面临挑战，来日本留学的国际学生人数增长放缓。为了扭转这一趋势，巩固日本在全球高等教育市场的地位，政府提出了雄心勃勃的"30 万国际学生入学计划"。

该综合计划设定了三个关键目标：到 2020 年实现招收 30 万名国际学生的目标，吸引高素质的国际人才，促进相关政府部门之间的无缝融合。它建立在早期计划奠定的基础上，并扩大了其范围，以满足国际学生不断变化的需求和日本的全球战略。

30 万名国际学生入学计划的主要组成部分：

（1）数量和质量目标。该计划旨在实现到 2020 年招收 30 万名国际学生的目标，强调数量和质量。

（2）吸引高素质人才。该计划旨在吸引高素质的国际学生，考虑到来源国家或地区及其学习领域。

（3）全面整合。该计划强调日本政府部门之间的无缝协调，确保国际化的整体方法。

虽然 1983 年和 2008 年的蓝图在具体指标和战略上有所不同，但它们有一个共同的目标，即逐步实现日本高等教育体系的国际化。2008 年的计划不仅增加了国际学生招生的人数目标，还纳入了对顶尖人才的

政策考虑,重点关注学生的出身和他们选择的学习领域。

2020年的国际化计划将重点放在了招生数字之外。它强调对国际学生进行系统和全面的教育,包括他们的招聘、在日本的生活和学习、就业机会以及回国后的支持。"归国人员支助"的推出体现了对追踪和协助毕业后的国际学生的新的重视,确保他们成功地重返祖国。

日本高等教育体系国际化的历程见证了从"10万国际学生入学计划"到更雄心勃勃的"30万国际学生录取计划"的战略演变。这些举措不仅旨在增加人数,还强调了优质教育和毕业后支持的重要性。随着日本继续将自己定位为全球教育中心,这些计划成为其国际化政策持续发展的重要里程碑。

(二)日本高等教育国际化的启示

1983年与2008年的两份国际化蓝图之间的衔接与所反映出的高等教育国际化的渐进性,表明了日本在高等教育国际化方面的决心与务实的品质。从1983年启动至今,日本高等教育的国际学生招收计划的推进历经三十余年,其间日本政府与日本大学均采取联合行动。这些行动虽在高等教育国际化的不同阶段有不同的侧重点,但归纳起来,有以下几个方面值得我们注意:

1. 政府专责机构的成立

日本政府于2004年整合有关国际学生事务的机构,成立了"日本学生支持机构",统一处理国际学生事务,改变了以往中央政府内部与国际化相关机构、部门权责重叠,效能不高的弊端。"日本学生支持机构"作为日本招收国际学生唯一的官方窗口,专门负责国际学生的招生宣传、住宿辅导、就学咨询、助学金等各项事务,强化了对国际学生的支持体制。

2. 大学国际招生的策略

在全球化的背景下,日本的大学机构积极响应政府招收国际学生的政策,通过整合校内资源、设立国际学生招收机构以及制定积极的海外招生宣传战略,成功构建了强大的国际招生体系。这一举措,尤其在以东京大学、京都大学、早稻田大学为代表的国际化重点大学中,展现出日本高等教育的全球领先地位。

日本各大学机构充分认识到国际学生的重要性,为此设立了专门的国际学生招收机构或国际交流机构。这些机构专门负责处理与国际学生教育相关的事务,包括招生程序、学科培养、文化适应等。通过整合校内资源,各大学有效地为国际学生提供了学术和生活上的支持,为其顺利融入校园生活创造了良好条件。

为了吸引更多国际学生,日本大学制定了积极的海外招生宣传战略。这包括在国际教育展会上的宣传、与外国高中的合作,以及通过数字媒体和社交平台传播大学的国际化形象。这样的宣传不仅提高了学校的知名度,也为国际学生提供了更多了解和选择的机会。

特别是在国际化重点大学中,如东京大学、京都大学、早稻田大学,它们进一步加强了在亚太、欧洲、拉美等地区的影响力。这些大学普遍设立了海外办事机构,作为学校在当地的驻点,负责扩大学校在海外的影响、吸收并选拔当地优秀生源,促进学术合作与师生交流。

这些海外办事机构的职责不仅是开展招生宣传工作,更是积极参与当地教育领域的合作与交流。通过与外国地方高校的学术合作,这些机构为学生提供了更多的国际交流机会,同时也促进了学术资源的共享和合作研究的开展。这样的双向交流不仅为国际学生提供了更多选择,也为日本大学拓展了更广泛的国际合作平台。

3. 国际学生奖学金制度的建立

日本政府设置了国际学生奖学金,受益者包括公费生与自费生,且奖学金种类不断扩增,符合国际学生的具体需求,可以舒缓其求学的经济压力。值得提及的是,奖学金中的相当一部分是针对亚非拉发展中国家的学生而设立的,从而有助于日本大学从上述欠发达国家与地区招收素质优秀,但经济背景不佳的学生赴日留学,以及扩大日本高等教育在这些国家与地区的影响。

4. 国际学生学成后就业支持与回国后辅导

日本在为国际学生创造一个受欢迎的环境方面做出了开拓性的努力，不仅在他们的学术追求期间，而且在确保毕业后的全面支持方面，都得到了认可。通过学生支持组织提供的强有力的支持机制，日本致力于帮助国际学生无缝融入日本社会。

在日本的国际学生在完成学业后，将受益于旨在促进他们进入劳动力市场的广泛支持服务。学生支持组织每年都会传播丰富的信息，包括工作介绍、日语能力测试、工作申请见解、居住状态更新以及国际学生就业统计数据。这种积极主动的方法确保毕业生能够为日本劳动力和整个社会贡献自己的才能。

对于那些毕业后返回本国的国际学生，日本通过后续计划提供支持。该项目旨在评估和提高这些毕业生返回日本深造或科学研究的意愿和可行性。

一个值得注意的举措是短期回国计划，该计划允许国际毕业生在回国三年后申请在日本的短期研究机会。符合条件的候选人，年龄在45岁以下，可以享受机票、日常生活费（每天11000日元）和研究援助费（固定为5008日元）的补贴。该项目不仅鼓励知识交流，而且有助于保持日本与其国际校友之间的牢固联系。

此外，归国人员研究指导方案支持在本国从事研究和教育活动的国际学生。派遣日本教授进行为期7至10天的现场指导。政府补贴教授的机票、日常生活费（每天16000日元）和研究指导费（每位教授最高可达10万日元）。这一举措不仅有助于学生的学术发展，而且加强了日本与本国之间的学术联系。

与其他国家相比，日本促进国际学生融入日本社会的政策和具体措施具有创新性和参考价值。致力于在国内外培养一个全球社会，这表明日本致力于培养多样化和相互关联的学术和专业环境。

三、马来西亚高等教育国际化的经验与启示

马来西亚高等教育部在2007年发布的高等教育战略规划中明确了国家的高等教育发展方向，将高等教育国际化作为主要途径，旨在将马

第三章 本科院校国际化特色应用型人才培养的国外借鉴

来西亚打造成为亚太地区高等教育中心国家。这一转型目标的核心标志是到2020年,马来西亚将主要作为一个高等教育输出国存在,并在亚太地区乃至整个亚非拉高等教育市场上具有更大的竞争力。今天,我们可以看到这一战略的初步成效,马来西亚已成为国际社会眼中亚洲地区的学生枢纽之一。

高等教育国际化在促进马来西亚留学生回流、提高出口收入能力以及吸引世界各地留学生赴马来西亚留学等方面发挥了重要作用。这不仅是对马来西亚高等教育水平的认可,也为国家的人才培养和经济发展提供了有力支持。

(一)增进本地国际化

所谓"本地",是指以国际化的办学活动为中心,以校园为导向,营造国际氛围,促使学校全体学生实现国际化学习的过程。在加拿大学者简·奈特的定义中,"本地"的概念指向院校国际化的起源,即校园本位的国际化活动,可以创造一个国际化的校园文化和氛围,以此来促进学生对不同文化的理解。

自20世纪90年代以来,马来西亚的学生出国留学的浪潮开始消退,更多的马来西亚学生选择就读于本地大学。在这样的背景下,马来西亚大学加强了对本地国际化问题的审议,采取的战略包括如下几点:

1. 积极开发跨境课程模式

在全球化的潮流中,马来西亚高等教育机构积极开发跨境课程模式,以适应不断变化的教育需求和经济环境。

1980年,面对世界经济危机和高昂的留学费用,马来西亚高等教育迎来了双联学制课程的发展。当时,本地学生渴望出国留学,但负担不起高昂的学费。为解决这一问题,马来西亚私立学院尝试与西方院校签订合作协议,推出了双联学制的课程教学模式。

典型的代表是双威大学,成立于1986年,位于吉隆坡。该校采用"1+2"预科学制课程,学生在校修完课程后,由国外合作高校考核合格,获得该校学位。这一尝试取得了成功,为马来西亚高等教育国际化奠定了基础。

2. 学分转移制课程的推动

1980年,马来西亚开始实行学分转移制课程,为学生提供了更多国际化的学习机会。伯乐学院是首个引入学分转移项目的大学,与美国的布劳沃德学院签订协议,建立了学分转移制度。英迪国际大学也成为学分转移的典型代表,通过设立信贷转移服务中心,协助学生获取国外学业贷款,保障学分的质量,并得到了国外高校的认可。

目前,英迪国际大学已经与澳大利亚、新西兰、英国、加拿大等多个国家的大学建立了学分转移的合作关系,形成一种基于课程学分转移的新型合作模式。该机构的成功经验为马来西亚的信用转移系统树立了榜样。

双联学制课程和学分转移制课程在马来西亚高校的国际化发展中发挥了积极作用。这些灵活的教育模式不仅为本地学生提供了留学机会,还促进了与国外高校的紧密合作。随着全球教育合作的深入,这些跨境课程形态将继续推动马来西亚高等教育的发展,培养更多具有国际视野的优秀人才。

3. 营造国际化的校园文化氛围

在全球化的今天,为了提供学生一个舒适、宜人、整洁的学习环境,马来西亚大学不仅注重校园环境建设,还以其独特的地理特点为基础,通过多样的举措致力于营造国际化的校园文化氛围。

(1)校园环境建设

马来西亚大学注重选择交通便利、国际语言环境优越或风景宜人的地点来建设校园。这种选择不仅为学生提供了便利的交通和语言环境,还让他们身处优美的自然景区,增添了学习的愉悦感。不仅如此,学校还致力于网络建设,打造设备齐全的教室、实验室等基础设施,以确保学生在学术生活和日常生活中都能够得到最佳的支持。

(2)国际化校园文化

为了让国际学生在马来西亚找到归属感,学校积极推动校友会的建设。以英迪国际大学为例,其主校区坐落在风景宜人的森美兰州汝来新镇,通过设立学生服务中心、学生中心、学习资源中心等,为国际学生提供便利的学习和生活环境。这些设施的设立旨在创造浓厚的学术气息和友好的文化环境,让学生更好地融入校园生活。

（3）学术交流与出国留学

马来西亚大学鼓励学生参与国际学术交流,与此同时,也与国外大学建立了多个学生交流项目。这不仅为本土学生提供了更多与国外大学联系的途径,还丰富了马来西亚学生的出国留学经验。这种跨文化的学术交流不仅拓宽了学生的国际视野,也促使校园文化更加多元化。

在马来西亚大学的努力下,学生们不仅能够在舒适宜人的校园环境中学习,还能够感受到国际化校园文化的独特魅力。通过这些努力,马来西亚大学正积极为学生提供一个兼具学术深度和国际氛围的学习场所,为他们的未来发展打下坚实的基础。[1]

（二）增进国外国际化

随着全球化的浪潮不断涌现,马来西亚高等院校积极响应,通过一系列国内外的战略布局,致力于推动国内高等教育的国际化。这一过程包括在海外设立分校、与国外学校合作开发课程、建立海外学术合作项目等多方面的努力,为马来西亚高校走向国际舞台提供了多样的途径。

首先,为共同推动和建设马来西亚高等教育的国际品牌,高校着力加强与马来西亚政府的合作,并争取政府的大力支持。这种紧密的协作关系有助于高校更好地实现国际化的目标,提升其在全球教育领域的声誉和影响力。

其次,为保护学生的利益和长远利益,高校在国际化中突出了马来西亚的教育品牌。选择与声誉卓著的海外招生机构合作,而不仅仅考虑成本,成为确保海外招生质量的重要一环。这种策略旨在确保马来西亚高校在海外的拓展是建立在教育质量和学生利益的基础上的。

再次,开拓海外高等教育市场成为实现国际化目标的重要途径。通过与其他国家加强合作与交流,高校积极抓住机遇,主动对全球高等教育市场进行调研。以2001年英迪国际大学印度尼西亚分校的案例为例,该校的开设正是在1996—1998年印度尼西亚经济危机后,抓住机遇的结果。

---

[1] 李小红,杨文静,经建坤.马来西亚高等教育在地国际化的实践及启示[J].高教探索,2022（05）：93-97.

最后，马来西亚高校注重海外分校课程的建设。这一策略不仅以当地市场需求为导向，更着眼于与分校的优势学科相结合，避免盲目进行课程开设。例如，在巴勒斯坦的马来西亚亚太科技大学，仅设立了几个专业，如商业管理、电子计算机等，以满足当地需求；而在印度尼西亚的英迪国际大学分校更是精简专业，专注于商业信息技术和电子计算机专业。

四、韩国高等教育国际化的经验与启示

（一）韩国跨国教育的形式

韩国的跨国教育从服务贸易的角度可分为跨境交付和商业存在两种形式。从教育的开展方式来看，跨国教育通常是通过网络远程教育、建立教育机构或者合作办学等方式，由外国教育提供者在接收国进行教育活动，并颁发当地学生与输出国相应的学位、文凭或其他资格证书。

目前，韩国的跨国教育可以大致分为四个部分：外国大学在韩国设立分校；大学合作教育；研究生院合作办院；网络办学。韩国高等教育国际化的趋势在不同阶段有所侧重，早期注重引进外国大学的教授，并制定并实施交换学生制度、双学位制度等；近期更侧重于吸引外国大学及研究生院在韩国国内设立分校或分院。

外国大学在韩国设立分校是一种常见形式，通过这种方式，韩国的学生能够获得国际化的教育资源，提升其学术水平。此外，大学之间的合作教育和研究生院之间的合作办院也是促进跨国教育的方式之一，有助于提高教育水平和国际竞争力。

在当前数字化时代，网络办学成为一种备受关注的形式，使学生能够通过在线学习获取国外高等教育资源。这种方式为学生提供了更加便利和灵活的学习机会，也促进了国际教育合作。

总体而言，韩国的跨国教育形式多样，不断演变以适应全球化时代的教育需求。这种多元化的教育形式为学生提供了更广泛的选择，同时也为韩国的高等教育体系注入了更多国际元素。

第三章　本科院校国际化特色应用型人才培养的国外借鉴

1. 外国大学在韩国设立分校

外国大学在韩国设立分校是在特殊法案的框架下进行的,依据《有关在经济自由区域及济州国际自由城市设立并经营外国教育机构的特别法案》,美国乔治·华盛顿大学计划在济州道建立分校。此举于2004年8月由乔治·华盛顿大学校长斯蒂芬·特拉奇滕伯格亲自访问济州,与济州道知事金泰焕签署了建立济州校区的协议。为支持这一计划,济州道决定无偿提供南齐州郡115万坪的土地以建立校园。

新设的校区计划设有语言学院、人文学院、商学院等多个学院,主要招收中国和韩国学生,并计划于2006年开始首次招生。据计划,第一年的招生计划将涵盖1500名学生,而在未来的五年内,招生人数预计将增至5000名。

这一举措的目标是通过在济州道建立分校,为中国和韩国的学生提供国际化的高等教育资源。该计划不仅是对韩国高等教育国际化的积极尝试,也是为了加强与美国乔治·华盛顿大学之间的教育合作。济州道的支持以提供大片土地为例,体现了当地政府在促进国际教育合作方面的积极态度。

2. 大学合作办学

韩国大学与国外大学的合作教育项目呈现多种形式,其中包括交换学生制度、双学位制度以及共同学位制度。

首先,交换学生制度是指学生在本校四年学习期间的一至两个学期内前往与本校有合作关系的国外大学学习,并将在外校所得学分按原校的规定予以认可。在韩国大学中,这种制度非常普遍,涵盖了来自世界各大洲的合作大学。以延世大学为例,其与来自49个国家的463所大学合作实行交换学生制度;高丽大学则与来自30个国家的148所大学、3个教育机构以及5个研究所展开交换学生项目;汉城大学则与来自14个国家的31所大学合作开展交换学生计划。

其次,双学位制度允许学生在一定时间内在本校和国外合作大学学习指定课程,并在完成课程后由两所大学分别颁发学位证书。自1999年8月22日起,韩国教育部宣布,四年制大学学生可以将国外学习两年的学分纳入学业累积。在此之前,韩国大学只允许学生在国外学习一年。然而,具体认可的学分数量仍由各大学自行决定。例如,汉城国立大学要求毕业生获得130学分,其中国外学分不得超过30分;而梨花女子大学则在130至140学分之间,认可国外取得的36学分。

这些合作项目为韩国大学学生提供了与国际教育机构合作学习的机会,丰富了他们的学术经历和国际视野。

3. 研究生院合作办院

在2002年7月,韩国教育人力资源部发布了关于吸引外国著名大学研究生院的文件,旨在推动国际合作办学。该方案包括两个主要部分:一是吸引外国著名大学的研究生院在韩国设立分院;二是允许外国著名大学的研究生院与国内大学的研究生院共同合作开发管理教育项目。

为了吸引外国著名大学的研究生院在韩国设立分院,韩国政府制定了一系列特殊政策。其中包括,外国大学研究生院可以以非营利公益法人的名义设立研究生院分院;校园和校舍可以租赁使用;减少设立分院所需的基本投入额度;取消理事会中韩国人占比须达到1/3以上的规定,确保韩方无权干预学校的经营事务;在分院撤销后,学校法人、教育事业经营者或根据余资处理计划书指定的人都有权收回剩余资产;自2005年起,仅允许世界一流研究生院独立在韩国设立分院。

为了促使外国著名大学的研究生院与韩国大学的研究生院共同开发管理教育项目,韩国政府也提供了一系列特殊政策。这包括外方与韩方合作开设研究生课程,并授予双学位(Dual-Degree)或共同学位(Joint-Degree)。考虑到外国大学的研究生院毕业年限较短,允许合作研究生院在6个月期限内自行调整学制。对于社会需求较多的MBA课程,合作研究生院可以自行解决经费问题。此外,对于涉及国家战略项目合作,政府将支持韩方研究生院的教育基础机构建设、项目实施以及吸引优秀学生所需的费用等方面。

这一举措旨在促进国际高等教育的合作与交流,为学术研究和人才培养提供更广阔的平台,推动韩国的高等教育体系向国际化迈进。

第三章　本科院校国际化特色应用型人才培养的国外借鉴

4. 网络（Online）办学

随着韩国教育市场化与开放进程的不断推进，越来越多的外国大学开始通过在线教育的方式涉足韩国教育市场。韩国海外远程教育中心（www.wcarmpus.net）以韩文提供全球网络大学的详细信息。据该网站表示，目前全球获得正式许可的网络大学已达六百多所，由于没有地区限制，韩国学生可以选择在其中的二百六十多所大学学习各类课程。

在线教育企业 Unext Korea（www.unext.co.kr）成立了名为"卡丁大学"（Cardean University）的在线平台，通过该平台提供斯坦福大学、哥伦比亚大学、芝加哥大学、卡耐基梅隆大学、伦敦政治经济学院等大学的工商管理硕士（MBA）课程。这些课程分为两类，一类是授予 MBA 学位的"硕士课程"，另一类是为期 2 周的非学位课程"定量课程"。硕士课程包括企业策划、能力评估、报告书等严肃课题，而定量课程则更为灵活。硕士课程每科收费 500 美元，而定量课程则为 380 美元。想要通过硕士课程获得 MBA 学位的学生需支付约 22500 美元。目前，韩国的企业如韩国第一制糖（SK）等 12 家公司已经开始接受这一在线教育服务。

除此之外，一些美国大学如哥伦比亚大学、马里兰大学、斯坦福大学、普渡大学、佛罗里达大学等，以及瑞士的国际饭店管理学院（IMI）和国际旅游学院（ITIS）等机构，也通过网站积极参与在韩国的远程教育。例如，斯坦福大学通过与汉城江南区政府合作，在韩国推出了网络硕士项目，该项目涵盖电脑科学、电子工程、技术经营、生物力学、MBA 等多个领域。攻读斯坦福大学硕士学位的学生需要向学校提交入学申请书，并经学校批准后方可注册。学生每学期至少申请 3 学分，完成学业需要累积 45 学分。另外，普渡大学在韩国设有办事处，直接管理网络教育相关事务。该大学在韩国开设工学硕士课程（MSE），取得学位共需 30 学分。

这一趋势旨在满足韩国学生对多样化教育资源的需求，也为国际高等教育合作提供了新的途径。通过在线教育，学生可以在不受地域限制的情况下，选择全球范围内的高质量课程，同时为大学和企业之间的合作提供了更加便捷的平台。

（二）韩国的世界一流大学发展计划：BK21工程

Brain Korea 21，简称 BK21 工程，通常被翻译为"智慧韩国 21 工程"或"面向 21 世纪的智力韩国计划"。该计划是由金大中政府在《教育发展 2 年规划》基础上，由韩国原教育部（2001 年改组为韩国教育与人力资源开发部）于 1999 年 4 月提出的，是韩国建设世界一流大学的积极尝试和主要措施。

BK21 工程的提出背景可追溯至金大中政府在《教育发展 2 年规划》中对韩国教育体系的深刻反思。在全球化浪潮中，韩国认识到高等教育的国际竞争力至关重要，因此制定了 BK21 工程，以推动高校在全球范围内的卓越发展。

BK21 工程的实施目的是建设世界一流大学，通过提高教育水平和科研能力，使韩国在全球教育舞台上占据更为重要的地位。该工程旨在培养具备国际竞争力的高素质人才，为韩国的创新与发展提供强大支持。

BK21 工程的主要内容包括对大学的资金投入、教育体系的改革和科研环境的提升。通过增加经费、改善教学质量、拓展国际合作等措施，鼓励高校在教育和科研方面取得更为显著的成果。

自 BK21 工程提出以来，韩国在高等教育领域取得了显著进展。大学的国际声誉和排名逐渐提升，科研成果在国际上崭露头角。工程的实施使得韩国大学更好地融入国际学术社群，吸引了更多国际优秀学者和学生的加盟。

1.BK21 工程的实施目的及主要计划

韩国政府在 1999 年至 2005 年期间推出了每年投资 1995 亿韩元（约合 1.7 亿美元）的 BK21 工程，旨在提升大学的研究和发展能力。为了申请参与 BK21 工程，大学必须组建跨校的"研究联盟"，其中包括一个主导大学和一个或多个参与大学。该项目的执行委员会采用了"选择和集中"的原则，通过一系列标准挑选一批大学，并在一定时期内进行资金投入以推动项目建设。

BK21 工程的核心目标在于通过政府与社会在人力、财力和物力等

第三章　本科院校国际化特色应用型人才培养的国外借鉴

方面的共同投入,有重点地将一部分高校建设成为世界一流水平的研究生院和地方优秀大学,培养满足21世纪知识经济与信息化时代需求的新型高级人才和国家栋梁,以迎接21世纪的挑战。具体而言,BK21工程的目标主要包括以下四点:

首先,该工程旨在发展世界级的研究生院,培养高质量的研究开发人员。计划争取在2005年之后,每年培养出1300名自然科学和工程技术领域的博士,使得得到重点支持的研究生院能够跻身世界研究生院排名前10名。

其次,工程的目标之一是培养高质量的研究及开发人才,提高整个国家的科研能力。计划将工程经费总数的70%以上投入到研究生教育、博士后培养和特约研究员培养上,以确保研究者能够全身心投入研究和学习。同时,争取在2005年之后,SCI文章数量进入世界前10位,进一步提升国家的科研水平。

再次,BK21工程旨在培育专门化的地方性大学,加强产业界和大学之间的联系。计划通过产业界和地方政府的资金配合,全力支持研究成果的商品化。此外,工程还将加强课程合作,并与产业相关的人力资源培养计划合作,以满足产业和地方的需求,培养大量能够为产业所用的人才。

最后,BK21工程还包括改革大学教育体系,以培养创新型人才。计划采用多样化的入学体制,拓宽人才培养渠道。此外,工程还计划构建研究经费的中央统一管理体制,推进教授科研成果评估体系的普及化,以促进更广泛的创新和研究发展。

2.BK21工程对我国实施"985工程"的借鉴意义

我国在创建世界一流大学的道路上迈出的关键一步始于1998年5月4日启动的"985工程"。截至2005年年底,该工程已经进入第二阶段,资助了38所高校,致力于打造世界一流大学和高水平大学。然而,与此同时,我们也可以借鉴韩国的BK21工程经验,从中吸取一些有益的教训。

首先,BK21工程为参与项目的高校赋予了更多自主权。该工程在选拔条件中规定,高校必须按照教育部的要求进行学校内部改革。然而,这一点在实施前引起了争议,因为事实上,韩国大学本身享有的自主权就相对较小,这与我国的高校情况相似。在推进世界一流大学建设的过程中,深化高校内部管理体制和运行机制改革至关重要。然而,我们应该充分考虑各地和各高校的实际情况,避免要求过于整齐划一的改革。可以通过在若干名牌大学中进行管理改革试点,给予充分的自主权,成功后再进行推广,以更好地实现工程目标。

其次,BK21 工程促进了参与高校在原创性科研方面取得更为稳定的成果。在工程实施期间,韩国的 SCI 论文指标大幅提升,但代表原创性水平的学术指标却相对较低。我国面临类似的情况,自"985 工程"实施以来,我国大学在世界大学学术排行中的位置有所提升,主要得益于 SCI 论文指标的提高。然而,真正代表原创性水平的指标改善并不明显。在"985"二期工程中,关键在于加速取得重大原创性成果和提高世界杰出教授水平。一些已经完成数量积累阶段的名牌大学应将主要精力转移到营造宽松的学术氛围,鼓励重大原创性成果和大师的培养上。

最后,我们需要形成多样化的管理和评价体系。BK21 工程的一个明显缺陷是以单一的科研指标来衡量实施成效,导致对大学教育活动的重视降低,对人文科学和社会科学的重视不足,最终导致学科之间的不平衡。在我国实施"985 工程"的过程中,应避免这种导向的偏差,建立一个多样化的评价和管理体系,充分考虑各学科的特点和贡献。

综上所述,通过借鉴韩国 BK21 工程的经验,我们可以更加灵活地推进我国的"985 工程",在确保高校自主权的同时,注重培养原创性科研成果和建立多样化的管理评价体系,以更好地推动我国高校向世界一流迈进。

第四章　本科院校国际化特色应用型人才培养的模式

随着全球化的不断加深和经济社会的快速发展,对高素质应用型人才的需求愈发迫切,本科院校作为培养高层次人才的重要阵地,选择哪些模式来培养具有国际化特色的应用型人才成为当前亟待解决的问题。其中,现代学徒制人才培养模式、产教融合人才培养模式、校企合作人才培养模式以及实践教学管理人才培养模式都在本科院校国际化特色应用型人才培养中发挥着重要的作用。利用这些模式,可以有助于培养出更符合社会需求的优秀人才。本章就上述四种人才培养模式进行简要介绍,希望能够为相关领域的研究和实践提供一定的参考价值。

第一节　现代学徒制人才培养模式

随着社会的快速发展和经济的全球化,各国对高素质应用型人才的需求日益增加。传统的本科人才培养模式难以满足当前社会对复合型人才的需求,需要更多将理论教育与实际工作相结合的培养方式。现代学徒制人才培养模式因其独特的优势逐渐受到人们的关注,其在本科院校国际化特色应用型人才培养中具有重要意义。本节旨在阐述现代学徒制的内涵,分析现代学徒制的特点及实施路径,阐明其在本科院校国际化特色应用型人才培养中的重要意义。

一、现代学徒制人才培养模式的内涵及特点

(一)现代学徒制人才培养模式的内涵

现代学徒制人才培养模式作为一种融合学校教育和工作实践的全新培养方式,旨在为学生提供全面的职业素养和实践技能。

现代学徒制人才培养模式突破了传统的理论与实践分离的教学模式,强调将学生培养成既懂理论又具实践能力的应用型人才。该模式注重学校与企业的紧密合作,学生通过在企业实践、技能培训和与专业人士的交流,能够充分融入实际工作环境,提高实际操作能力。

(二)现代学徒制人才培养模式的特点

1. 学校教育和工作实践相结合

现代学徒制注重将校园教育与实际工作结合起来,使学生在学习专业知识的同时获得实际职场经验,培养学生的实践能力和应对问题的能力。

现代学徒制强调将校园教育与实际工作紧密结合,这种紧密联系的教育模式为学生提供了更多机会去实际应用他们在课堂上学到的知识,从而加速他们的专业成长和发展。通过与实际工作场景的结合,学生能够更深入地理解所学专业知识,并且在实践中培养解决问题的能力,学会灵活应对不同挑战和情境。这种实践性的教育模式有助于提高学生的自信心和职业准备能力,为他们未来的职业道路打下坚实的基础。

2. 具有较高的学制灵活性

现代学徒制人才培养模式往往具有较高的学制灵活性。这种教育模式通常能够根据学生的学习需求和实际工作情况进行个性化安排,允许学生在校园教育和实际工作之间进行灵活转换和平衡。这种学制灵

第四章　本科院校国际化特色应用型人才培养的模式

活性有助于满足不同学生的学习节奏和方式,帮助他们更好地将理论知识应用于实际工作中,并且能够更好地适应不同的行业和职业发展需求。

3. 企业导师和学校导师双重指导

在现代学徒制人才培养模式中,导师制度发挥着至关重要的作用。学生通常会得到来自企业导师和学校导师的双重指导,企业导师会传授实际工作中的技能和经验,而学校导师则负责学术指导和个人成长方面的辅导。

(1)企业导师

企业导师是学徒制学生在实习或工作期间的主要指导者,他们通常是来自工作场所的经验丰富的员工或管理者。他们负责指导学徒进行实际工作,并帮助他们适应工作环境,掌握相关技能和知识,以及了解行业实践。企业导师也可以向学生传授职业素养和行业经验。

(2)学校导师

学校导师则是在学校内负责学习指导和辅导的教师或教育工作者。他们通常负责监督学生的学习进度,提供学术支持、评估学生的学习成果,并与企业导师共同协调学生在学校教育和实际工作之间的平衡。

这种双重导师指导的模式有助于确保学生在学习过程中既能够获得来自学校的专业知识和学术支持,又能够获得来自实际工作场所的实践经验和职业技能培养。

4. 注重学生的实践经验积累

学徒制模式注重学生的实践经验积累,通过实习、轮岗或项目参与等方式,学生能够在真实的工作环境中运用所学知识,提升实际操作能力。

(1)轮岗制度

学徒制通常会安排学生在培训期间轮流在不同的部门或岗位工作,这样可以让他们获得更全面的工作经验。通过轮岗制度,学生有机会了解整个组织的运作,学习不同部门的工作流程,培养跨部门合作和沟通的能力,从而获得更丰富的实践经验。

（2）项目参与

学徒制通常会鼓励学生参与真实项目,这可以是与实际工作相关的任务或者实际行业项目。通过项目参与,学生能够将在课堂上学到的知识应用到实际工作中,提升解决问题的能力,并培养团队合作和项目管理的技能。这种实际项目的参与也有助于激发学生的创造力和创新精神,为日后的职业发展奠定基础。

这些实践经验的积累是现代学徒制度中非常重要的一部分,有助于学生在学习过程中获得更丰富的经验,提升他们的就业竞争力。

5. 职业素养和技能培养

现代学徒制着重于培养学生的专业技能与职业素养,包括沟通能力、团队合作能力、问题解决能力等,以及与专业相关的实际工作技能。

（1）专业技能培养

学徒制注重学生在实际工作中获得的技能。无论是工程领域、医学领域、IT行业或其他行业,学徒制都旨在让学生通过实际操作掌握所需的专业知识和技能。这种学习方式有助于他们更好地将理论知识应用到实际工作中,并提高解决问题的能力。

（2）职业素养

学徒制也注重培养学生的职业操守,包括诚实守信、责任心、自我管理能力以及对待工作的态度。这种素养对于学生未来的职业生涯至关重要。

学徒制也会着重培养学生的沟通能力和团队合作精神。这意味着学生需要学会在团队中协作,理解如何有效地与同事、客户以及其他利益相关者沟通,以达成共同的目标。

通过注重这些方面的培养,现代学徒制试图培养出具备全面职业素养的新一代专业人才,他们不仅懂得技能,也具备良好的职业操守和团队合作能力。

6. 职业规划与就业支持

学徒制模式注重为学生提供职业规划指导和就业支持,帮助他们更好地融入职场,找到与所学专业相关的工作机会。

第四章 本科院校国际化特色应用型人才培养的模式

（1）职业规划指导

学徒制课程通常包含帮助学生了解自己的兴趣和能力,及与之相关的职业路径。这种指导可能包括实习和导师制度,以及与行业内的专业人士交流的机会,帮助学生更清晰地规划他们的职业生涯。

（2）就业支持

学徒制项目通常与企业和行业合作,因此学生通常能够获得丰富的就业支持。这可能包括实习机会、就业指导、行业联系,以及在就业市场上的竞争优势。

（3）行业认证

许多学徒制计划与行业认证相关联,这有助于学生在毕业后更容易就业。获得行业认证通常可以证明学生具备所需的技能和知识。

以上这些因素共同帮助学生更好地准备自己,以应对并进入专业领域的就业市场。

这些特点使得现代学徒制模式成为一种结合理论和实践、培养职业素养和实际技能、紧密联系职业需求的人才培养方式。

二、现代学徒制在应用型人才培养中的重要意义

（一）提升专业技能

学徒制着重于培养学生的专业技能,使其在毕业后能够具备行业需要的实际操作能力。这种培养模式有助于满足行业对高素质应用型人才的需求,为市场输送更具竞争力的人才。

（二）提高实践能力

现代学徒制强调学校教育与实际工作的结合,使学生能够通过实际工作经验应用所学知识。这种实践能力的培养有助于学生更好地适应未来职业生涯中的挑战,提高他们解决实际问题的能力。

（三）加速学生的专业成长

学徒制培养模式通过实践经验的积累，加速学生的专业成长。在实际工作中，学生有机会接触到真实的工作场景和问题，从而更快地适应并成长为行业所需的专业人才。

（四）有利于学生更好地适应多样化的职场需求

现代学徒制对学生适应多样化的职场需求起着积极作用。

第一，现代学徒制侧重于实践和应用，使学生能够在真实的工作环境中学习和应用知识，从而更好地适应职场中的实际工作需求。

第二，学徒制培养学生的跨学科技能，使他们具备多种技能，能够灵活应对不同领域和职位的需求，适应职场的多样化。

第三，学生在学徒制中通常会得到企业导师和学校教师的指导，这种双重指导有助于学生更好地理解职场需求，培养出符合多样化职场需求的能力。

第四，通过学徒制的实践学习，学生将学会解决实际工作中遇到的问题，培养批判性思维和解决问题的能力，因此更能适应多样化的职场需求。

第五，学徒制培养学生的灵活性和适应性，使他们具备在不同职场环境中工作的能力，适应不同工作文化和团队环境。

通过以上几点，学生能够在学徒制中获得更全面的职业能力培养，更好地适应多样化的职场需求，并提高职业竞争力。

（五）增强就业竞争力

当谈到就业竞争力时，现代学徒制在帮助学生提升竞争力方面发挥着至关重要的作用。

第一，学徒制为学生提供了在真实工作环境中的实习和实践机会，这使得学生毕业时已经具备相关行业的工作经验，这是在就业市场上极具竞争力的优势。

第二，通过学徒制，学生获得的技能和经验通常受到行业的认可。

第四章　本科院校国际化特色应用型人才培养的模式

企业更愿意雇佣曾有学徒经历的应聘者,因为他们通常具备对行业工作流程和实践技能的深入了解。

第三,在学徒制中,学生通常会受到来自企业导师和学校指导老师的指导。这种一对一的指导有助于学生在职业发展方面得到更专业的支持,并提升自己在职业领域中的竞争力。

第四,学徒制使学生在学习的同时获得工资,这让他们在毕业后进入职场时能够更快速地适应工作压力和工作节奏,提高他们的就业竞争力。

第五,现代学徒制更加注重培养学生多方面的技能,不仅包括专业技能,还包括沟通能力、团队协作能力等软技能,这让学生更具竞争力,能够胜任多样化的工作岗位。

总之,通过学徒制培养,学生在毕业后不仅拥有理论知识,还具备了丰富的实践经验和专业技能,这将极大地增强他们的就业竞争力,使他们更具备在就业市场上脱颖而出的能力。

（六）促进国际化人才培养

现代学徒制在国际化人才培养中发挥着重要作用。

第一,通过学校与国际化企业和组织的合作,学生能够接触不同文化背景的工作环境,学会与来自不同文化背景的人合作和沟通。

第二,通过学校与国际企业合作,学生能够了解全球产业和市场的运作方式,有助于培养学生的全球意识和全球竞争力。

第三,学校与国际院校或机构合作,开展学生交流项目或者联合培养计划,使学生能够接触国际化学术环境,增进国际化视野和交流能力。

第四,国际化企业多样化的工作环境要求员工具备多种技能,现代学徒制通过将学生融入真实的国际化工作环境,提供了培养这些技能的机会。

第五,提供国际实习机会,让学生有机会在国际化背景下进行实践,提高其适应国际化工作环境的能力。

这些因素共同促进了国际化人才的培养,使得学生具备更广阔的国际化视野、跨文化沟通能力和在全球范围内的职业竞争力。

综合来看,现代学徒制在应用型人才培养中的重要意义在于使学生能够更好地适应实际工作需要,提升其专业技能和竞争力,从而更好地为社会和行业发展贡献人才。

三、现代学徒制在本科院校国际化特色应用型人才培养中的实施策略

(一)建立合作关系

学校需要与企业建立稳固的合作关系,包括签订合作协议、设立实习基地或实训基地等。此外,学校还可以与国际公司、跨国组织等建立合作关系,引入国际化的学徒制培养资源。

构建学校与国际企业的合作机制对于现代学徒制在本科院校国际化特色应用型人才培养中至关重要。这种合作机制有助于将国际化视野和实践经验引入学校教学体系,为学生提供更广阔的视野和全球化的职业发展机会。

1. 重要性

(1)学校与国际企业合作有助于拓展学生的国际视野,让他们了解不同国家和地区的商业文化和经济环境。

(2)学校与国际企业合作能够帮助学生培养跨文化交流和合作能力,提升其在国际化环境下的竞争力。

(3)学校与国际企业合作可以为学生提供更广阔的职业发展机会,增加就业的国际化选择。

(4)通过校企合作,学生可以更好地了解行业实际运作,提前适应职场环境,增强实践能力。

(5)校企合作可以更好地培养适应行业要求的人才,提升学生的就业竞争力。

(6)从企业获取的行业信息能够让学校更好地调整课程设置,保持教学内容的前沿性和实用性。

第四章 本科院校国际化特色应用型人才培养的模式

2. 实施策略

（1）学校与国际企业签订合作协议，规定双方的合作范围、项目内容、资源投入和收益分享等内容。

（2）促进学生和教师参与国际交流与访学计划，让他们能够在国际企业中学习、实习，或与国际企业开展学术交流。

（3）吸引国际企业资深人士担任导师，或与国际企业合作培养国际导师团队，为学生提供国际化的教学指导和职业规划建议。

（4）设立国际化课程，涵盖国际贸易、跨国公司管理、国际市场营销等内容，使学生具备应对国际商务环境的能力。

（5）与国际企业合作，提供国际实习项目，鼓励学生参与国际实践，锻炼跨文化交流和合作能力。

（6）学校与企业共同开展科研项目或实践项目，让学生参与其中，锻炼他们的实际操作能力和创新能力。

（7）建立就业对接平台，为学生提供更多的就业机会和岗位信息，并加强与企业的沟通，帮助学生顺利就业。

构建校企合作机制是现代学徒制在本科院校国际化特色应用型人才培养中的重要策略之一。通过构建学校与国际企业的合作机制，学校可以为学生提供更丰富的国际化教育资源和实践机会，培养具有国际视野和跨文化能力的应用型人才。这种合作机制有助于将学术知识与行业实践相结合，为学生提供更为生动的学习体验，并使他们更好地适应未来职业发展的需要。此外，这种合作机制能够有效提升学生的国际竞争力，为其未来的职业发展打下良好的国际化基础。

（二）完善导师队伍

完善导师队伍是现代学徒制在本科院校国际化特色应用型人才培养中至关重要的实施策略之一。导师在学徒制教育中扮演着至关重要的角色，他们不仅教授知识，更是学生职业生涯发展的引导者。

1. 重要性

（1）个性化指导。导师能够为学生提供个性化的指导和支持，帮助他们发现自己的优势和潜力，从而更好地定位职业发展目标。

（2）行业连接。具有丰富行业经验的导师能够帮助学生建立业界联系，了解行业最新发展动态，促进学生与实际工作需求的对接。

（3）跨文化交流。对于国际化教育而言，具备国际视野和经验的导师能够引导学生进行跨文化交流，拓宽学生的国际化视野。

2. 实施策略

（1）拓展导师资源。招聘具有丰富行业经验和国际背景的导师，以满足学生在国际化特色人才培养中的需求。

（2）指导培训。为导师提供教育培训，使他们具备在国际化背景下指导学生的能力，包括跨文化沟通技巧和国际化课程设计等方面的培训。

（3）行业合作。与企业和国际组织合作，邀请在业界享有盛誉且具有国际视野的专业人士作为导师，为学生提供更全面的指导和支持。

（4）跨学科导师团队。建立跨学科的导师团队，促进不同领域和学科间的交流与合作，为学生提供多元化的指导和观点。

综上所述，完善导师队伍是落实现代学徒制在本科院校国际化特色应用型人才培养中的关键一环。通过不断拓展导师资源、提供指导培训和建立跨学科导师团队，学校可以有效提升学生在国际化背景下的职业发展能力，培养出更具国际竞争力的应用型人才。

（三）制定课程计划

制定课程计划是现代学徒制在本科院校国际化特色应用型人才培养中的重要实施策略之一。学校需要根据企业的需求和国际化特色，制定符合实际需求的课程计划，包括理论课程和实践课程。这些课程计划需要充分融合国际化视野和应用型人才培养目标，结合学生的实际需求，以培养具有国际化视野和实用技能的应用型人才。

第四章 本科院校国际化特色应用型人才培养的模式

1. 需要注意的问题

（1）课程计划需要聚焦于实践应用，使学生能够通过实际项目和案例学习，掌握理论知识，并将其运用到实际工作中。

（2）课程设计应该涵盖国际化课程内容，包括国际商务、跨文化沟通、国际经济、国际法律等，以培养学生的国际化视野。

（3）课程计划需要对接行业需求，反映当前和未来的就业市场需求，确保学生毕业后具备行业所需的技能和知识。

2. 实施策略

（1）通过行业调研和专家咨询，了解行业对人才的需求，确定课程设置的方向和重点。

（2）增设国际化课程模块，可以包括国际市场营销、国际贸易实务、国际商务管理等，以及开设双语或全英文授课的课程。

（3）整合实习和实训环节，让学生有机会在真实工作情境下运用所学知识，促进理论与实际技能的结合。

（4）学校与企业合作，开设由企业导师参与教学的课程，确保课程内容符合实际职业要求。

（5）考虑实习和海外学习经历的学分转换和认证，鼓励学生参与国际化的实践和交流。

通过制定课程计划并贯彻实施上述策略，学校可以为学生提供更加系统和实用的学习体验，培养出具有国际化视野和实践能力的应用型人才，以满足国际化特色应用型人才培养的需求。

（四）加强技术创新与行业对接

技术创新与行业对接是现代学徒制在本科院校国际化特色应用型人才培养中非常重要的实施策略之一。涉及科技和工程领域的学科可以加强与行业的技术创新合作，让学生参与企业的创新项目，培养学生的创新意识和实际技术应用能力。通过将技术创新与实际行业需求结合起来，学生可以在学习过程中接触最新技术和行业动态，从而更好地适应未来的职业发展。

1. 重要性

（1）技术创新与行业对接可以培养学生的创新思维和意识，让他们更好地适应未来的技术变革。
（2）学生通过与行业对接，可以更好地了解实际工作环境和操作技能，增强其实际操作能力。
（3）将技术创新与行业需求对接，有助于培养出更符合行业需求的应用型人才，提高学生的就业竞争力。

2. 实施策略

（1）学校可以建立技术创新平台，提供学生和教师进行科研和创新的场所和资源。
（2）学校与行业合作开展科研项目，让学生参与其中，将学习到的知识应用到实际中，促进技术创新与产业发展。
（3）邀请行业专家举办讲座或举办行业交流活动，让学生了解最新的行业趋势和技术发展。
（4）设置针对最新技术和行业需求的实践课程，让学生在课程学习中接触到最新的技术和工作方法。
（5）引导学生选择与行业需求和技术创新相关的毕业设计，让他们从设计中感受行业应用的需求和技术创新的重要性。

技术创新与行业对接是现代学徒制在本科院校国际化特色应用型人才培养中不可或缺的策略之一。通过这种方式，学校可以帮助学生更好地了解行业需求和技术发展趋势，培养具有创新意识和实际操作能力的学生，为其未来的职业发展打下坚实的基础。

（五）提供更多的实践项目与实习机会

通过与企业合作，学校可以推动实践项目和实习机会的提供，让学生在真实的工作场景中应用所学知识，提升他们的实际工作能力。

实践项目与实习机会是现代学徒制在本科院校国际化特色应用型

第四章　本科院校国际化特色应用型人才培养的模式

人才培养中非常重要的实施策略之一。通过实践项目和实习机会,学生可以将所学知识应用于实际工作中,培养实际操作能力和解决问题的能力,同时也可以拓宽国际视野和提高跨文化交流能力。

1. 重要性

(1)通过实践项目和实习机会,学生可以将所学理论知识应用于实际工作中,培养实际操作能力和解决问题的能力。

(2)国际实习项目和实践交流计划可以帮助学生拓宽国际视野,增强跨文化交流能力,为日后跨国合作打下良好基础。

(3)有实际工作经验的学生在毕业后更具竞争力,能够更好地适应未来的工作要求。

2. 实施策略

(1)与国际企业合作,提供学生国际实习机会,让他们在跨国公司或国际化的工作环境中进行实践。

(2)与国内外行业合作,开展实践项目,让学生在真实的行业环境中参与解决问题和开展研究。

(3)组建跨学科的实践团队,让不同专业的学生共同参与实践项目,促进跨学科的交叉融合与合作。

(4)为学生提供导师指导,同时建立有效的实习评估机制,让学生在实践中得到及时的指导和反馈。

(5)开展国际实践交流计划,让学生有机会去不同国家参与实践项目,加强跨文化交流与合作能力。

通过实践项目与实习机会,学校可以为学生提供丰富的实际工作经验与跨文化交流机会,使其在毕业后能够更好地适应国际化的职业发展需求,增强其在全球范围内的就业竞争力。

(六)定期评估和调整

学校需要定期对学徒制培养模式进行评估,包括学生的实习表现、企业的满意度等,及时调整课程计划和实施策略,以确保培养效果符合国际化特色应用型人才的需求。

通过以上策略的实施,现代学徒制在本科院校国际化特色应用型人才培养中可以取得更好的实施效果,为国际化应用型人才培养提供更全面的支持。

这些策略将有助于提高学生的应用能力和职业素养,使他们更好地适应未来的职业发展和国际竞争力。

现代学徒制人才培养模式作为一种创新的培养方式,在本科院校国际化特色应用型人才培养中具有广阔的前景和应用空间。希望通过对现代学徒制模式的全面分析,为本科院校应用型人才培养提供新的思路与启示,促进高等教育与工业界的深度融合,为人才培养和社会发展贡献力量。

第二节 产教融合人才培养模式

随着全球化进程的加速,企业对于具备国际化视野和应用型能力的人才需求日益增加,这也促使教育培养模式向国际化特色应用型人才培养转变。产教融合人才培养模式以其突出的实践性、应用性和针对性,成为高校人才培养的重要创新模式。本节将介绍产教融合人才培养模式的内涵和特点,分析其在高等教育中的实施策略与效果,并探讨其未来发展趋势,旨在为高校人才培养模式的创新提供借鉴与启示。

一、产教融合人才培养模式的内涵与特点

(一)产教融合人才培养模式的定义与内涵

随着经济全球化与知识经济的发展,高等教育正面临着许多新的挑战和机遇。作为高等教育的重要组成部分,人才培养模式的创新与改革成为教育界和产业界共同关注的焦点。传统的课堂教学模式已经难以适应时代发展的需求,而产教融合人才培养模式迎来了发展的机遇。

第四章　本科院校国际化特色应用型人才培养的模式

1. 产教融合人才培养模式的定义

产教融合人才培养模式是指产业界、教育界和金融界共同参与人才培养的一种模式。产教融合人才培养模式突出了校企合作的重要性，将企业需求、市场需求纳入人才培养的全过程，使学生在学习的过程中紧密结合实际需求，使理论学习更具针对性，更符合实际应用需求。

2. 产教融合人才培养模式的内涵

（1）以产业需求为导向，根据行业发展趋势和企业需求，培养适应市场需求的专业人才。
（2）整合产业界和教育界资源，通过校企合作、产学研合作等方式，充分利用双方资源，提升人才培养质量。
（3）注重培养学生的实际操作能力和解决问题的能力，强调实践教学环节，使学生在实际工作中能够快速适应和应用所学知识。

（二）产教融合人才培养模式的特点

（1）与特定行业或企业密切相关，培养的人才更符合特定行业的需求，具有较强的专业性。
（2）通过与企业的合作，提供顶岗实习机会，让学生在校期间就能接触真实的工作环境，增强实践能力。
（3）课程设置更加贴近实际工作需求，注重实用性和应用性，培养学生解决实际问题的能力。
（4）产业界与教育界之间的互动更加密切，双方能够共同探讨人才培养模式，及时调整培养方案，使之更符合市场需求。

产教融合人才培养模式的实施有利于提高人才培养的针对性和实用性，促进产业发展和人才培养的深度融合，有助于缩小校企之间的差距，提高毕业生就业率和适应性。

二、产教融合人才培养模式的实施策略与效果

(一)产教融合人才培养模式在本科院校中的具体实施方式[①]

产教融合人才培养模式在本科院校中的具体实施方式通常涉及学校与企业之间的紧密合作,以确保学生能够获得实践经验并培养符合行业需求的技能。学校可以充分地和企业、政府,以及一些有关的机构形成合作关系,充分了解本地区的产业发展态势和地方产业理念,借助多方力量来搭建跨学校、跨区域、跨行业的全新产教融合平台,以促进校企协同育人机制为前提,利用信息化手段和互联网络来进行产教融合优化,在其中创造性地利用大数据技术、云计算技术、人工智能技术等,对学生进行深层次、综合性、开放型、全面性的培养。学校还可以与企业合作开展合作办学项目,通过共建实验基地、实训基地等形式,使学生在校期间就能接触到真实的工作环境和项目,增加实践经验;或者学校与企业共同开展科研项目,促进校企之间的技术交流和合作,培养学生的科研能力和创新精神。

在产教融合中,学校必须要充分地掌握当下的融媒体发展趋势和教育改革方向,有效地将传统媒体和新媒体相结合,围绕产教融合的教学目标,利用起来进行人才培养的宣传和教育,有侧重性地向教师推送一些与之有关的教学理论信息,以全面促进产教融合一体化发展和建设为目的,激励教师自主地进行学习、提取、转换、实践。学校可邀请来自企业的专业人士担任兼职教师,或者将企业的技术人员纳入学校的教学团队,以确保教学内容贴近实际工作需求。

以上这些实施方式都旨在加强学校与企业之间的合作,使教育更贴近实际需求,为学生提供更丰富的实践机会,培养学生的实际操作能力和解决问题的能力。这些方式的实施可以有效地促进产教融合人才培养模式在本科院校中的落地和实施。

[①] 廖春生.基于产教融合的人才培养模式[J].新教育时代电子杂志(学生版),2020(25):278-279.

（二）产教融合人才培养模式的效果评估

产教融合人才培养模式的效果评估是非常重要的，特别是针对学生就业与创业能力的提升以及产学研合作成果的转化与应用。

1. 学生就业与创业能力的提升

（1）就业率。跟踪毕业生就业情况，包括毕业生就业率、就业行业和企业类型等，评估产教融合模式对学生就业的影响。

（2）薪酬水平。调查毕业生的薪酬水平，比较参与产教融合模式学生与传统教育模式学生的薪酬情况，以评估其就业能力的提升。

（3）创业情况。了解毕业生的创业意愿和创业情况，评估产教融合模式对学生创业能力的影响。

（4）雇主满意度调查。向雇主（企业）进行满意度调查，了解他们对参与产教融合模式学生的就业能力和实际工作表现的评价。

（5）校友跟踪调查。对已经就业的校友进行跟踪调查，了解他们在职业发展中所积累的经验和能力，以及与产教融合模式的关联。

2. 产学研合作成果的转化与应用

（1）专利申请与成果转化。评估学校与企业合作的科研项目成果，包括专利申请数量、成果转化率等，以衡量产学研合作的实际效果。

（2）技术转让与产业化。跟踪产学研合作项目的技术转让情况，包括技术转让项目数量、转让金额等，以评估科研成果的产业化效果。

（3）合作项目成效评估。对产学研合作项目的实际成果进行评估，包括项目效益、企业效益和社会效益等方面的评估。

（4）企业合作意愿。调查企业对学校产学研合作的意愿和评价，以了解企业对这种合作模式的认可度和实际效果。

以上评估可以通过定期的调研、统计数据分析、校企合作项目的跟踪等方式进行，以全面客观地评估产教融合人才培养模式在学生就业与创业能力提升以及产学研合作成果转化与应用方面的效果。

三、产教融合人才培养模式的挑战与展望

（一）实施产教融合人才培养模式可能面临的挑战和难点

实施产教融合人才培养模式可能会面临一些挑战和难点，包括但不限于以下几个方面：

（1）协同机制建设难度。学校、企业和政府之间的协同机制需要建立和完善，需要解决不同利益主体之间的合作机制、利益分配、资源共享等问题。

（2）师资队伍建设。双师型教师队伍的建设需要投入大量的时间和资源，包括产业经验丰富的教师、企业专家参与教学等，这需要学校和企业共同努力。

（3）课程设置与更新。产教融合模式需要与企业合作共同设计课程，保证课程内容与行业需求同步更新，这对学校教学资源的整合和更新提出了更高的要求。

（4）实习实训基地不足。学校需要与企业合作建立实习实训基地，但是一些地区或学校可能面临实习实训基地不足的问题，这将成为实施产教融合模式的难点之一。

（5）学生素质差异。学生在实践能力、专业素养等方面的差异较大，如何针对不同学生的特点进行个性化培养也是一个挑战。

（6）评价体系建设。传统的评价体系可能无法完全适应产教融合模式，需要建立更加全面、多元化的评价体系，能够全面评估学生的实际能力和素质。

（7）国际化合作难度增加。在国际化背景下，产教融合模式需要面对不同国家、不同文化背景下的合作与交流，这需要解决跨文化沟通、合作机制等问题。

克服这些挑战和难点需要学校、企业和政府共同努力，建立长期稳定的合作机制，不断完善课程体系和评价体系，加强师资队伍建设，同时也需要政策层面的支持和鼓励。

第四章　本科院校国际化特色应用型人才培养的模式

（二）产教融合人才培养模式的未来发展趋势

产教融合人才培养模式在未来的发展趋势中，将会受到科技创新与国际化背景的双重影响。

1. 科技创新与人才培养模式的融合

（1）虚拟现实（VR）和增强现实（AR）技术的应用。未来，产教融合模式可能会结合虚拟现实和增强现实技术，打造更为真实、沉浸式的教学场景，使学生能够在虚拟环境中进行实践操作和模拟实习，从而提升其实际操作能力。

（2）人工智能辅助教学。通过人工智能技术，个性化地对学生进行学习跟踪和评估，帮助教师更好地了解学生的学习状况，从而调整教学方法和内容，实现更有效的个性化教学。

（3）在线教育与远程实习。随着互联网技术的发展，未来产教融合模式可能会更多地融入在线教育和远程实习，使学生能够跨地域参与产业实践，拓宽实习和学习的范围。

（4）数据驱动的教学管理。利用大数据和数据分析技术，对产教融合模式的教学效果进行跟踪和评估，从而不断优化教学内容和方法。

2. 产教融合人才培养模式在国际化背景下的发展趋势

（1）跨国合作项目的增加。随着全球化的深入，产教融合模式将更多地涉及跨国合作项目，学生将有更多机会参与国际化的实践项目，从而培养国际化视野和跨文化沟通能力。

（2）国际化师资队伍的建设。学校将更加重视引进国际化的师资队伍，以及加强国际教育资源的整合，确保学生在学习过程中能够接触到国际化的教学内容和教学方法。

（3）加强国际交流与合作。学校将积极开展国际性的学术交流和合作，与国外高校、企业建立更紧密的合作关系，为学生提供更多国际化的学习和实习机会。

（4）重视国际认证和标准。学校将更加重视国际认证和标准，确保产教融合模式培养出的人才具备国际化的竞争力和认可度。

这些趋势将推动产教融合人才培养模式朝着更加科技化、国际化的方向发展,以更好地适应未来社会和经济的发展需求。

四、产教融合人才培养模式对培养国际化特色应用型人才的意义

(1)提升学生的全球视野和跨文化沟通能力。通过与国际化企业合作,学生接触到不同国家、不同文化的工作方式和思维模式,从而培养跨文化沟通能力和全球化视野。

(2)强化学生的语言能力和国际交流技能。与国际化企业合作,学生有机会接触国际化的工作环境,提高英语或其他外语水平,增强国际交流与合作的能力。

(3)培养解决全球性问题的能力。国际化特色应用型人才需要具备解决全球性问题的能力,而产教融合模式可以通过项目驱动式教学和实践项目合作,让学生接触到真实的国际性问题,培养他们解决问题的能力。

(4)提高学生的全球竞争力。国际化特色应用型人才在全球化背景下更具竞争力,而产教融合模式可以让学生在学习过程中就接触到国际化企业的工作方式和标准,提前适应全球化竞争环境。

(5)促进国际化人才的创新与实践能力。产教融合模式强调实践能力培养,通过与国际化企业合作,学生可以接触到前沿的科学技术和行业动态,培养创新精神和实践能力。

(6)促进国际化人才的就业和职业发展。通过与国际化企业的合作,学生在校期间就能获得与国际化企业相关的实践经验,为他们的就业和职业发展打下良好基础。

综上所述,产教融合人才培养模式对培养国际化特色应用型人才意义重大,可以帮助学生更好地适应全球化背景下的就业需求,提升其全球视野、跨文化沟通能力和全球竞争力,从而更好地满足国际化人才的培养需求。

产教融合人才培养模式作为高等教育人才培养的创新模式,将在未来发挥越来越重要的作用。高校应积极探索和实践这一模式,不断完善与创新,以适应时代发展的需要,为社会培养更多高素质、实用型人才做出更大的贡献。

第三节 校企合作人才培养模式

随着经济全球化和社会进步,高等教育机构越来越重视与企业的合作,以培养更适应市场需求的人才。校企合作人才培养模式作为一种新型的教育模式,吸引了广泛的关注。本节将分析校企合作人才培养模式的内涵和特点,探讨其在实施过程中的策略与效果,并展望其未来的发展趋势,旨在为高校人才培养模式的创新提供借鉴与启示。

一、校企合作人才培养模式的内涵与特点

（一）校企合作人才培养模式的内涵

随着经济全球化和科技进步,人才的培养已经成为高等教育的核心任务之一。校企合作人才培养模式作为高校教育模式的重要创新,对于培养适应社会需求的高素质人才具有重要意义。

校企合作人才培养模式实现了学校与企业之间的资源共享,通过开展实习实训、双师型课程等形式,使校企合作更加紧密,使学生从学校走向企业实践更加顺利,达到学校培养应用型人才的目标。

（二）校企合作人才培养模式的特点

校企合作人才培养模式是指学校与企业之间建立合作关系,共同参与学生的教育培养,以满足行业对人才的需求,促进学生的综合素质和实践能力的提升。

（1）校企合作人才培养模式将学校的教学资源与企业的实际需求相结合,使教学内容更贴近行业实践,培养出更符合市场需求的人才。

（2）学校和企业在人才培养过程中形成双向互动的关系,学校提供

学科专业知识和理论指导,而企业提供实践平台和实际案例,促进学生理论与实践的结合。

(3)该模式强调产业与教育的融合,使学生在学习过程中能够更好地了解行业发展趋势、企业运作模式,增强学生的实践能力和创新意识。

(4)强调学生的实践能力培养,通过实习、实训等形式,使学生能够在真实的工作环境中学习并应用所学知识,提高解决实际问题的能力。

(5)校企合作人才培养模式注重对学生个性化发展的关注,根据学生的特长和兴趣,为其提供更加符合个人发展需求的培养计划。

(6)学校和企业在师资、实验室、设备等方面进行资源共享,充分利用双方的优势资源,提高人才培养的效率和质量。

(7)该模式下的评价机制更加注重学生的实际能力和综合素质,不仅包括学术成绩,还包括实习实训表现、创新能力等方面的评价。

这些内涵与特点使得校企合作人才培养模式成为一种更贴近实际、更符合市场需求、更能培养学生实践能力和创新意识的人才培养模式。

二、校企合作人才培养模式的实施策略与效果

(一)校企合作人才培养模式的实施策略

1. 强化政策保障力度,构建校企利益共同体

校企合作人才模式的顺利实施离不开政策支持,因此,只有强化政策保障力度,构建起校企合作的利益共同体,才可保障校企合作模式的顺利进行。例如,通过出台完善的法规政策,确定校企合作效果的审核制度,对校企合作方式、校企合作进程进行审核,保障校企合作模式开展的可行性。[1]学校与企业建立合作协议,明确双方的责任和义务,确立合作机制,包括学校提供的教学资源、实习机会、导师指导等,以及企业提供的实践场景、行业资源、导师支持等。建立正式的合作协议,明确

---

[1] 吕玉国,赵蓉,李艳琼,等.校企合作人才培养模式的实践探索[J].科学咨询,2023(20):233-235.

第四章　本科院校国际化特色应用型人才培养的模式

合作双方的权利和义务,包括合作期限、合作内容、资源投入、成果分享等条款,以确保合作的顺利进行和双方利益的平衡。在合作协议中明确知识产权的归属和保护机制,特别是涉及双方共同研发的项目或成果,确保双方的合法权益。在合作协议中明确纠纷解决机制,包括协商解决、仲裁或诉讼等方式,以应对可能出现的合作纠纷。

以上策略和建议可以帮助学校和企业建立起合作协议与机制,确保校企合作人才培养模式的顺利实施,并为双方合作带来更多的成果和收益。

2.课程设置与教学内容更新

根据行业发展和企业需求,调整或更新课程设置,确保教学内容能够紧密贴合实际产业需求。这可能包括新增课程、调整课程内容、引入新的教学方法等。强调实践性教学内容的增加,如实训课程、案例教学、项目实践等,确保学生在校园内就能获得与实际工作相关的经验。鼓励跨学科教学,将不同学科的知识融合到课程中,培养学生的综合能力和创新思维,以适应不断变化的工作环境。结合新技术和新方法,如人工智能、大数据分析等,更新教学内容和教学方法,使学生能够掌握最新的工作技能和知识。

3.建立师资队伍,共培互聘校企"双师型"教师团队

人才是社会前进的动力,在校企合作人才培养模式实践过程中,只有建立强大的师资队伍,共培互聘校企"双师型"教师团队才可提高校企合作质量。例如,学校将双师型教师队伍建设放在首位,选择业务基础较强,理论水平较高,实践经验丰富的教师开展教学工作。与此同时,定期指派教师深入企业生产一线了解企业的新技术、新产品,从而提高专业教师的教学能力水平。大力实行"技师+工程师"等团队合作模式,积极鼓励支持高技能人才兼任职业学校实习实训指导教师。[1]此外,还要做到以下几点:建立健全技能人才柔性流动机制,鼓励技能人才通过兼职、服务技术攻关、项目合作等方式更好地发挥作用。整合企业和

---

[1] 吕玉国,赵蓉,李艳琼,等.校企合作人才培养模式的实践探索[J].科学咨询,2023(20):233-235.

学校的导师资源，建立导师库，为学生提供更广泛的选择。这可以包括邀请企业内部专家担任导师，以及学校教师与企业专业人士的合作指导；为学生提供个性化的导师指导，根据学生的兴趣、专业方向和职业规划，匹配合适的导师，确保学生能够得到针对性的指导和建议；建立导师的评价机制，激励优秀的导师提供更多的指导和支持。这可以包括导师的学术成就、学生评价、企业反馈等综合考量；为企业导师和学校教师提供导师培训，包括教学方法、职业指导技巧、跨文化沟通等，以提升他们的指导能力和专业水平；建立导师与学生之间的良好关系，鼓励导师与学生进行定期的交流和沟通，帮助学生解决学业和职业发展中的问题。

通过建立完善的导师制度，学校与企业可以更好地共同培养学生，使他们在学习过程中能够获得更全面的指导和支持，更好地适应职业发展的需求。

4. 国际化视野的课程设置

考虑国际化视野，更新课程内容，引入国际化的案例和实践项目，培养学生的跨文化沟通能力和全球化视野。

5. 实践基地建设

校企合作人才培养模式的实施策略中，实践基地的建设是至关重要的一环。以下是一些关键的策略和建议：

（1）产业合作基地建设。与企业合作建立产业合作基地，为学生提供实践锻炼的场所。这些基地可以是企业的生产基地、研发中心、实验室等，确保学生能够接触到真实的工作环境和项目。

（2）实习岗位资源整合。整合企业的实习岗位资源，为学生提供更多的实践机会。这可能涉及与多家企业合作，确保学生能够选择多样化的实习岗位，以丰富他们的实践经验。

（3）导师指导体系建设。建立企业导师和学校教师的指导体系，确保学生在实践基地中能够得到专业的指导和辅导，从而更好地将理论知识应用到实际工作中。

（4）实践项目开发。与企业共同开发实践项目，让学生参与到真实的项目中,从中学习并锻炼实际工作能力。这些项目可以是与企业合作的研究项目、解决实际问题的项目等。

（5）实践基地设施更新。确保实践基地的设施和设备能够满足实际工作需求,包括更新设备、技术支持等,以保证学生在实践中能够接触到最新的工作环境和工具。

（6）行业认证与合作。与行业内的认证机构合作,确保实践基地符合行业标准,为学生提供获得行业认可的实践机会。

（7）实践成果展示与交流。组织实践成果展示和交流活动,让学生有机会展示他们在实践基地中的成果,同时与企业和行业内的专业人士进行交流和互动。

（8）国际化实践基地建设。考虑建立国际化的实践基地,与国外企业合作,为学生提供国际化的实践机会,培养跨文化沟通能力和全球化视野。

以上策略和建议可以帮助学校与企业合作建设实践基地,为学生提供更丰富的实践机会,促进理论与实践的结合,培养学生的实际工作能力和创新精神。

6. 项目合作与科研合作

学校与企业共同开展科研项目,促进科研成果转化,提高学生的科研能力。

在校企合作人才培养模式的实施中,项目合作与科研合作是至关重要的一部分。以下是一些关键的策略和建议：

（1）产学研项目合作。建立产学研合作项目,让学生参与到与企业相关的科研项目中,从而结合理论知识与实际问题,培养解决实际问题的能力。

（2）实践型科研项目。鼓励学生参与实践型科研项目,如解决企业实际问题的研究项目,让学生在科研中能够更好地理解产业需求,培养实践能力。

（3）产业需求导向的科研。确保科研项目紧密贴合产业需求,通过与企业合作确定科研方向,确保科研成果能够为企业发展提供实际帮助。

（4）科研成果转化。鼓励学生参与科研成果的转化与应用,如将科研成果应用到企业实际项目中,培养学生的创新与实践能力。

(5)企业赞助的科研项目。与企业合作开展赞助的科研项目,让学生在企业资助下进行科研工作,加强学校与企业的科研合作。

(6)科研资源共享。学校与企业共享科研资源,包括实验室设备、研究人员等,以促进合作科研项目的开展。

(7)科研成果展示与交流。组织科研成果展示和交流活动,让学生有机会向企业和学术界展示他们的科研成果,促进交流与合作。

(8)学术论文与专利申请。鼓励学生参与学术论文和专利申请,促进学术研究与产业需求的结合,培养学生的创新能力。

通过项目合作与科研合作,学校与企业可以共同培养学生的实践能力和创新精神,同时促进产学研合作的深入发展,为产业发展和人才培养搭建桥梁。

7. 转变传统观念,建立监督考核评价体系

思想观念决定前进方向,在校企合作人才培养模式开展过程中,只有转变传统观念,建立起监督考核评价体系,才可达到预期的人才培养效果。例如,学校与企业双方共同制订教学质量考核评价体系,学校通过结合企业的实际工作内容提前制订教学计划,按计划内容开展教学活动的评价监督,对教学进度以及教师融入企业实践工作程度进行考核,对那些教学工作相对完善的教师给予奖励,从而大力推行工学一体化教学方式来开展实践教学活动,达到预期的人才培养效果。[①]

评价体系的建立对于校企合作人才培养模式的实施至关重要。建立符合校企合作模式的评价体系,不仅包括学术成绩,还包括实习实训表现、创新能力等方面的评价。以下是一些关键的策略和建议:

(1)综合评价指标。建立综合评价指标体系,包括学术成绩、实习表现、科研成果、创新能力、实际工作能力等多方面的评价指标,以全面评估学生的综合能力。

(2)学校评价与企业评价结合。结合学校评价和企业评价,既包括学校教师对学生的评价,也包括企业导师对学生在实习和项目合作中的评价,以全面了解学生的表现。

---

① 吕玉国,赵蓉,李艳琼,等.校企合作人才培养模式的实践探索[J].科学咨询,2023(20):233-235.

第四章　本科院校国际化特色应用型人才培养的模式

（3）学生自评与自我反思。鼓励学生进行自我评价和自我反思，帮助他们更好地认识自己的优势和不足，促进个人成长与发展。

（4）定期评估与反馈。建立定期的评估与反馈机制，包括学期末评价、实习期末评价以及项目合作结束后的评价，及时发现问题并提供指导。

（5）毕业生跟踪调查。建立毕业生跟踪调查机制，了解毕业生在就业后的表现，以评估校企合作人才培养模式的效果，并为后续改进提供参考。

（6）奖惩机制。建立奖惩机制，对于表现优秀的学生给予奖励，对于表现不佳的学生给予指导和帮助，以激励学生提高自身能力。

（7）学生档案建立。建立完善的学生档案，记录学生的学术成绩、实习表现、科研成果等信息，为评价提供客观依据。

（8）学术与职业发展规划。引导学生进行学术与职业发展规划，评价体系应当与学生的发展规划相结合，帮助他们更好地实现个人职业目标。

通过建立完善的评价体系，学校与企业可以更好地评估学生的综合能力，及时发现问题并提供指导，从而不断优化人才培养模式，培养更适应产业需求的优秀人才。

8.学生选拔与培养计划

在校企合作人才培养模式的实施中，学生选拔与培养计划是非常重要的一环。可以根据企业需求，对学生进行选拔，制定个性化的培养计划，提供符合市场需求的人才。以下是一些建议：

（1）明确选拔标准。确定学生选拔的标准，包括学术成绩、综合素质、实习经历等，同时要考虑学生的职业规划和个人发展目标。

（2）实施多元化选拔。开展多元化的选拔方式，包括学术竞赛、综合素质评价、面试等，以全面了解学生的能力和潜力。

（3）导师制度建立。建立导师制度，为每位学生配备一名导师，通过导师的指导和帮助，帮助学生更好地规划个人发展和职业目标。

（4）个性化培养计划。制订个性化的学生培养计划，根据学生的兴趣、特长和发展需求，为其量身定制专属的培养计划。

（5）实习与项目分配。根据学生的兴趣和专业方向，合理安排实习和项目合作任务,让学生能够在实践中得到锻炼和成长。

（6）产学研结合的课程设置。开设产学研结合的课程,让学生在课堂上就能接触到实际问题,培养解决问题的能力。

（7）实践能力培养。强调实践能力的培养,包括实习、项目合作等实践环节,让学生在实际工作中学到更多的知识和技能。

（8）职业规划指导。提供职业规划指导,帮助学生了解行业发展趋势,规划个人职业发展路径,为其未来就业做好准备。

通过以上策略,学校与企业可以共同培养出更符合产业需求的优秀人才,为学生的个人发展和职业规划提供更有针对性的指导和支持。

（二）校企合作人才培养模式的效果

（1）学生实践能力提升。学生在实践基地的实习实训中能够获得更多的实际操作经验,提高实践能力。

（2）就业竞争力增强。校企合作模式培养出的学生更符合市场需求,就业竞争力明显增强。

（3）教学质量提升。教学内容与实际需求贴合,教学质量得到提升,学校的教学水平也得到提高。

（4）科研成果转化。学校与企业的科研项目取得更多实际成果,推动科研成果的转化和应用。

（5）学校与企业形象提升。通过合作,学校与企业的形象得到提升,建立了良好的合作关系,为双方带来了积极的社会影响。

（6）人才供需匹配。通过校企合作模式培养出的人才更符合市场需求,满足了企业对人才的需求,实现了人才供需的匹配。

这些实施策略和可能的效果有助于展现校企合作人才培养模式的实际运作和对学生、学校和企业的积极影响。

三、校企合作人才培养模式的挑战与对策

校企合作人才培养模式在实践中可能面临以下挑战和难点：
（1）课程与实际需求脱节。
挑战：教学内容与实际需求脱节,导致学生毕业后实际能力与企业需求不匹配。

第四章　本科院校国际化特色应用型人才培养的模式

对策：建立行业咨询委员会，邀请企业代表参与课程设计，定期评估和更新课程内容，确保教学内容贴合实际需求。

（2）实习资源不足。

挑战：实习机会有限，无法满足所有学生的实践需求。

对策：拓展实习基地，与更多企业合作建立实践基地，同时鼓励学生主动寻找实习机会，开展校内实践项目。

（3）导师资源不足。

挑战：企业导师或校内指导教师资源紧缺，无法为学生提供有效指导。

对策：建立导师库，引进外部专业人士作为兼职导师，同时加强内部教师的培训，提升他们的实践指导能力。

（4）评价体系不完善。

挑战：缺乏科学的评价体系，无法客观评估学生的实习表现和能力。

对策：建立多维度的评价体系，包括学术成绩、实习评价、作品展示等，充分考量学生的实际表现和能力。

（5）学校与企业合作意愿不足。

挑战：部分企业对校企合作模式缺乏兴趣或信心，导致合作资源匮乏。

对策：加强与企业的沟通与合作，提供更多合作机会和资源共享，建立长期稳定的合作关系，同时充分展示合作成果和学生的优秀表现。

（6）管理机制不健全。

挑战：缺乏有效的管理机制，学校与企业合作缺乏规范和持续性。

对策：建立专门的校企合作管理机构或部门，负责合作协议的签订、资源整合、效果评估等工作，确保合作的顺利进行。

（7）文化差异与沟通障碍。

挑战：学校和企业之间存在文化差异和沟通障碍，影响合作效果。

对策：加强双方沟通，建立长期合作的信任基础，同时开展文化交流活动，增进彼此的了解和理解。

通过以上对策和建议，学校可以更好地应对校企合作人才培养模式中可能出现的挑战和难点，确保合作模式的顺利实施和取得良好的培养效果。

四、校企合作人才培养模式的未来发展趋势

(一)校企合作在人才培养模式中的新趋势

(1)定制化人才培养计划。未来,校企合作将更加注重个性化、定制化的人才培养计划。企业将更深入地参与到课程设置、实习安排和项目指导中,根据自身需求定制人才培养方案,以培养更符合企业实际需求的人才。

(2)数字化技术与人才培养结合。随着数字化技术的发展,校企合作将更多地结合人工智能、大数据等新技术,开展基于数据分析的人才培养模式,以更科学的方法评估学生能力和潜力,同时,为学生提供更多基于数字化技术的实践机会。

(3)跨学科、跨界合作。未来,校企合作将更加注重跨学科、跨界合作,不仅仅局限于某一领域的合作,而是在不同领域、不同学科之间进行更广泛的合作,以培养更具综合能力和创新思维的人才。

(二)校企合作在国际化背景下的发展前景

(1)国际化人才培养需求增加。随着全球化的发展,企业对具有国际视野和跨文化能力的人才需求不断增加,校企合作将更多地面向国际市场,培养具有国际竞争力的人才。

(2)国际企业参与度提高。越来越多的国际企业将积极参与校企合作项目,与高等教育机构合作开展人才培养计划,以确保其在全球范围内获得符合其需求的人才。

(3)跨国合作项目增多。未来,校企合作将更多地涉及跨国合作项目,不仅仅是国内企业与国内高校的合作,还将涉及国际企业与国际高校之间的合作,以培养具有全球视野和全球竞争力的人才。

综上所述,校企合作在人才培养模式中的新趋势将更加注重个性化、数字化技术与人才培养的结合、跨学科、跨界合作等方面。在国际化背景下,校企合作的发展前景将更加广阔,涉及国际化人才培养需求增加、国际企业参与度提高以及跨国合作项目增多等方面。

五、校企合作人才培养模式对培养国际化特色应用型人才的意义

（1）拓宽国际视野。校企合作模式可以为学生提供更广阔的国际化学习和实践机会,帮助他们更好地了解国际市场、国际企业的运作模式和国际行业发展趋势,从而拓宽国际视野,增强国际化背景下的应变能力。

（2）提升跨文化交流能力。通过与国际化企业的合作,学生将有机会与来自不同国家和文化背景的人员进行交流合作,培养跨文化交流与合作能力,为未来在国际化背景下的工作和生活做好准备。

（3）促进语言能力和国际交流技巧的提升。与国际企业合作,学生将有更多机会接触和使用英语或其他外语,提升语言能力,同时也能够学习国际交流技巧,为未来的国际合作与交流做好准备。

（4）增强国际竞争力。国际化特色应用型人才需要具备适应国际市场需求的能力,通过校企合作模式培养出的学生将更具备国际化背景下的实际工作能力和竞争力,有利于他们在国际舞台上脱颖而出。

（5）促进国际合作与交流。校企合作模式培养出的国际化特色应用型人才将成为国际合作与交流的桥梁,有助于促进学校与国际企业、国际组织之间的合作与交流,推动国际化办学和科研合作。

（6）提高学校国际影响力。通过培养出具有国际化特色的应用型人才,学校的国际影响力将得到提升,吸引更多国际合作与交流的机会,为学校的国际化发展打下良好基础。

综上所述,校企合作人才培养模式对培养国际化特色应用型人才的意义重大,有助于学生在国际化背景下具备更全面的能力和素质,同时也有利于学校的国际化发展和国际合作交流的深入推进。

第四节 实践教学管理人才培养模式

实践教学管理人才培养模式是高等教育领域的一种创新教育模式,强调将理论知识与实际操作相结合,培养学生的实践能力和管理素养。

本节将对实践教学管理人才培养模式的内涵与特点进行探讨,分析其在高等教育中的实施策略与效果,同时展望其未来的发展趋势,以期为高校人才培养模式的创新提供借鉴与启示。

一、实践教学管理人才培养模式的内涵与特点

(一)实践教学管理人才培养模式的内涵

实践教学管理人才培养模式在当今高等教育中具有重要意义。作为教育模式的一种创新,它对学生的综合素质培养具有重要意义。

实践教学管理人才培养模式将实践教学与管理学科相结合,通过学生参与管理实践活动,锻炼学生的管理能力,提高学生的综合素质。

(二)实践教学管理人才培养模式的特点

实践教学管理人才培养模式是一种以实践教学为主导,注重培养学生实际操作能力和解决问题能力的教学模式。其特点主要包括以下几个方面:

(1)结合理论与实践。该模式注重将理论知识与实际操作相结合,通过实践教学让学生在真实的工作环境中应用所学知识,从而提高学生的实际操作能力。

(2)强调问题导向。实践教学管理人才培养模式注重培养学生解决问题的能力,通过实际案例和项目实践,培养学生分析和解决问题的能力,使其具备在复杂情境下进行管理决策的能力。

(3)培养创新意识。该模式注重培养学生的创新意识和创新能力,通过实践项目和实际操作,激发学生的创新潜能,使其具备在管理实践中提出创新性解决方案的能力。

(4)联合校企资源。实践教学管理人才培养模式通常会积极与企业合作,充分利用企业资源和实践平台,让学生在真实的企业环境中进行实践,增强学生的实际操作能力和职业素养。

(5)多元化评价体系。该模式下的评价通常不仅注重学生的理论知识掌握情况,更加关注学生的实际操作能力、解决问题能力和创新能

力,建立多元化的评价体系来全面评估学生的综合能力。

综上所述,实践教学管理人才培养模式的内涵和特点主要体现在强调实践能力、问题导向、创新意识、校企合作和多元化评价体系等方面。这种模式有助于培养学生具备国际化特色的应用型人才,使其在国际化背景下具备较强的实际操作能力和解决问题的能力,适应国际化、多元化的职场环境。

二、实践教学管理人才培养模式的实施策略与效果

(一)实践教学管理人才培养模式的实施策略

实践教学管理人才培养模式的实施策略应当综合考虑课程设置、教学方法、校企合作、评价体系等方面,以确保培养出具有实际操作能力和解决问题能力的应用型人才。以下是一些实施策略的建议:

(1)课程设置应结合行业需求和国际化趋势,包括国际商务、跨文化管理、国际市场营销等内容,以培养学生的国际化视野和实际操作能力。课程设置应包括实践环节,如实习、项目实践、模拟企业等,让学生在真实的管理环境中进行实践,提高实际操作能力。

(2)通过案例教学,引导学生分析和解决实际管理问题,培养其解决问题的能力。通过团队项目和合作学习,培养学生的团队合作和沟通能力,模拟真实的工作环境。

(3)与国际化企业合作开展实习、实训项目,让学生在真实的国际化工作环境中获得实践经验。与国外高校或企业合作开展交流项目,为学生提供国际化学习和实践机会。

(4)建立多元化评价体系。评价体系应包括学术成绩评定、实习报告、项目成果、团队合作能力等多个方面,全面评价学生的综合能力。评价体系应注重对学生实际操作能力、解决问题能力和创新能力的评价,而非仅仅看重理论知识掌握情况。

(5)培养具有实践经验的教师。引进具有丰富实践经验的教师,能够为学生提供真实的案例和经验分享。为教师提供国际化管理实践的培训,使其能够更好地引导学生的实践教学。

通过以上实施策略,学校可以有效地推动实践教学管理人才培养模式的实施,培养出具有国际化特色的应用型人才,满足国际化背景下企业对人才的需求。

(二)实践教学管理人才培养模式的效果评估

实践教学管理人才培养模式的效果评估应当综合考虑学生综合素质的提升以及学生实践能力与创新精神的培养两个方面。以下是针对这两个方面的评估指标和方法。

1. 学生综合素质的提升

(1)对比学生在实施实践教学管理人才培养模式前后的学术成绩,评估学生在学业上的进步情况。
(2)通过学生自我评价、教师评价以及同行评价等方式,评估学生在团队合作、沟通能力、领导能力等方面的提升情况。
(3)考查学生在课程、实习、项目实践等环节中的积极参与程度,以此评估学生对实践教学的认可程度。

2. 学生实践能力与创新精神的培养

(1)实践项目成果。评估学生在实践项目中的表现和成果,包括项目报告、实践成果展示等,以此反映学生的实际操作能力和解决问题能力。
(2)创新项目成果。考查学生在实践项目中的创新性表现,包括是否提出了新颖的解决方案、是否有创新性的思维等,以评估学生的创新精神培养情况。
(3)学生就业情况。跟踪毕业学生的就业情况,了解他们在职场中的表现和应用能力,以此评估实践教学对学生职业发展的影响。

3. 评估方法

(1)问卷调查。设计问卷对学生和教师进行定性和定量评价,了解他们对实践教学管理人才培养模式的看法和感受。

第四章 本科院校国际化特色应用型人才培养的模式

（2）学生作品评比。对学生在实践项目中的作品进行评比，以评估学生的实际操作能力和创新能力。

（3）毕业生跟踪调查。对毕业生进行跟踪调查，了解他们在职场中的表现和应用能力，从而评估实践教学对其职业发展的影响。

通过以上评估方法和指标，学校可以全面地了解实践教学管理人才培养模式的效果，及时发现问题并进行调整优化，以不断提升这一培养模式的教学质量和效果。

三、实践教学管理人才培养模式的未来发展趋势

（一）实践教学管理人才培养模式在数字化时代的发展趋势

随着数字化时代的到来，实践教学管理人才培养模式也将面临新的挑战和机遇。以下是一些可能的发展趋势：

（1）智能化辅助教学。利用人工智能、大数据和虚拟现实等技术，为实践教学提供更多的辅助工具和平台，提高学生在实践中的学习效果和能力。

（2）在线协作与远程实践。通过网络平台和远程技术，帮助学生进行实践项目的协作和远程实践，促进学生之间的合作和交流，打破地域和时间的限制。

（3）数据驱动的教学管理。借助数据分析和评估工具，对实践教学过程进行监测和评估，以便及时调整教学策略，提高教学效果。

（4）跨学科融合。实践教学管理人才培养将更加注重跨学科的融合，培养学生的综合素质和团队合作能力，以应对复杂多变的实践环境。

（二）实践教学管理人才培养模式的国际化发展方向

随着经济全球化和国际交流的加强，实践教学管理人才培养也在积极推进国际化发展。以下是一些可能的发展方向：

（1）国际合作项目。与国外高校、企业或组织开展合作项目，提供国际实践机会和交流平台，培养具有国际竞争力的管理人才。

（2）跨文化培养。注重培养学生的跨文化素养和国际交流能力，使其在跨国企业和跨文化环境中具备适应能力和领导力。

（3）国际认证标准。借鉴国际认证标准和评估体系，提高实践教学管理人才培养的质量和国际声誉。

（4）多元化课程设置。开设涉及国际实践和国际业务管理的课程，培养学生的全球视野和国际业务能力。

总体而言，实践教学管理人才培养模式的未来发展趋势将紧密结合数字化时代和国际化发展的需求，通过创新教育方式和国际合作，提高学生的实践能力和国际竞争力。

四、实践教学管理人才培养模式对培养国际化特色应用型人才的意义

（1）跨文化交流与合作能力。国际化特色应用型人才需要具备跨文化交流与合作能力，实践教学管理模式可以通过与国际企业、机构的合作，提供跨文化交流的机会，拓宽学生的国际视野和培养跨文化沟通能力。

（2）实际工作经验。实践教学管理模式注重学生的实际工作经验，通过与国际企业合作的实习项目或者实际案例分析，学生可以更深入地了解国际商业环境和国际化管理实践，从而培养具备国际竞争力的实际操作能力。

（3）全球视野与创新能力。通过国际化的实践教学管理模式，学生可以接触到全球范围内的管理实践案例，拓宽全球化视野和培养创新能力，使其在未来的职业发展中能够更好地适应国际化的竞争环境。

（4）语言与文化能力。国际化特色应用型人才需要具备良好的外语能力和对不同文化的理解能力，实践教学管理模式可以通过国际化课程设置和国际交流项目，提升学生的语言和跨文化能力。

（5）国际化就业竞争力。通过国际化特色的实践教学管理模式培养出的人才更具备国际化背景和经验，能够更好地适应国际化企业的需求，提升其在国际就业市场的竞争力。

因此，实践教学管理人才培养模式对培养国际化特色应用型人才具有重要意义，可以更好地满足国际化背景下企业对人才的需求，培养适应全球化竞争的高素质应用型人才。

第五章　本科院校国际化特色应用型人才培养的内容

随着全球经济一体化的加深和信息技术的飞速发展,国际经济、文化、教育交流与合作日益加强,全球人才的需求也越来越迫切。本科院校作为培养高素质人才的摇篮,其肩负着培养应用型人才的重要使命。在这样的背景下,如何在国际化的大环境中更好地培养应用型人才,成为当下本科院校教育需要面对的重要问题。

第一节　应用型人才的知识素养

随着全球化时代的到来,本科院校在培养应用型人才方面也逐渐注重国际化特色。国际化特色的知识素质培养不仅注重专业技能的培养,更强调跨文化交流、全球视野和创新能力的培养。本节将探讨本科院校国际化特色应用型人才知识素质培养的重要性、方法和影响。

一、知识素养的概念

知识素养是指学生具备的知识储备、学科交叉能力、信息获取与利用能力、创新思维和问题解决能力等综合素养。在国际化背景下,知识素养更加强调学生具备面向全球的综合知识视野和交叉学科能力,是应对全球挑战和机遇的重要基础。

二、知识素养对应用型人才的重要性

知识素养是指一个人对知识的掌握和理解程度,包括对基础知识、专业知识和综合知识的掌握以及对知识的应用和创新能力。在当今社会,知识素养对应用型人才的重要性日益凸显。应用型人才需要具备扎实的知识素养,才能更好地适应和应对复杂多变的社会发展需求、科技创新需求和经济发展需求。

(1)知识素养是应用型人才的基础。应用型人才需要具备扎实的专业知识和技能,只有通过深入学习和掌握各自领域的学科知识,才能在工作岗位上熟练应用这些知识,解决实际问题,开展科学研究,推动技术创新,促进产业发展。

(2)知识素养是应用型人才的核心竞争力。随着科技进步和社会发展,各行各业对应用型人才的知识素养提出了更高的要求。应用型人才需要不断更新和拓展自己的知识储备,不断提升自己的综合素养,才能适应快速变化的求职市场和不断升级的产业需求。

(3)知识素养是应用型人才的创新动力。在新的经济形势下,企业需要具备创新能力的应用型人才,而创新离不开对知识的深入理解和运用。只有具备优秀的知识素养,应用型人才才能够在实践中掌握新技术、新理论,创新工作方式、解决实际问题,推动企业的创新发展。

(4)知识素养是应用型人才的社会责任。一个拥有优秀知识素养的应用型人才,不仅具备值得信赖的专业素养,更具备社会责任感和全球意识。他们在应用自己的知识能力的同时,还能够关注社会热点问题、参与公共事务、主动承担社会责任,在实际工作中更好地推动社会进步和发展。

总的来说,知识素养对应用型人才的重要性是不言而喻的。应用型人才需要具备全面的知识和技能,不断提升自身的知识素养水平,才能在不断变化的社会环境中立于不败之地,为社会做出更积极的贡献。因此,教育培养应用型人才时,应加强对其知识素养的培养和考量,助力他们成为全面发展、具备创新能力和社会责任感的应用型人才。

三、应用型人才的知识素养

应用型人才的知识素养是指他们在实际工作和生活中所需的知识和能力,包括但不限于专业知识、跨学科能力、创新能力、批判性思维、沟通能力和解决问题的能力等。这些素养使他们能够在实际工作中应对复杂的挑战,提出创新性解决方案,并且能够跨越学科界限,综合运用多领域的知识。

（一）本科院校国际化特色应用型人才的多语言能力

随着全球化的深入发展,应用型人才的知识素养日益受到重视。在这个信息交流日益频繁、跨文化交流日益密切的时代背景下,多语言能力作为知识素养的重要组成部分,对应用型人才的培养和发展具有重要意义。

1. 多语言能力的重要性

多语言能力是应用型人才知识素养的重要组成部分。首先,掌握多种语言能力有助于应用型人才更好地理解和融入不同文化背景下的知识体系和思维方式,提升其跨文化交流和合作能力。其次,多语言能力为应用型人才在国际化背景下的职业发展提供了有力支持,使其能够更好地适应全球化时代的就业市场和职业需求。此外,多语言能力也有助于应用型人才更广泛地获取和传播知识,拓展其学术视野和职业发展空间。

2. 培养多语言能力的策略[1]

（1）建立立体化教材体系

一方面依据国家外语专业教指委的指导性文件,选择理论性比较强的权威英日语教材,同时基于本校的应用型国际化英日语,人才培养目

---

[1] 林雪莹,张兰芳.应用型本科院校国际化人才培养模式探索与实践[J].教育教学论坛,2016（04）:160-161.

标,组织英日语专业教师编制实用性很强的教辅资料,这样既可以补充英日语专业前沿信息,又可以弥补权威英日语教材理论性较强的问题。

(2)设置语言课程

学校可以设计并开设多元化的语言课程,包括英语、第二外语、地区性语言等,以满足学生在多语言能力上的需求。这些课程应当注重语言实际运用,培养学生的听、说、读、写能力,并结合相关专业知识进行教学,提高学生的专业语言能力。

(3)建立以运用为目标的英语学习模式

教育国际化,国际化语言必不可少。虽然高等院校学生已经有十多年的英语学习经历,但是很多学生并不会运用,主要是因为中小学的英语学习是以考试为目标。在高等教育过程中,可以抛开应试教育的枷锁,建立以运用为目标的英语学习模式。

(4)开展外语实践活动

组织学生参与外语实践活动,如英语演讲比赛、外语角交流等,提供学生实际运用外语的机会,加强他们的语言实际应用能力。还可以将学习者的外语学习与专业学习有机地结合在一起,即为实用目的而采取的英语教学。这种模式下的英语教学既具有实用性,又以培养学生的英语综合应用能力为目标。此目标主要通过双语教学班实现,如在课堂过程中,要求学生用英文对专业理论及应用进行讨论和分析,并用英语进行相关课程汇报。

(5)开展跨学科教育

将外语教育与其他专业知识相结合,通过跨学科的教学模式,将外语能力融入不同专业的教学中,培养学生的专业外语能力。

(6)打造多语言导师团队[1]

打造具有国际化行业背景的国内师资团队,建立多语言导师团队,为学生提供多语言能力的指导和支持,帮助他们在语言学习和运用中取得更好的成效。

①培养具有国际化行业背景的外语教师。

②鼓励教师考取国际化职业资格证书。

③鼓励教师利用寒暑假期到国外院校开展短期的进修学习,收集科

---

[1] 赵立红.应用型本科院校国际化外语专业人才培养模式研究与实践[J].辽宁科技学院学报,2017(04):53-55.

第五章　本科院校国际化特色应用型人才培养的内容

研资料,开阔教师的国际视野。

④打造稳定的外籍教师梯队,让学生体验原汁原味的外语课堂氛围,激发学生的学习热情,提高学习效果。

（7）开展全球思想盛宴主题讲座

相对于精英小众的双语教学班而言,主题讲座的受众面较广。通过全球思想盛宴主题讲座,为本土院校构建全球思想交汇平台,给全球师生带来国际化思维和视野。全球思想盛宴主题讲座的师资主要由海外合作院校对本土院校进行访问和学术交流的教授担任,一方面提高了访问交流的效率,另一方面也有利于扩大国际化教育的影响面,提升院校国际化水平。

（8）参与国际交流项目

组织学生参与国际交流项目,让他们有机会在实践中运用外语,加深对外语的理解和应用能力,同时提升跨文化交流能力。

（9）开展丰富多彩的以西方文化为根基的全英语活动

如以西方节日为主题,开展主题式沙龙。沙龙活动以理解和学习西方文化为目的,同学在沙龙活动中全部使用英语。沙龙活动包括庆祝西方的主要节日（万圣节、圣诞节等）,音乐欣赏,打棒球,等等。通过这些活动,一方面可以让学生对学习英语产生兴趣并进行运用,同时也能够让学生知晓西方文化和礼仪,为走进国际化商业社会奠定基础。

（10）经费方面的保障[①]

为了推动国际化人才培养工作的快速发展,专门设有各类建设资金项目,为专业的国际化进程提供了足够的资金支持。

①国际交流经费的保障,保证对外国际交流业务的正常运转。

②基础设施建设经费的保障。每年学院对多媒体语音室的建设改造投入资金,满足多媒体教学手段的实施,搭建MOOC、微课建设平台。

③专业国际化专项经费的保障。除了专项专业建设资金外,还给予配套的国际化资金推动进行专业建设。

综上所述,多语言能力作为应用型人才知识素养的重要组成部分,对于应用型人才的培养和发展具有重要意义。通过设计多元化的语言课程、组织外语实践活动、跨学科教育、国际交流项目以及建立多语言

---

① 赵立红.应用型本科院校国际化外语专业人才培养模式研究与实践[J].辽宁科技学院学报,2017（04）:53-55.

导师团队等培养策略,可以帮助应用型人才全面提升其多语言能力,为其未来的职业发展和国际交流打下坚实的基础。这些策略的有效实施将有助于应用型人才更好地适应全球化时代的职业需求,使其在国际舞台上展现更大的竞争优势。

(二)本科院校国际化特色应用型人才的专业知识

随着经济全球化的不断推进和国际交流合作的不断增多,培养具备国际化特色的应用型人才成为本科院校的重要任务。这些人才不仅需要具备扎实的专业知识,还需要具备一定的国际视野、跨文化沟通能力和全球业务能力。

(1)本科院校国际化特色应用型人才的专业知识需要与行业需求相匹配。随着全球经济的快速发展和技术的迅猛进步,各行各业对人才的需求也在不断变化。培养应用型人才需要紧密结合行业的发展趋势和需求,更新和优化课程设置,确保学生所学专业知识与实际工作中的需求相匹配。同时,要注重培养学生的创新思维和实践能力,使他们能够灵活应对行业的变化和挑战。

(2)本科院校国际化特色应用型人才的专业知识需要具备国际视野。由于国际交流与合作日益频繁,学生需要了解和熟悉全球经济、文化、法律等方面的知识。培养学生具备国际视野的方法包括开设相关的课程,邀请国际教师或行业专家举办讲座,组织学生参加国际会议或竞赛等。通过这些方式,学生能够拓宽自己的视野,了解不同国家和地区的商业环境和工作方式,为将来在国际舞台上发展奠定基础。

(3)本科院校国际化特色应用型人才的专业知识还需要侧重于跨文化沟通和全球业务能力的培养。由于人才在工作中需要与来自不同文化背景的人进行合作和交流,因此跨文化沟通能力成为必备技能。学生需要掌握各种有效的沟通技巧和工具,具备跨文化交流的敏感性与适应性。此外,他们还应该具备全球业务能力,了解国际市场的规则和运作方式,能够在全球范围内开展业务和管理团队。

总之,本科院校在培养国际化特色应用型人才的过程中,专业知识是非常关键的一环。学生需要掌握与行业需求相匹配的专业知识,具备国际视野、跨文化沟通能力和全球业务能力。这样的人才才能适应全球化时代的需要,为企业和社会创造更多的价值。因此,在本科院校的教育环节中,要注重优化和创新课程设置,提高教学质量,培养学生的专业知识,并且加强实践教学,使学生能够更好地将所学知识应用于实际工作中,真正成为国际化特色的应用型人才。

(三)本科院校国际化特色应用型人才的跨学科能力

随着全球化的发展,本科院校正逐渐重视国际化特色应用型人才的培养,特别是注重学生跨学科能力的培养,以适应日益复杂多变的国际商务环境。

(1)本科院校培养国际化特色应用型人才的跨学科能力具有重要意义。随着世界经济的日益全球化,国际商务环境变得愈发复杂多样,需要人才具备跨学科的能力来适应这种变化。跨学科能力不仅包括跨文化沟通技能,还包括对多学科知识的了解和应用能力,以及解决跨学科问题的能力。这些能力对于国际商务领域的学生来说至关重要。

(2)本科院校可以通过多种方式培养国际化特色应用型人才的跨学科能力。首先是通过提供丰富多样的课程,包括跨文化交流、国际商务法律、国际市场营销等方面的课程,以培养学生的跨文化沟通和商务知识。其次是开展国际化的交流项目和合作项目,让学生有机会与国际学生和企业进行交流与合作,促进学生跨学科能力的提升。同时,鼓励学生参与国际商务竞赛和实践项目,锻炼学生解决跨学科问题的能力。

(3)本科院校培养国际化特色应用型人才的跨学科能力需要与实际需求相结合。学校可以与企业合作,深入了解企业在招聘国际化特色应用型人才时的要求,从而根据实际需求调整课程设置和培养方案,使学生所学的跨学科能力更加符合市场需求。

综上所述,本科院校国际化特色应用型人才的跨学科能力培养具有重要的意义,并且需要通过多种方式来进行培养。只有培养出具备跨学科能力的国际化特色应用型人才,才能更好地适应国际商务领域的挑战,为未来的职业发展和全球化时代的挑战做好准备。

(四)本科院校国际化特色应用型人才的创新能力

随着全球化的发展,本科院校正逐渐重视培养具有国际化特色应用型人才的创新能力。创新是推动社会发展和经济增长的关键因素,而国际化特色应用型人才的创新能力则更加突出,因为他们需要在跨越不同文化和行业的背景下,找到解决问题的新方法。

(1)国际化背景下的本科院校应当注重培养学生的跨文化交流和合作能力。跨文化的交流和合作能力是创新的基础,因为不同文化之间的碰撞和交融往往能够激发新的思路和观念。学校可以通过开设跨文化交流和合作的课程或项目,提供国际交流的机会,让学生在与外国学生的接触中培养创新意识和能力。

(2)本科院校可以通过提供跨学科的课程和项目来培养学生的创新能力。跨学科教育能够打破学科间的界限,促进学生在解决问题时跳出传统思维模式,寻找新的解决方案。学校可以组织跨学科的创新项目,鼓励不同专业的学生合作解决实际问题,以培养他们的创新思维和解决问题的能力。

(3)本科院校还可以通过开展创新创业教育,培养学生的创新精神和企业家精神。学校可以提供创新创业课程,并组织创新竞赛和创业实践项目,让学生在实践中培养创新思维和实施能力。同时,学校可以与企业合作,提供实习和实践机会,让学生在实际案例中锻炼自己的创新能力。

(4)本科院校培养国际化特色应用型人才的创新能力需要加强与实际需求的对接。学校可以与企业和行业建立紧密联系,了解他们对创新能力的需求,并根据需求调整课程设置和培养方案,使学生毕业后能够满足社会对创新人才的需求。

综上所述,本科院校的国际化特色应用型人才的创新能力培养意义重大,并且可以通过跨文化交流、跨学科教育、创新创业教育等方式来进行培养。只有培养出具有国际视野和创新能力的人才,才能更好地适应全球化背景下的挑战,促进社会的可持续发展和进步。

(五)本科院校国际化特色应用型人才解决问题的能力

随着全球化的加深和国际交流的增多,本科院校面临培养具有国际化特色的应用型人才的重要任务。这些人才不仅需要具备扎实的专业知识,还需具备解决问题的能力。解决问题是一项综合性能力,涉及思维的灵活性、分析判断能力和实践操作能力等方面。

(1)解决问题的能力需要培养学生的创新思维。在这个快速变化的时代,问题呈现出多样化、复杂化的特点。应用型人才需要具备开拓创新的思维,能够从不同的角度思考问题,并提出新颖的解决方案。本科院校可以通过注重实践教学,培养学生的实践动手能力,激发他们的创新意识。同时,开设相关的课程,引导学生进行创新性的项目实践,提供解决问题的机会和平台。

(2)解决问题的能力需要培养学生的分析和判断能力。在碰到问题时,应用型人才需要能够对问题进行准确的分析和判断。他们需要善于提出关键问题,梳理问题的关联因素,并进行深入的分析研究。本科院校可以通过开设相关的理论课程和案例分析课程,培养学生的逻辑思维和问题分析能力。同时鼓励学生参与团队项目,提供实践操作的机会,加强学生的问题解决能力。

(3)解决问题的能力需要培养学生的团队合作能力。在现实工作中,解决问题往往需要多方协作和合作。应用型人才需要具备良好的团队合作和沟通能力,能够有效地协调团队中各个成员的能力和资源。本科院校可以通过开设团队项目和实践课程,培养学生的团队合作能力。同时,在课堂教学中注重鼓励学生的合作与交流,为他们提供更多的团队合作机会。

(4)解决问题的能力需要培养学生的实践操作能力。应用型人才仅拥有理论知识是不够的,还需要能够将理论知识与实践操作相结合,解决真实的问题。本科院校应该注重实践教学的设计和实施,为学生提供实践操作的机会,培养他们的实际动手能力。通过参与实习、社会实践和项目实践等活动,学生可以接触到真实的问题,锻炼自己的实践操作能力。

综上所述,本科院校国际化特色应用型人才解决问题的能力是非常重要的。培养学生的创新思维、分析判断能力、团队合作能力和实践操作能力,可以使他们成为具备解决问题能力的应用型人才。本科院校应该注重优化教学模式,加强实践教学,提高解决问题能力的培养效果,为学生的职业发展和成长奠定坚实的基础。只有具备了解决问题的能力,应用型人才才能在实践中不断创新并为社会做出更大的贡献。

(六)本科院校国际化特色应用型人才的批判性思维

随着全球经济的不断发展和国际交流的加深,本科院校越来越注重培养具有国际化特色的应用型人才。而这些人才不仅需要具备专业知识和技能,还需要具备批判性思维。批判性思维是指对问题进行深入、全面分析和评价的能力,并能独立思考、提出合理的见解和解决方案。

(1)批判性思维可以帮助应用型人才更好地应对复杂多变的国际环境。在全球化时代,国际事务和跨文化交流愈发频繁,需要应用型人才能迅速适应和应对各种挑战。批判性思维使得他们能够从多个角度审视问题,辨别信息的可靠性,分析问题的本质和影响因素,避免盲目行动而做出明智的决策。

(2)批判性思维有助于培养应用型人才的创新能力。批判性思维不仅帮助他们评估现有的观点和解决方案,还能够激励他们提出新颖的见解和创新的解决方案。通过挑战已有的观念和假设,应用型人才能够打破传统思维定式,寻找更优秀和可行的方案。

(3)批判性思维还有助于培养应用型人才的团队合作能力。在处理复杂问题时,团队成员可能持有不同的观点和意见。批判性思维使得他们能够客观地评估和理解不同观点的优缺点,并与团队成员进行有效的沟通和协商。通过批判性思维,应用型人才能够减少误解和冲突,促进团队的合作和共创。

本科院校可以通过一系列的教学方法和课程设计来培养学生的批判性思维。例如,引入实战案例分析课程和讨论课,鼓励学生主动参与问题的探讨和思考。此外,开展跨学科课程和团队项目,使学生能够从多个学科和专业的角度思考问题,培养他们的综合分析和判断能力。同时,鼓励学生进行独立研究和探索,培养他们自主、批判地思考和学习的习惯。

总之,本科院校在培养国际化特色应用型人才的过程中,批判性思维是非常重要的一个方面。具备批判性思维的人才能够更好地应对国际环境的挑战,具备创新能力和团队合作能力。本科院校应该注重引导和培养学生的批判性思维,通过相关教学方法和课程设计,提高学生的批判性思维水平,为他们未来的发展做好充分的准备。只有具备批判性思维,应用型人才能在实践中更加灵活和独立地思考,为社会和行业的进步做出更大的贡献。

应用型人才的知识素养在当今社会中具有重要意义,他们需要不断提升自己的知识素养,以适应快速变化的社会和职业环境,为个人职业发展和社会进步做出积极贡献。

第五章　本科院校国际化特色应用型人才培养的内容

四、知识素养在本科教育中的培养途径

在本科教育中,培养学生的知识素养需要多方面的教学与实践相结合。学校应当注重专业知识与跨学科融合能力的培养,同时加强学术创新能力和信息获取与利用能力的培养。此外,开展学科交叉和实践项目并提供国际化课程设置也是培养学生知识素养的重要途径。

随着全球化的发展,国际化素质教育成为当今教育领域的热点话题。在这样的教育理念下,知识素质培养不再局限于传统的学科知识,而是更加注重培养学生的国际视野、跨文化沟通能力和全球意识。那么,究竟有哪些方法可以实现国际化特色的知识素质培养呢?

(1)强化国际化课程设置。针对当下全球化的趋势,学校可以加大对世界各国语言、文化、历史和地理等方面的教学力度。通过开设国际化课程,学生可以更好地了解不同国家和地区的文化传统,了解全球化对世界各国的影响,培养跨文化交流和合作的能力。此外,引入国际化的课程内容和案例分析,帮助学生了解国际事务、国际经济、全球环境等方面的知识,提升他们的国际视野和全球意识。

(2)促进国际交流与合作。学校可以积极开展国际交流项目,如与国外高校的学生交换计划、国际实习项目等,让学生有机会亲身体验不同国家的文化、教育和生活方式。同时,学校可以与国际组织、跨国企业等建立合作关系,为学生提供跨国合作的机会,培养他们的国际合作能力和跨文化沟通能力。

(3)提供外语教育。外语是促进国际化素质培养的重要工具。学校可以通过设立外语角、开设专业外语课程、组织英语角活动等方式,提高学生的外语水平,培养他们具备用外语进行跨文化交流的能力。此外,学校还可以鼓励学生参加国际语言考试、国际文化交流活动,拓宽学生的国际化视野和交流平台。

(4)注重国际化思维培养。国际化素质教育不仅是一种知识传递,更重要的是培养学生的国际化思维方式。学校可以通过开设国际化教育导论课程、组织国际问题讨论会、引导学生参与国际性竞赛等方式,激发学生对国际事务的关注和思考,培养他们的全球意识和国际化思维。

总的来说,实现国际化特色的知识素质培养需要学校教育注重提升国际化课程设置、促进国际交流与合作、加强外语教育以及注重国际化思维培养等方面的工作。只有通过这些方法的综合运用,才能够更好地培养学生具备国际化视野、跨文化交流能力和全球意识的知识素质,为他们未来的国际化发展奠定坚实的基础。

知识素养是应用型人才培养中不可或缺的重要素养,对于学生未来的全球胜任力具有重要影响。未来,本科院校应该更加注重知识素养的培养,注重跨学科融合和国际化视野的培养,并探索新的教育理念和实践途径,以适应不断变化的全球化挑战。

第二节 应用型人才的媒介素养

随着全球媒体和信息技术的迅速发展,本科院校在培养应用型人才方面也逐渐注重媒介素养的培养。国际化特色的应用型人才媒介素养培养不仅关注传统媒介技能的培养,更强调跨文化沟通、全球视野和创新能力的培养。本文将探讨本科院校国际化特色应用型人才媒介素养培养的重要性、方法和影响。

一、媒介素养的内涵

媒介素养是指个体在信息时代应对媒介环境所需的能力和素养。它涵盖了对各种媒介形式的理解和运用,以及对信息的评价、创造和传播能力。媒介素养的概念主要包括以下几个方面:

(一)媒介识别能力

媒介识别能力是应用型人才在媒体环境中必备的一项专业能力。它指的是能够准确识别和理解不同类型媒体的特点和功能,包括文字、图片、音频、视频等形式的媒体。以下是媒介识别能力的几个重要方面:

(1)媒体形式的辨识。应用型人才需要具备辨识不同媒体形式的能力,包括文字、图片、音频和视频等。他们能够分辨出不同形式媒体的特点和特色,了解它们在传播和表达信息方面的优势和限制。

(2)媒体语言的理解。不同媒体形式有其独特的语言和表达方式。应用型人才需要能够理解和解读不同媒体形式的语言,包括文字的逻辑结构、图片的符号意义、音频的声音效果和视频的视觉语言等。他们能够通过对媒体语言的理解,准确把握媒体所传递的信息和意义。

(3)媒体特点的分析。不同媒体形式有其独特的特点和功能。应用型人才需要能够分析和评估不同媒体形式的特点,包括信息传递速度、信息容量、互动性、表达效果等。他们能够根据不同媒体的特点,选择适合的媒体形式来传达和表达信息。

(4)媒体可信度的评估。在信息爆炸的时代,应用型人才需要具备评估媒体可信度的能力。他们能够辨别虚假和误导性信息,判断媒体的可信度和权威性,并能够寻找可靠的信息来源和权威的媒体渠道。

(5)媒体影响力的认知。媒体对社会和个体有着重要的影响力。应用型人才需要能够认识和理解媒体的影响力,包括舆论引导、价值观传递、意识形态塑造等方面。他们能够对媒体的影响进行分析和评估,并能够在媒体环境中做出明智的决策和行动。

媒介识别能力对于应用型人才来说至关重要。它使他们能够更好地理解和应用媒体,提高信息处理和传播的效果,同时也能够更好地应对媒体环境中的挑战和风险。通过培养和提升媒介识别能力,本科院校可以为学生的专业发展和职业成功奠定坚实的基础。

(二)信息获取和评价能力

能够有效地从各种媒体中获取信息,并对信息进行评价和筛选,识别信息的真实性和可靠性。

(三)媒体创造能力

媒体创造能力是应用型人才在媒体领域中的重要专业能力。它指的是能够灵活运用各种媒体形式进行信息创作和表达,包括文字、图片、音频、视频等。以下是媒体创造能力的几个关键方面:

(1)创意思维和创作能力。应用型人才需要具备创意思维和创作能力,能够生成新颖、有吸引力的创意和内容。他们能够运用自己的想象力和创造力,将信息转化为具有吸引力和独特性的媒体作品。

(2)多媒体技能和工具应用。应用型人才需要掌握多媒体技能和工具的应用,包括文字处理软件、图像编辑软件、音频编辑软件、视频编辑软件等。他们能够熟练运用这些工具,将自己的创意和内容转化为具体的媒体作品。

(3)故事叙述和信息传递能力。媒体创造不仅是技术的应用,还需要具备良好的故事叙述和信息传递能力。应用型人才能够通过媒体形式有效地叙述故事,传递信息,引起受众的共鸣和关注。

(4)媒体风格和表达方式的掌握。不同媒体形式有其独特的风格和表达方式。应用型人才需要了解和掌握不同媒体形式的风格特点,能够根据需求选择合适的媒体形式,并能够运用恰当的表达方式来传达信息和表达观点。

(5)制作流程和项目管理能力。媒体创造涉及制作流程和项目管理。应用型人才需要具备良好的项目管理能力,能够组织和管理媒体创作项目,合理安排时间和资源,确保项目的顺利进行和高质量完成。

媒体创造能力对于应用型人才来说至关重要。它使他们能够运用各种媒体形式进行信息创作和表达,提高信息传播的效果和影响力。通过培养和提升媒体创造能力,本科院校可以为学生的专业发展和职业成功提供有力支持。

(四)媒体交流和合作能力

媒体交流和合作能力是应用型人才必备的一项专业能力。它指的是能够通过各种媒体形式进行有效的交流和合作,包括社交媒体、协作工具等。以下是媒体交流和合作能力的几个关键方面:

(1)跨媒体交流能力。应用型人才需要能够跨越不同媒体形式进行交流,包括文字、图片、音频、视频等。他们能够根据不同媒体的特点和需求,选择合适的媒体形式来进行信息交流和传递。

(2)社交媒体运用能力。社交媒体已成为重要的信息传播和交流平台。应用型人才需要具备运用社交媒体进行有效交流的能力,包括在社交媒体上发布内容、与受众互动、建立和维护社交媒体网络等。

(3)协作工具应用能力。在媒体领域,团队合作是非常重要的。应用型人才需要熟练掌握协作工具的应用,包括在线协作平台、团队通信工具等。他们能够通过协作工具与团队成员进行有效的沟通和合作，共同完成媒体项目。

（4）跨文化交流能力。媒体领域具有跨文化的特点，应用型人才需要具备跨文化交流能力。他们能够理解和尊重不同文化背景下的媒体习惯和传播方式，能够与来自不同文化背景的人进行有效的交流和合作。

（5）团队合作和沟通能力。媒体项目通常需要团队合作完成，应用型人才需要具备良好的团队合作和沟通能力。他们能够在团队中有效地与他人合作，分享和交流想法，解决问题，协调工作进度和任务分配。

（五）媒体批判性思维

能够对媒体传播的信息和内容进行批判性思考，理解媒体对个人、社会和文化的影响。

媒介素养的发展有助于个体更好地适应信息时代的媒体环境，提高其对媒体信息的理解和运用能力，同时也有助于培养个体对媒体信息的批判性思维和创造性表达能力。

二、媒介素养在应用型人才培养中的重要性

媒介素养不仅仅是指对各种媒介形式的理解和运用，更是一种能力和素养的综合体现。它包括了媒介识别能力、信息获取和评价能力、媒体创造能力、媒体交流和合作能力以及媒体批判性思维。在国际化特色应用型人才的培养中，媒介素养扮演着至关重要的角色。

全球化时代要求应用型人才具备跨文化的信息获取和理解能力。媒介素养使他们能够从不同国家和地区的媒体中获取信息，并理解不同文化背景下的信息传播和表达方式，为其在国际化背景下的工作和交流提供了坚实基础。

跨文化沟通与合作是国际化特色应用型人才的重要素养之一。媒介素养有助于他们在跨文化环境中进行有效的媒体交流和合作，包括利用多种媒体形式进行跨国沟通和项目合作，从而促进跨文化团队的协同效能。

媒介素养还涉及全球媒体创作与传播。具备媒介素养的国际化特色应用型人才能够利用各种媒体形式进行全球范围内的信息创作和传播,促进国际文化交流和理解,为跨国企业的品牌传播和国际合作提供了有力支持。

综上所述,媒介素养在国际化特色应用型人才的培养中具有重要意义。通过培养学生的媒介素养,本科院校可以帮助学生更好地适应全球化背景下的媒体环境,提升其跨文化沟通能力和全球视野,为他们成为具备国际竞争力的应用型人才奠定基础。因此,加强媒介素养的培养,将有助于应对全球化时代对人才素质的新要求,为国际化特色应用型人才的培养提供有力支持。

三、本科院校国际化特色应用型人才的媒介素养培养策略

本科院校可以设计并开设国际化课程,涵盖跨文化沟通、国际媒体与传播、全球化视野等内容。这些课程应当注重理论与实践相结合,通过案例分析、实地考察等方式,让学生深入了解全球媒体环境,培养其对国际化媒体素养的认知和应用能力。

本科院校可以组织学生参与跨文化交流项目。通过与国外高校的合作交流、参与国际性学术竞赛等活动,学生将有机会接触不同文化背景下的媒体环境,加深对国际化媒体素养的理解,并培养跨文化沟通和合作能力。

外语教育也是培养学生媒介素养的重要途径。本科院校应当加强学生的外语能力培养,使他们能够更好地理解和运用全球范围内的媒体信息。开设以英语为媒介的课程、提供外语角、组织英语角等活动,都有助于学生的外语能力提升。

鼓励学生参与国际实践和研究项目也是培养媒介素养的重要策略。学生可以通过参与国际性研究项目、参与国际实习等方式,深入了解全球媒体环境,培养其对国际化媒体素养的实践能力。

跨学科教育模式的运用也是培养学生媒介素养的有效策略。将媒介素养融入不同专业的教学中,如将国际媒体与传播知识融入商科、工程、医学等专业的课程中,有助于学生全面理解和应用媒体素养。

建立国际化的导师团队也是重要的策略之一。这些导师应当具备国际化背景和丰富的媒体素养,能够为学生提供跨文化背景下的媒体素养指导和支持,引导学生进行国际化媒体素养的学习和实践。

综上所述,本科院校在培养国际化特色应用型人才的媒介素养方面

可以采取多种策略。通过设计国际化课程、组织跨文化交流项目、强化外语教育、鼓励国际实践与研究项目、跨学科教育以及建立国际化导师团队等途径，可以帮助学生全面提升其媒介素养，为其未来的国际化职业发展打下坚实的基础。这些策略的有效实施将有助于本科院校培养出更具国际竞争力的应用型人才，为应对全球化时代的挑战作出积极贡献。

本科院校国际化特色应用型人才媒介素养培养的重要性不可忽视。通过培养媒介素养，学生可以提高全球视野、跨文化沟通和创新能力，适应全球化时代的工作环境，但仍有许多创新的方式可以探索和实践。希望本科院校能够加强在国际化特色应用型人才媒介素养培养方面的努力，为学生提供更广阔的发展平台，培养具有跨文化能力和全球竞争力的应用型人才。

第三节　应用型人才的文化素养

在全球化时代，本科院校正逐渐注重培养具有国际化特色的应用型人才，而文化素养成为这一发展中不可忽视的方面。本节将探讨本科院校国际化特色应用型人才的文化素养的意义、培养方法以及其对学生个人发展和社会影响的重要性。

一、文化素养的概念与内涵

文化素养是指个体或群体在文化认知、情感态度、行为习惯、审美能力等方面的修养和素质。它不仅包括对所处文化的理解与尊重，还包括对其他文化的包容与欣赏。在国际化背景下，文化素养更加强调跨文化的认知和交流能力，是实现文化多样性共融的重要保障。

随着全球化进程的加速，国际化教育已成为本科院校人才培养的重要组成部分。在这一背景下，应用型人才的培养需要更多地关注文化素养。文化素养作为知识、技能和态度的结合体，对于应对跨文化交流、全球化视野和文化传承等方面具有重要意义。

二、文化素养对应用型人才的重要性

随着全球化的深入发展,各行各业都面临着跨文化交流与合作的挑战。在这样的背景下,对于应用型人才来说,具备良好的文化素养显得尤为重要。文化素养是指个体对自己所处文化和其他文化的认知、理解和尊重能力。它不仅涉及对传统文化的继承与传承,还包括了对其他文化的包容与欣赏。

首先,文化素养有助于应对跨文化交流与合作的挑战。在如今的全球化时代,各国之间的经济、科技、教育等领域的交流与合作已经成为常态。而在进行跨文化交流与合作时,了解和尊重他人的文化背景是非常关键的。具备良好的文化素养可以帮助应用型人才更好地理解其他文化的价值观、习惯和沟通方式,减少文化冲突和误解,提高跨文化交流的效果。

其次,文化素养有助于培养创新能力和解决问题的能力。在跨文化环境下,应用型人才面临着各种新的问题和挑战。良好的文化素养可以帮助他们更好地理解问题的本质,从不同文化的角度思考和解决问题。通过融合不同文化的思维方式和解决方法,他们能够拓宽视野,提高创新能力,找到更好的解决方案。

再次,文化素养对于应用型人才而言,还有助于提升全球业务能力和国际竞争力。在全球化的背景下,越来越多的企业和组织开展跨国业务。具备良好的文化素养可以使应用型人才更好地适应并参与到全球业务中去。他们可以更好地理解并适应不同国家和地区的市场需求、消费习惯和法规制度,更好地领导和管理跨文化团队,从而提升在全球市场的竞争力。

最后,文化素养有助于传承和发展本民族或本地区的优秀传统文化。作为应用型人才,他们在实践中接触和运用的文化资源丰富多样。通过对本民族或本地区传统文化的传承与发展,他们可以将传统文化与现代社会需求相结合,创造出更具有创新性和竞争力的应用成果。

综上所述,文化素养对于应用型人才来说无疑具有重要性。它不仅能够帮助应用型人才更好地应对跨文化交流与合作的挑战,提升创新能力和解决问题的能力,还能够提升全球业务能力和国际竞争力,同时传承和发展本民族或本地区的优秀传统文化。因此,我们应该重视并加强对应用型人才的文化素养培养,为他们的专业发展和成长提供更加坚实的基础。只有具备良好的文化素养,我们才能更好地适应并推动全球化时代的发展和创新。

三、应用型人才的文化素养

（一）跨文化沟通能力

跨文化沟通能力是指个体在跨越不同文化背景的情境下,能够有效地理解、解释和交流信息的能力。这种能力涉及语言、非语言、价值观念、信仰、社会习俗等多个方面。以下是跨文化沟通能力的一些关键要素：

（1）跨文化意识。理解并尊重不同文化之间的差异,包括语言、价值观念、行为习惯等,同时能够意识到自身文化背景对交流的影响。

（2）语言能力。能够运用多种语言进行交流,或者至少具备跨文化交流所需的基本语言能力。除了语言本身的掌握,还包括对语言的文化背景和语境的理解。

（3）非语言沟通。理解和运用非语言沟通方式,如肢体语言、面部表情、眼神交流等,因为这些在不同文化间可能有着不同的含义。

（4）文化智慧。对其他文化的历史、价值观念、社会结构等有一定的了解,能够在跨文化交流中避免冲突和误解。

（5）适应能力。能够应对文化冲突和文化差异,灵活调整自己的交流方式和行为,以更好地适应不同文化环境。

（6）解决问题能力。能够在跨文化环境中解决问题和处理冲突,包括通过谈判、妥协、协商等方式进行有效沟通。

（7）尊重和包容。尊重和包容不同文化的观点和做法,能够在交流中展现出开放的心态和尊重他人的态度。

跨文化沟通能力的提升需要通过学习、实践和体验来逐步培养,包括学习其他文化的知识、参与跨文化交流项目、实地体验不同文化等方式。在全球化的今天,跨文化沟通能力对于个人职业发展和国际交流合作至关重要。

（二）国际视野

随着全球化的不断深入,国际视野已经成为应用型人才必备的重要素养之一。国际视野不仅仅是指对外国文化的认知,更是一种广泛的认知能力,涉及对全球事务的关注、跨文化沟通能力和全球化思维。在当今世界,具备国际视野的人才更容易适应多元化的工作环境,更有利于在跨国合作和全球化竞争中脱颖而出。

（1）国际视野涵盖了对不同文化背景的理解和尊重。具备国际视野的人才能够更好地理解并尊重不同国家和地区的文化、价值观和习俗。这种尊重和理解是跨文化合作中至关重要的一环,也是建立良好国际关系的基础。

（2）国际视野还包括对全球事务的关注和理解。这意味着应用型人才需要关注全球范围内的经济、政治、环境等重要议题,了解不同国家之间的合作与冲突,以及全球化对各个领域的影响。这种全局性的思维有助于他们在全球范围内寻求商机、发展合作伙伴关系,并在国际事务中做出明智的决策。

（3）国际视野还需要具备跨文化沟通能力。这种能力包括良好的语言沟通能力、跨文化交流技巧和解决跨文化冲突的能力。在跨国合作中,这种能力可以帮助应用型人才更好地与来自不同文化背景的人合作,有效地解决沟通障碍,促进合作共赢。

为了培养应用型人才的国际视野,学校和企业可以采取一系列措施。首先,学校可以通过开设国际化课程和项目,引导学生深入了解不同国家和地区的文化、历史和社会制度,培养学生的国际视野和全球意识。其次,企业可以鼓励员工参与国际交流项目,提供语言培训和文化活动,帮助员工更好地适应国际化的工作环境。

总之,国际视野已经成为培养应用型人才的重要素养之一。具备国际视野的人才不仅能够更好地适应全球化的工作环境,还能够更好地参与全球化竞争,为企业和社会的发展做出更大的贡献。因此,学校和企业应共同努力,为培养具备国际视野的应用型人才提供更多的支持和机会。

第五章　本科院校国际化特色应用型人才培养的内容

（三）跨国项目管理能力

随着全球化的不断深入，跨国项目管理能力已成为企业和组织中的关键素养。跨国项目管理不仅涉及对不同国家、不同文化背景的理解，更需要具备卓越的领导能力、跨文化沟通技巧和全球化视野。在当今竞争激烈的商业环境中，具备跨国项目管理能力的人才成为企业追逐的宝贵资源，他们能够有效地领导和管理跨国团队，推动项目顺利实施，实现全球范围内的商业目标。

（1）跨国项目管理能力需要具备对多元文化的理解和尊重。在跨国项目中，项目经理和团队成员往往来自不同的国家和文化背景，理解和尊重彼此的文化差异是成功管理团队的关键。这需要项目经理具备广泛的跨文化知识，以及敏锐的文化敏感度，能够善于处理来自不同文化的团队成员之间的沟通和合作问题。

（2）跨国项目管理需要卓越的领导和沟通能力。项目经理需要能够有效地领导跨国团队，制定明确的目标和计划，并能够激励和协调来自不同国家的团队成员。良好的沟通技巧也是至关重要的，项目经理需要善于跨文化沟通，能够清晰地表达目标和期望，有效地解决团队成员之间的沟通障碍。

（3）全球化视野也是跨国项目管理能力的重要组成部分。具备全球化视野的项目经理能够更好地把握全球经济、政治和市场趋势，能够更好地制定项目策略和决策，使项目更符合全球化背景下的商业需求。

为了培养跨国项目管理能力，企业和组织可以采取一系列措施。首先，可以为项目经理和团队成员提供跨文化培训，帮助他们更好地理解和尊重不同文化背景，提高跨文化沟通能力。其次，可以建立跨国团队间的合作机制，鼓励团队成员分享经验和最佳实践，促进团队间的交流与合作。

总之，跨国项目管理能力已成为当今商业环境中不可或缺的重要素养。具备跨国项目管理能力的人才能够更好地领导和管理跨国团队，推动项目实施，实现全球范围内的商业目标。因此，企业和组织应当重视跨国项目管理能力的培养，为员工提供更多的支持和机会，以应对全球化竞争带来的挑战，实现更好的商业成就。

(四)跨文化领导力

在当今全球化的世界中,跨文化领导力变得比以往任何时候都更为重要。随着企业和组织在国际舞台上的不断扩张,领导者需要具备跨文化沟通、理解和合作的能力,以有效地引导多元化的团队和跨国项目。

1. 全球化时代的挑战与机遇

随着全球化的加速发展,企业和组织面临着来自不同文化、价值观和工作习惯的员工和合作伙伴。这种多元化为组织带来了巨大的机遇,如更广泛的市场、创新的思想和跨国合作的可能性。然而,同时也带来了挑战,如跨文化沟通障碍、文化冲突和领导团队的复杂性。在这样的环境中,跨文化领导力成为成功的关键因素。

2. 跨文化领导力的重要性

跨文化领导力是指领导者在不同文化环境下有效管理和激励团队的能力。这种能力包括对多元文化团队的理解、尊重和适应能力,以及在不同文化背景下作出明智决策的能力。具备跨文化领导力的领导者能够更好地应对跨国项目管理、全球团队协作和国际市场竞争的挑战。

3. 成功的跨文化领导者的特质

(1)跨文化敏感度。成功的跨文化领导者需要具备对不同文化背景的敏感度和理解力。他们能够尊重并欣赏不同的文化差异,从而建立更加包容和开放的工作环境。

(2)灵活性和适应能力。领导者需要具备灵活性和适应能力,能够在不同文化环境中调整自己的领导风格和决策方式,以满足不同团队成员的需求。

(3)跨文化沟通技巧。良好的跨文化沟通是跨文化领导力的关键。领导者需要能够有效地沟通并解释目标、期望和决策,同时理解和尊重不同文化间的沟通方式和习惯。

（4）文化智慧。成功的跨文化领导者具备文化智慧,能够理解不同文化间的权力结构、决策方式和价值观,从而更好地管理团队和解决文化冲突。

4.培养跨文化领导力的方法

（1）跨文化培训。为领导者和团队提供跨文化培训,帮助他们理解不同文化间的差异,提高跨文化沟通和合作能力。

（2）国际交流项目。鼓励领导者和团队成员参与国际交流项目,通过亲身经历不同文化,增进对跨文化领导力的认识和实践。

（3）文化敏感度培养。组织文化活动和体验,帮助团队成员增强对不同文化的敏感度和理解力。

（4）案例分析和角色扮演。通过案例分析和角色扮演等方式,让领导者和团队成员在模拟的跨文化环境中学习和实践跨文化领导力。

在全球化时代,跨文化领导力是领导者和组织成功的关键。具备跨文化领导力的领导者能够更好地管理多元化的团队,推动跨国项目的成功实施,并在国际市场中取得竞争优势。因此,培养和发展跨文化领导力已成为组织和企业不可或缺的重要任务,也是实现可持续成功的关键因素。

（五）跨文化商务技能

随着全球化的快速发展,跨文化商务技能在国际化特色应用型人才培养中扮演着非常重要的角色。随着全球贸易、商业和交流的增加,企业需要面对来自不同文化背景的合作伙伴和客户。因此,培养具有跨文化商务技能的人才已经成为当今商业世界的需求之一。

（1）跨文化商务技能在国际化特色应用型人才培养中的重要性体现在拓展国际市场和促进国际合作方面。一位具有跨文化商务技能的人才能够理解不同文化背景下的商业惯例和行为准则,从而更好地与国际客户和合作伙伴进行沟通和合作。这种能力可以帮助企业拓展国际市场,开发国际业务,并且促进跨国合作项目的顺利实施。

（2）跨文化商务技能可以在国际化特色应用型人才的培养中带来创新和进步。跨文化交流和合作不仅是一种能力,更是一种思维方式。

具有这种技能的人才能够在处理复杂的国际商务问题时更具创造力和开放性,他们能够融合各种文化观念和商业模式,以创新的方式解决挑战并开拓新的商业机会。

(3)跨文化商务技能还可以在国际化特色应用型人才培养中提供更多的就业机会和职业发展空间。随着全球化进程的推进,跨国企业对具有跨文化商务技能的人才的需求越来越大。这种能力使得个人更加具有竞争力,可以在国际企业、跨国机构以及国际贸易等领域寻找更多的就业机会,并在职业发展中获得更多的发展空间和机会。

综上所述,跨文化商务技能在国际化特色应用型人才培养中的重要性不言而喻。通过培养具有跨文化商务技能的人才,可以促进国际商务合作的发展,带来创新和进步,并为个人提供更多的就业机会和职业发展空间。在全球化时代,这种能力已经成为现代商务人才必备的素质,也是推动国际商业合作和发展的重要动力。因此,跨文化商务技能的培养和发展将成为培养国际化特色应用型人才的重要方向和重要举措。

四、文化素养在本科教育中的培养途径

文化素养是指一个人对文化、社会、历史等方面的理解和掌握程度,它包括个人对艺术、音乐、文学、历史、哲学等方面的兴趣和认知,是人类在知识和文明领域的体现。在当今高速发展的信息化社会中,文化素养的重要性愈加突出。在本科教育中,培养学生的文化素养是大学教育的重要使命之一。那么,究竟有哪些培养途径可以提高学生的文化素养呢?

(1)开设文化课程。本科课程应该注重文化素养的培养,增加人文课程的比重,不仅要重视理工科的教育,而且应该更加注重人文社科、文化艺术的发展,为学生提供全面的知识体系。通过这些课程,学生可以了解不同文化的历史和传统,了解各种文艺形式的特点和魅力,从而提升他们的文化素养。

(2)开展文化活动。本科教育应该注重学生的文化体验,通过文化活动,让学生更深入地了解文化、艺术和历史,并提高了他们的文化素养。例如,为学生举行艺术展、音乐会、文化讲座等活动,让学生了解各种文化背景、传统、美学和思想,让他们开阔眼界,拓宽视野,并引导他们更好地关注和感知世界。

（3）提供思想教育。思想教育是培养文化素养的重要途径。通过思想教育，可以增强学生的人文关怀和个人成长，同时培养他们对历史和现实的理解。在课程设置和教学方法上，教师们可以通过开设课程及讨论课、以案例为媒介的课堂授课方式、学生展示等方式，让学生学会思考，增强自信心和心理素质，提高解决问题的能力。通过这些方式，作为未来社会建设者，学生们将更注重自我，更深入地思考世界各地文化之间的联系与差异。

（4）文化素养在本科教育中的培养是一个长期而漫长的过程，需要教育者长期坚持实施。本文列举的培养途径只是其中的一部分，教育者可以根据学生的需求、社会的变化以及教育的趋势不断调整和完善培养机制，以更好地提高学生的文化素养，使他们在知识、文化和道德方面都能够达到更高的水平。这样，我们才能够让社会更加文明、更加开放、更加宽广。

在本科教育中，培养学生的文化素养需要多维度的教学与实践相结合。除了专业知识的传授，学校还应加强文化交流项目、国际课程设置、海外交流等方面的建设，为学生打下坚实的文化素养基础。

在国际化背景下，本科院校应积极探索适合应用型人才培养的文化素养教育路径。未来，我们需要更多地关注文化素养对学生国际竞争力的提升效应，并不断总结和完善相关教育理念和实践。通过不断的探索和实践，本科院校国际化特色应用型人才的文化素养将会迎来更加美好的发展前景。

五、国际化特色应用型人才的文化素养对社会的影响

国际化特色应用型人才的文化素养对社会的影响和发展具有重要意义。这样的人才能够促进跨国企业和组织的合作与发展，推动文化交流和融合。他们还能够提供创新解决方案，应对全球性挑战和问题。通过培养具有文化素养的人才，本科院校对社会的进步和可持续发展发挥着积极的推动作用。

本科院校国际化特色应用型人才的文化素养培养是培养具有全球视野、跨文化交流和领导能力的人才的重要途径。通过相关课程、实践活动和多元化的教学方式，学生能够增强对多元文化的理解和尊重，适应不同文化环境,并在全球舞台上发挥积极的作用。希望本科院校能够更加重视文化素养的培养,为学生提供更广阔的发展平台,培养具有全球竞争力和责任感的应用型人才,为社会的发展和进步作出贡献。

第四节 应用型人才的全球胜任力

随着经济全球化和社会多元化的发展,全球胜任力已经成为当今高等教育领域的热门话题。本节将着重探讨本科院校如何培养学生全球胜任力,以适应日益国际化的社会和职场环境。

一、全球胜任力的内涵

全球胜任力是指个体具有在跨文化环境下适应、交流与合作的能力,同时拥有全球视野和国际竞争力。这种能力包括跨文化沟通能力、文化适应能力、全球意识、批判性思维和解决问题的能力。

二、全球胜任力对应用型人才的重要性

随着全球化的不断深入,企业和组织对具备全球胜任力的应用型人才的需求日益增长。全球胜任力是指个人在跨国、跨文化环境中成功工作所需的技能、知识和素养。这些人才具备跨文化沟通、国际化业务理解、全球视野和适应能力等,能够在不同文化背景下胜任工作,推动企业在全球范围内的发展。

全球化市场对应用型人才提出了更高的要求,他们需要理解国际化业务的运作方式、市场需求和跨国合作的机会。具备国际化业务理解的人才能够更好地把握全球市场动态,为企业的国际化发展提供支持。

全球胜任力的人才具备开阔的全球视野,能够理解全球化对企业和行业的影响,把握全球趋势,为企业战略决策提供有益建议。

全球化背景下,应用型人才需要具备较强的适应能力,能够快速适应不同文化和工作环境,灵活应对跨国合作、海外工作和国际商务旅行。

第五章 本科院校国际化特色应用型人才培养的内容

全球胜任力对应用型人才的重要性日益凸显。具备全球胜任力的人才能够更好地推动企业在全球范围内的发展,为企业的国际化战略提供支持。因此,企业和组织应当重视培养和发展应用型人才的全球胜任力,通过培训、实践和国际交流等方式,为他们提供更多的支持和机会,以适应全球化背景下的商业需求,实现更好的商业成就。

三、本科院校培养全球胜任力的途径

随着全球化的加速发展,本科院校在培养学生的全球胜任力方面扮演着至关重要的角色。培养学生的全球胜任力不仅有助于他们未来的职业发展,也符合本科院校培养具有国际竞争力的人才的使命。

(一)国际化课程设置

本科院校可以通过提供丰富多样的国际化课程来培养学生的全球胜任力。这些课程可以涵盖国际商务、跨文化沟通、国际经济、全球市场营销等内容,帮助学生建立对全球化背景下商业和社会的深刻理解。

(二)跨文化交流项目

本科院校可以积极组织和推动学生参与跨文化交流项目,如学生交换计划、国际志愿者服务和暑期实习项目等。这些项目可以让学生亲身体验不同文化,增进跨文化沟通和理解能力,培养他们的全球视野和适应能力。

(三)外语教育和语言交流

提供多样化的外语教育和语言交流机会是培养全球胜任力的重要途径。本科院校可以设置丰富的外语课程,鼓励学生参与语言交流活动和国际语言考试,帮助他们掌握跨文化沟通所需的语言能力。

（四）国际实践与研究项目

为学生提供参与国际实践和研究项目的机会，让他们在跨文化环境中实践和提升全球胜任力。这些项目可以涵盖国际商务实践、国际合作研究、国际交流会议等，帮助学生积累跨文化合作和项目管理经验。

（五）跨学科教育和国际化导师团队

本科院校可以推动跨学科教育，让学生在不同学科领域中获得全面的知识和技能，培养他们的综合能力和全球视野。同时，建立国际化的导师团队，为学生提供跨文化背景下的指导和支持，帮助他们更好地发展全球胜任力。

本科院校在培养学生全球胜任力方面扮演着关键的角色。通过国际化课程设置、跨文化交流项目、外语教育、国际实践与研究项目以及跨学科教育等途径，本科院校可以帮助学生全面发展，成为具备全球胜任力的未来领导者和专业人才。这不仅有助于学生的个人成长和职业发展，也为社会和全球化背景下的企业和组织培养更多具有国际竞争力的人才。

第六章 本科院校国际化特色应用型人才培养的主导

在全球化背景下,本科院校的国际化教育已成为高等教育领域的关键议题之一。本章旨在探讨如何通过引进国外教师和培养国内教师的国际化能力,以及构建双师型师资队伍,来推动本科院校在应用型人才培养方面的国际化发展。本章的学术价值在于为本科院校的国际化教育提供了深刻的理论和实践探讨,有助于提高我国高等教育的国际竞争力。通过本章的研究,我们可以更好地理解国际化教育的重要性和实施方式,为本科院校的教育改革和发展提供有益的经验和见解。此外,本章的研究还可以为其他国家和地区的高等教育机构提供借鉴和启示,有望在国际教育研究领域具有一定的学术影响力,为全球教育合作和交流作出贡献。

第一节 国外教师国际化能力培养的经验借鉴

在全球化的浪潮下,教师作为知识的传播者和引导者,其国际化能力的培养显得尤为重要。在这方面,国外已经积累了一些经验,值得我们借鉴。

一、国外教师国际化能力培养方式的经验与启示

(一)不同国家国外教师国际化能力培养方式的经验

1. 美国：培养多元文化背景下的教师国际化能力

在全球化背景下，各国对教师的国际化能力培养采取不同策略。以美国为例，其教育系统重视在多元文化环境中培养教师的国际化能力。这种培养方式着眼于教师跨文化交流技巧的提升，以及设计与实施多元文化教育计划的能力。在这个过程中，教师被要求深入理解不同文化背景学生的需求，并掌握使用外语进行有效交流的技能。为了进一步促进这一目标，美国政府与教育机构设立了众多国际教育项目和基金，旨在激励教师参与国际教育活动，以此拓展其国际视野和教育理念。

此外，针对教师国际化能力的培养，美国教育系统还注重于教师专业发展和终身学习的概念。教师被鼓励参与国际研讨会、研究交流项目，以及与国外教育机构的合作项目。这些活动不仅增强了教师在国际舞台上的竞争力，也为其提供了与不同文化背景教育者交流的平台。

在更广泛的层面上，美国的这种教师国际化能力培养方式反映了全球教育趋势的变化。随着国际交流的日益频繁，教育领域也越来越重视跨文化能力的培养。美国的做法为其他国家提供了一个可借鉴的模型，尤其是在多元文化环境下培养具有全球视野和国际教育能力的教师方面。

总之，美国的教师国际化能力培养不仅聚焦于提高教师的跨文化交流能力和多元文化教学设计能力，而且通过建立国际教育项目和基金，促进教师参与国际教育活动，从而拓宽其国际视野和专业素养。这种综合性的培养方式对于其他国家在全球化教育背景下提升教师国际化能力具有重要的参考价值。

2. 英国：注重国际视野与本土文化的结合

英国在培养教师的国际化能力方面，特别强调国际视野与本土文化的结合。英国的教育系统秉承着一种开放和包容的教育理念，鼓励教师在理解和尊重本土文化的基础上，积极吸收和融合国际教育的先进理念和方法。这种方式不仅让教师能够更好地理解来自不同文化背景的学生，还有助于提升他们的全球视野和国际教育能力。

英国的教师培训项目往往包含有关国际教育理念的课程，如全球公民教育、国际文化交流等。这些课程的目的在于培养教师能够在全球化背景下进行有效的教学和沟通。同时，英国还积极促进教师参与国际交流项目，如教师交换项目、国际研讨会等。通过这些项目，教师不仅能够拓宽自己的国际视野，还能够与国际上的同行进行深入的交流和学习。

此外，英国的教育机构还重视教师对本土文化的理解和传承。他们认为，教师在具备国际视野的同时，也应深刻理解本国的文化特色和教育传统，这样才能在全球化的大背景下，有效地结合国际先进理念和本土实际情况，发展出适合本国学生的教育模式。

通过这样的培养方式，英国的教师不仅能够在国际化的环境中游刃有余，还能够在全球教育交流和合作中，有效地代表和传播英国的教育理念和文化。这种教师国际化能力的培养方式，既强调了国际视野的拓展，也重视了对本土文化的尊重和传承，体现了一种平衡和和谐的国际教育理念。

3. 日本：以"引进来"和"走出去"策略培养教师的国际化能力

日本作为一个经济发达国家，在教师国际化能力的培养上采取了独特的策略，即"引进来"和"走出去"的双向策略。这种做法体现了日本教育系统对于国际化教育的高度重视，以及对教师作为教育国际化推动者的认可。

首先，我们来分析"引进来"的策略。这一策略强调将国际元素融入本国教育体系中。具体到教师培养上，日本重视让教师了解不同文化背景下的学生需求。这包括对学生的多样性、文化差异以及学习风格的深入理解，以便更有效地进行教学活动。此外，提升教师的外语交流能力也是"引进来"策略的一个重要组成部分。通过掌握一门或多门外语，教师能够更好地与来自不同文化背景的学生交流，并且能够接触和吸收国际上的教育资源。

再来看"走出去"的策略，它强调日本教师主动走向国际，参与国际教育活动。这不仅包括掌握国际教育理念和方法，还包括具备设计和实施国际教育计划的能力。在这个过程中，教师能够通过实际参与国际合作项目、访问或短期工作于国外教育机构等方式，直接体验和学习国际先进的教育理念和方法，进而将这些理念和方法带回国内，丰富和提升本国的教育体系。

日本政府在推动教师国际化方面也起到了重要作用。通过设立国际教育项目和基金，日本政府鼓励并支持教师参与国际交流与合作。这样的政策不仅为教师提供了更多的学习和发展机会，也有助于构建一个更加开放和国际化的教育环境。

总的来说，日本在教师国际化能力培养上的做法，体现了对教育国际化的全方位投入和深思熟虑的策略布局。通过这种"引进来"与"走出去"的双向策略，日本不仅提升了本国教师的国际视野和能力，也促进了其教育体系的全球化进程。这给其他国家在推进教育国际化方面提供了宝贵的经验和参考。

4. 德国：以实践与理论结合的方式培养教师的国际化能力

德国在国外教师国际化能力培养方面有其独特的做法和经验。德国教育体系以其严谨和高效著称，其对教师国际化能力的培养同样体现了这些特点。

首先，德国高度重视教师的专业发展和持续教育。在国际化能力培养方面，德国教师不仅需要具备扎实的学科知识，还需要不断更新自己的教育理念和教学方法，以适应全球化的教育趋势。这包括参与国际研讨会、研究项目和教育交流活动，以及与国际教育机构的合作。

其次，德国的教师培养体系也强调多语种能力的培养。德国不仅鼓励教师掌握英语，还鼓励学习其他欧洲语言或世界语言，以便更好地参与国际交流和合作。此外，德国教师在进行国际交流时，通常被要求了解不同国家和地区的教育体系和文化背景，以促进跨文化理解和交流。

除此之外，德国政府和教育机构在推动教师国际化方面也做出了许

第六章 本科院校国际化特色应用型人才培养的主导

多努力。例如,德国教育交流服务(DAAD)和其他机构提供了多种资助项目,支持教师参加国际会议、短期访学或合作研究项目。这些项目不仅为德国教师提供了国际视野和实践机会,也有助于他们在全球教育领域建立联系和合作。

总体来说,德国在教师国际化能力的培养上注重实践与理论的结合,鼓励教师在全球教育领域积极参与和交流。通过这些措施,德国不仅提高了自身教师队伍的国际化水平,也为全球教育合作作出了重要贡献。这些经验对于其他国家在推进教育国际化方面同样具有参考价值。

(二)启示:构建具有中国特色的教师国际化能力培养体系

从上述几个国家的教师国际化能力培养经验可以看出,其共同点在于注重培养教师的全球视野、跨文化交流能力、国际竞争力和多元化的教育能力。这对我国教师国际化能力培养具有重要的启示意义。在探讨构建具有中国特色的教师国际化能力培养体系时,我们可以从全球化的大背景出发,深入分析每一个关键点的内涵和实践路径。

(1)加强外语能力的培养。外语能力不仅仅是语言交流的工具,更是一座文化和思想的桥梁。在全球化语境下,教师的外语能力不只限于英语,还应包括其他主要国际语言,如法语、西班牙语等。此外,跨文化交流能力的培养需要结合具体的文化背景知识,包括不同国家的历史、文化习俗和教育观念。这种能力的培养不仅可以通过课堂教学实现,还应通过国际交流项目、海外研修等方式加以强化。

(2)拓宽教师的国际视野。为了培养具有国际视野的教师,我们需要设计全面的课程和活动,这些课程和活动不仅关注国际教育动态,还包括全球政治、经济、社会和科技发展趋势。除了理论学习,还应鼓励教师参与国际合作项目,如教师交流计划、国际课题研究等,以增强他们的实际操作能力和全球视野。

(3)构建多元化的教师培训模式。传统的教师培训模式往往侧重于知识传授,但在当今多元化和复杂化的教育环境中,教师培训需要更加注重实践和创新。这种多元化的培训模式可以包括面向国际化的课程设计、案例研究、模拟教学、同行评议等多种形式。同时,借助现代信息技术,如在线课程、虚拟现实教学等,可以进一步提高培训的效果和覆盖范围。

（4）加强实践环节。实践是检验和提升教师国际化能力的重要环节。通过参与国际学术会议、合作研究、海外教学等活动，教师不仅能提高自己的专业知识和教学技能，还能增进对不同教育体系和文化背景的理解和尊重。此外，实践环节还应包括对学生的国际化教育，如国际学生交流项目、双语教学等，以提高学生的国际理解能力。

（5）建立健全的评价机制。一个有效的评价机制应包括对教师国际化能力的定期评估、对培训效果的持续跟踪和反馈，以及对教育体系整体国际化水平的评价。这种评价机制应以提高教育质量为核心，注重量化指标与定性分析的结合，确保评价结果的客观性和有效性。

除此之外，教师的科研能力也是教师国际化的关键组成部分。教师应积极参与国际科研合作，通过发表国际学术论文、参与国际科研项目等方式，提升自己的科研水平和国际影响力。

总之，构建具有中国特色的教师国际化能力培养体系是一个复杂且长期的过程，它需要政府、学校和教师个人的共同努力。只有通过持续的投入和创新，才能培养出能够适应全球化挑战的高素质教师队伍。

二、美、英、澳、日、德高校教师国际化教学能力培养模式借鉴

（一）职前培养模式

这种培养模式的核心目标是协助新教师熟悉学生的需求，了解学校的政策、程序以及课程安排，以确保他们能够顺利地融入工作岗位。不同国家的大学在培养年轻教师方面采取了各自独特的方式和方法。

（1）美国的职前培养模式。①理论与实践相结合：美国的教师职前培养强调教育理论与实际教学实践相结合。通常，未来的教师需要在大学期间完成教育学的学位，并在此期间参与教学实习，以便将理论知识应用于实际教学中。②跨文化教育重点：美国高校在教师职前培训中特别注重跨文化教育。这包括了解不同文化背景下的学习方式和需要，以及如何在多元文化的教室环境中有效教学。③技术在教育中的应用：美国的教师教育还包括了解和使用各种教育技术，以适应现代教学环境的需求。④教学实习与导师制度：美国高校通常通过教学实习和导师制度帮助新教师熟悉教育环境。实习期间，新教师在有经验的教师指导

第六章　本科院校国际化特色应用型人才培养的主导

下进行教学,了解学生需求和学校文化。⑤专业发展研讨会:许多学校提供专业发展研讨会,专注于课程设计、学生评估和教学策略等,帮助新教师适应教学工作。

（2）英国的职前培养模式。①专业化的教师训练:英国的教师职前培训注重专业化训练,包括教学方法、课堂管理和学生评估等方面。②国际视野和交流:英国高校鼓励教师学生参与国际交流项目,如短期的教学助理项目或国际合作项目,以增强其国际视野和教学能力。③持续的专业发展:英国还强调教师的持续专业发展,鼓励职前教师参与各种研讨会和培训课程。④教师资格认证:英国的新教师需要完成教师资格认证,包括理论学习和实习。这一过程帮助他们了解英国教育体系和学校政策。⑤初任教师培训:英国为初任教师提供专门的培训课程,包括课堂管理和与学生沟通等,以帮助他们更好地融入职场。

（3）澳大利亚的职前培养模式。①多元文化教学能力的培养:由于澳大利亚是一个多元文化国家,其教师教育特别强调在多元文化环境中教学的能力。②实践经验的重视:澳大利亚的教师职前培养强调实践经验,通常要求未来的教师完成一定时长的教学实习。③国际化课程内容:澳大利亚教师教育的课程内容中包含了国际化教育元素,如全球教育议题和国际课程标准。④综合性教师教育:澳大利亚的教师教育不仅包括学术学习,还包括实习和工作坊,帮助新教师了解当地教育环境和学生需求。⑤文化多样性培训:考虑到澳大利亚的文化多样性,教师职前培养还包括如何在多元文化背景下教学的培训。

（4）日本的职前培养模式。①系统化的教育体系:日本的教师教育体系非常系统,强调基础教育学和教育心理学的学习。②文化和国际理解:日本教师教育中也包含了对本国文化的深入理解和对国际教育趋势的关注。③教育实习的重要性:日本的教师职前培养强调教育实习,未来的教师需要在学校环境中实践教学,以培养实际的教学技能。④系统化的教育体系:日本的新教师通过系统化的教育体系学习教育理论和教学方法,以适应日本特有的教育环境。⑤教育实习:教育实习在日本教师职前培养中非常重要,新教师在实习期间可以实践教学并了解学校的具体运作。

（5）德国的职前培养模式。①严格的专业训练:德国的教师教育强调严格的专业训练和学术研究,确保教师具备深厚的学科知识和教学技能。②实践与理论的融合:德国的教师职前培养注重理论与实践的结合,通过在学校的教学实习,让未来的教师在实际教学中应用其学术知识。③国际交流与合作:德国高校也鼓励未来教师参与国际交流项目,提升其对不同教育系统和文化的理解。④重视理论与实践相结合:德国的教师教育强调理论知识和实践技能的结合,确保新教师具备所需的专业知识和教学技巧。⑤参与学校活动:新教师在实习期间会参与学校的日常活动,包括课程安排、学校政策等,以更好地融入学校环境。

这些国家的职前培养模式不仅体现了各自国家的教育传统和文化背景,也展示了面向未来的国际化教育理念。这些经验和实践为全球高校教师国际化教学能力的提升提供了宝贵的借鉴。

(二)导师制培养模式

导师制模式在提升美国、英国、澳大利亚、日本和德国高校教师的国际化教学能力方面具有重要意义。这一模式起源于14世纪的英国高等教育,但直到20世纪60年代在美国才得到复兴,并在20世纪80年代迅速发展。当今,它已成为西方国家中加强师资队伍建设的关键策略之一。

导师制通常涉及挑选具有高学术成就、强烈事业心、丰富教学经验的资深大学教师来指导新入职的初级教师。这些导师不仅根据严格的标准被选中,还帮助新教师快速提高教学技巧和能力,确保他们能够自信地适应教学工作。该体系不仅充分利用了中老年教师的专长,还为缺乏经验的年轻教师提供了解决实际教学问题的支持,促进了和谐的学术社区环境的形成。

在美国,导师制以自愿原则和灵活性为特点。导师可以来自本校、其他学校,甚至是高校之外。例如,美国大学协会的"博士生到学院开展教学观察与交流活动"项目,就是基于导师制的典型例子。美国大学的终身教授制度对导师制的实施大有裨益,对助理教授和副教授构成巨大激励,促使这些教师主动寻求指导者或合作伙伴。

相比之下,在英国,此模式更为结构化,学校会为新教师指派经验丰富的老教师作为导师,进行日常监督和辅导。这种方式强调对初级教师教学能力的全面指导和支持,确保他们得到全面而有力的职业生涯起步。

澳大利亚、日本和德国的高校教师导师制培养模式同样具有各自的

第六章　本科院校国际化特色应用型人才培养的主导

特点,为国际化教学能力的提升提供了有益的参考。

在澳大利亚,高校通常实施一种更为系统化和集成的导师制模式。这种模式重视导师与初级教师之间的合作关系,强调导师在教学技能、研究方向和职业发展规划等方面对新教师的指导。澳大利亚的导师制往往更加注重个性化的职业发展计划,旨在为年轻教师提供定制化的支持和资源,帮助他们更好地适应学术环境和提升教学能力。

日本的高校导师制则侧重于文化传承和专业技能的传授。在这种模式中,资深教师不仅传授学术知识,还教授年轻教师如何在日本特有的学术和教育环境中生存和发展。此外,日本高校强调导师与学生之间的长期关系建立,认为这是提高教学质量和研究成果的关键。

德国的高校导师制则更加注重研究指导和学术严谨性。在德国,高校教师的导师制模式通常与学术研究紧密结合,导师不仅在教学方面提供指导,还在科研项目设计、论文发表等方面给予深入的建议和支持。德国的导师制强调理论与实践的结合,旨在培养能够独立进行科学研究和高质量教学的学术人才。

综上所述,这些国家的导师制模式体现了对持续专业发展、合作以及培养支持性学术环境的承诺。其实施方式各异,从美国的灵活自主方式到英国的结构化和监督方式,再到澳大利亚、日本和德国的导师制培养模式各具特色,体现了不同国家教育文化和学术传统的多样性。这些模式都在提升教师的国际化教学能力方面发挥着重要作用,为全球高等教育的发展提供了丰富的经验和启示。

（三）校本培训模式

"校本培训模式"在美国、英国、澳大利亚、日本和德国的高校中呈现出各自独特的特点和实践方式,强调在教育教学实践中解决问题、提升教师专业素质。

在美国,许多高校通过建立教师培训中心来支持教师的专业发展。例如,德克萨斯州的大学通常设有教学技能培训中心,专注于指导和训练新教师掌握教育技术。这些培训中心通过提供定期的午餐会议、专题研讨会等活动,帮助新教师适应学校的工作和生活环境。伊利诺伊大学的教学开发部则通过以教学问题为中心的专题研究会,针对不同院系的新教师提供专业培训。

英国高校也建立了校本大学发展中心,如牛津大学的学习进修研究中心,它为教师和员工提供各种教学研究方面的培训,涵盖课程、讨论和讲座等多种形式。英国伯明翰大学的校园网站上的新教师岗前培养页面,提供了丰富的资料和详细的培训安排。

在澳大利亚,高校的校本培训模式显示出对个性化和整合性的强烈重视。这一模式通过提供量身定制的职业发展计划和资源,支持年轻教师的成长。在澳大利亚的高校中,校本培训通常围绕教师的个人需求和职业目标设计,确保培训内容与教师的专业发展路径紧密相关。这种方法不仅注重教师的专业技能提升,也关注其心理和情感需求,以促进教师的全面发展。此外,澳大利亚高校的校本培训强调在实际教育教学实践中解决问题,鼓励教师进行自我反思和探究,以提升其解决复杂教学挑战的能力。

日本高校的校本培训模式则更侧重于文化传承和专业技能的传授。在日本,许多高校通过建立长期的师徒关系来培养教师,这种关系不仅包括学术知识和技能的传递,还涵盖了对日本教育文化和学术传统的理解。这种培训方式强调师生间的互动和沟通,以及对学术环境的深入理解,从而帮助新教师在日本独特的学术环境中适应和发展。日本高校的校本培训还注重培养教师的创新能力和批判性思维,以适应快速变化的教育需求。

德国高校的校本培训模式则特别强调科研指导和学术严谨性。德国高校通过将理论知识与实际应用相结合的方式,培养能够独立开展科学研究和高质量教学的学术人才。这种培训通常包括高级研究技巧的教授、科研项目管理,以及如何有效地将研究成果转化为教学内容。此外,德国的校本培训还注重提高教师的学术写作和发表能力,以及在国际学术界的参与和影响力。

总体来看,这些国家的校本培训模式各有特色,体现了不同教育文化和学术传统对教师专业发展的影响。这些模式都旨在通过解决实际教学问题、提升教师专业素质和研究能力,促进教师的长期职业发展和国际化教学能力的提升。

(四)在职进修与继续教育模式

在职进修与继续教育模式在美国、英国、澳大利亚、日本、德国等国

第六章 本科院校国际化特色应用型人才培养的主导

家的高校中发挥着至关重要的作用,以适应科技的迅猛发展和知识更新的快节奏,响应终身教育的理念。

美国高校在在职进修与继续教育方面展现出显著的重视和多样化的实施方式。这些高校普遍采用包括网络课程、研讨会、工作坊和学术会议等多种形式进行教师培训,以适应教师的不同需求和时间安排。例如,网络课程提供了灵活性,使教师可以根据自己的时间安排来学习,而工作坊和研讨会则提供了面对面交流和及时反馈的机会。许多美国大学设立了专门的教师发展中心,如哈佛大学的 Derek Bok Center for Teaching and Learning,提供教学技巧、教育技术和课堂管理等方面的培训。这些中心不仅提供传统的教学方法培训,还涵盖了最新的教育技术和创新教学策略。此外,还有专门针对年轻教师和新晋教授的培训项目,旨在帮助他们适应学术生涯的早期阶段。

英国高校的在职进修与继续教育模式有着悠久的历史,其政策和实践均强调为在职教师提供持续的学习和发展机会。早在1944年,《教师和青年工作者》报告就呼吁为在职教师提供培训机会,到了1972年的《詹姆斯报告》中,进一步建议每七年至少有一学期的带薪培训假期,后来提升至每五年一学期。英国高校通常设有专业指导教师,负责规划和实施在职培训,支持新教师的专业发展,同时还要求新教师在三年试用期内参加相关的教师培训课程。

澳大利亚高校的在职进修与继续教育模式不仅包括传统的学术会议和研讨会,还强调实用性培训,如新知识和新仪器设备的使用、高质量基金申请书的撰写指导,以及将研究成果与工业化相联系的培训。这种多元化的培训方式旨在提升教师的科研能力和实践技能,以应对日益复杂的教学和研究需求。

日本的在职进修和继续教育模式则将重点放在文化传承和教学技能提升上。这种模式强调了师徒制在教师发展中的重要性。在日本,许多大学和研究机构采用了这种方式,资深教授通过直接的指导和反馈,帮助年轻教师发展其教学和研究技能。例如,东京大学等一些顶尖大学会定期举办教师培训研讨会,讨论教学方法、课程设计和学生评估等主题。

德国高校的在职进修和继续教育模式则专注于提升科研和学术严谨性。德国的许多大学,如慕尼黑工业大学和柏林洪堡大学,为其教师提供关于研究方法、学术写作和数据分析的高级培训课程。这些课程旨在提高教师的研究技能和科研成果发表能力。除此之外,德国大学还强调跨学科合作和团队管理技能的培训,以应对当前科研工作中日益增长的合作需求。

这些国家的高校在在职进修与继续教育模式中所展示的多样性和专注点,不仅反映了各自的教育文化和优先事项,还提供了对全球其他教育机构在教师专业发展方面的有益参考。通过这些培训模式,教师能够不断更新其教学方法和科研技能,以适应快速变化的教育环境。

第二节　我国本科院校教师的专业发展

一、地方本科院校教师专业发展情况

在中国教育体系中,一部分地方性本科院校的演变与发展具有特定的历史轨迹。这些机构原本作为专科学院存在,随后经过师资队伍的扩充和教学设施的提升,转型为应用技术型的本科教育机构。这一转变过程中,虽然学校的硬件条件得到了改善,但在本科教育的深度和广度上仍然面临挑战,尤其是在师资力量方面。

多数此类院校的本科办学历史不超过 20 年,这在一定程度上限制了它们在教学和研究方面的积淀。面对近年来本科教育的大规模扩招,这些学院积极招募年轻的博士和硕士毕业生加入教师团队。然而,这些新加入的年轻教师往往缺乏系统的教学培训和经验,这在一定程度上影响了他们的教学效能。此外,由于教学任务繁重,这些年轻教师面临着巨大的工作压力,这可能进一步影响他们教学能力的发挥和专业成长。因此,这些地方性本科院校在提升教育质量和建立健全师资队伍方面面临诸多挑战。

（一）研究方法

本研究旨在深入探讨中国湖南省及部分江西省地方本科院校青年教师的专业发展状况。研究方法采用自行设计的问卷调查法,目标群体为年龄不超过 40 岁的青年教师。涉及的院校包括湖南人文科技学院、

第六章 本科院校国际化特色应用型人才培养的主导

湖南科技学院、邵阳学院等，共计 18 所高校。问卷调查覆盖了 450 名教师，其中收回有效问卷 375 份。此外，本研究还通过与四所高校的人事处及青年教师的直接交流，获取了关于这些教师专业成长与发展的更深层次信息。此方法旨在全面评估地方本科院校青年教师的专业能力、教学质量及发展需求，为后续的教育改革和师资培训提供科学依据。

（二）地方本科院校青年教师专业发展的情况

1. 调研部分教师的基本情况

（1）职称情况。调研数据显示，12% 的教师拥有初级职称，68% 拥有中级职称，17.9% 为副高级职称，而正高级职称仅占 2.1%。这反映了地方本科院校青年教师中高级职称的比例较低，尤其是 40 岁以下教师中能评上正高职称的极少，这从一个侧面表明这一群体在专业能力发展上存在一定难度，难以培育出青年学术领袖。

（2）学历情况。在这些青年教师中，仅有 2.4% 的教师拥有本科学历，74.9% 持有硕士学位，而博士学位持有者占比为 22.7%。这表明地方本科院校在招聘青年教师时普遍要求硕士及以上学历，但高学历教师比例仍显不足。

（3）每周承担的教学课时。关于每周承担的教学课时，调研发现 19% 的教师每周授课不超过 10 节，26.9% 的教师每周授课在 11 至 15 节之间，50% 的教师每周授课在 16 至 20 节，而超过 20 节课的占 4.1%。这些数据说明地方本科院校青年教师承担的教学任务较重，远高于一些顶尖高校的教师。

2. 调研的地方本科院校和个人教学与科研的情况

（1）教学与科研的重视程度。调研数据表明，44.5% 的院校平衡重视教学和科研，33.3% 的院校更加偏重教学，而 22.2% 的院校倾向于更重视科研。所有参与调研的学校都在一定程度上关注科研和教学，没有完全忽视任一方面的情况。这一结果反映出地方本科院校在教学方面的重视程度普遍高于科研，与其定位相符，同时也显示出相比过去，对科研的重视程度有所提升。

（2）科研面临的主要问题。在青年教师群体中，44%认为教学任务繁重是科研中遇到的最大问题，24%指出科研设备的缺乏是主要障碍，22.1%认为缺乏研究思路，而11.9%则认为缺少科研启动资金是一个问题。这些发现表明，地方本科院校的教师在科研活动中普遍面临较重的教学压力，这一现象在985等顶尖高校中较为少见。

（3）教学支持需求。调研结果显示，68%的青年教师希望在遇到教学难题时得到本校资深教师的帮助，30%期待获得学校领导层的支持，28%希望校外专家学者的协助，而12%倾向于同本校年轻教师互相支持。这表明在青年教师群体中，经验丰富的老教师在指导和支持上扮演着关键角色，建议学校应采取措施，如实施老教师与青年教师一对一指导计划，以促进青年教师在教学和科研方面的发展。

（4）专业发展和科研动力。关于个人专业发展和科研的主要驱动力，50%的青年教师认为是为了提升自身的竞争力，68%是出于职称晋升的需求，26%因为本学科领域的发展需要，而22%是为了提高教学质量。调研揭示了职称评审对青年教师而言是极大的压力和动力源泉。在地方本科院校，青年教师中真正热爱科研并投入研究的比例相较于一流高校显著较低，且一旦晋升为教授后，他们进行科研的积极性通常有所下降。这种现象对地方本科院校的长远发展产生不利影响。

（5）在教学领域面临的主要难题方面。据统计，有36.5%的新晋教师提到课程负担沉重，36.8%的教师认为教学手法单一化。另外，21.1%的教师反映在与学生互动方面遇到挑战，而只有大约5.6%的教师认为在教学过程中未遇到明显困难。这些数据揭示，尤其是对于初入职场的教师，面临着沉重教学任务，常常需要同时教授2门或更多的专业课程，这使他们在教学与科研间难以取得平衡。

（6）在自我评估教育教学中的不足方面。36.2%的年轻教师感到他们的实践技能有待加强，25.1%的教师认为自己的专业知识尚需充实。此外，21.9%的教师觉得自己的教学技巧需要更新，16.0%的教师认为学历层次限制了他们的教学发展，仅有0.8%的教师自认在教育教学方面没有显著不足。这些观点突出了教师在提升实际操作能力、深化专业知识及更新教学技巧方面的迫切需求，并指出了学历水平对于教学品质可能产生的影响。

3. 调研的地方本科院校的政策和条件对青年教师的影响

在对本科院校政策及环境对年轻教师产生的影响进行调查时,发现了多元化的看法。其中,48%的教师认为这些政策和条件对其工作有正面促进作用;相反,16%的教师持中立态度,认为这些因素对他们的工作没有显著影响或他们对此持无所谓的态度。然而,22%的教师体会到这些政策和条件可能导致工作压力,对他们的职业生涯产生负面影响;18%的教师更是认为这些政策限制了他们的自由度,阻碍了专业发展和形成个人特色。这一调查结果表明,当前的绩效评估体系存在不少不合理之处,对于激发多数年轻教师在专业发展方面的积极性效果不佳。

4. 青年教师培训

(1)在关于青年教师培训方面的调查中,可以看到教师们的偏好和培训参与的现状。首先,当询问年轻教师最希望参与的培训项目时,排在前列的依次是成为国外访问学者、进修学历学位,以及企业实习。此外,教学技术与方法、国内访问学者、校际交流、新教师岗前培训也被列入了他们的首选。这反映出,与科研紧密相关且持续时间较长的项目,如国外访问学者和学历学位进修,对青年教师的吸引力较大,这类项目对提升其科研水平也最为有效。

(2)其次,影响教师参加培训的主要因素包括学校缺乏相应激励政策或培训经费不足(39.5%)、时间安排不便(30.6%)、培训内容与实际需求不符(20.5%)和其他原因(9.4%)。这表明,教师参与培训的决定受到多种因素的影响,其中资源和时间的限制是主要障碍。

(3)关于教师专业发展培训的参与情况,调研结果显示:参与比例最高的是校内培训如专家讲座和教研组研讨;其次是网络教育培训、进修访学或参加学术会议;再次是攻读博士学位;最后是实践培训或企业实习。这一结果揭示了教师专业发展培训的多样化方式,及其参与度的不同。

(4)在探讨教师培训中希望得到提升的领域时,调查数据显示,37.6%的年轻教师渴望增强自己的科研和教学研究能力。此外,26.4%的教师希望在教育理论和现代化教学方法上有所进步,20.5%的教师期待提升课程设计与开发的技能,而 15.5% 的教师关注于自身教学技巧的提高。这一趋势反映出,许多教师对于加强科研和教研能力有迫切需求,这与目前的职称评审标准密切相关,只有具备较强科研和教研能力的教师才能更容易获得科研项目和教学改革项目。

(5)关于教师培养的关键因素,调研表明,55.5% 的年轻教师认为这主要取决于教师本人的努力和素质,20.8% 的教师认为培训内容的质量至关重要,12.5% 的教师认为培训机制的设置至关重要,而 11.2% 的教师认为学校领导的支持和策略起着关键作用。这些数据表明,大多数教师相信个人的努力和态度是提升自身教育和教学能力的决定性因素。

5. 其他

(1)在探讨影响青年教师激励的关键因素时,调查结果揭示了不同的观点。大多数,即 60% 的年轻教师,认为自我价值的实现对他们具有显著的激励作用。此外,32% 的教师认为成就感是一个重要的激励因素,24% 的教师觉得表彰和奖励对他们具有积极影响,18% 的教师认为学生的爱戴和尊重是激励他们的重要因素,而 16% 的教师认为学术声誉也是一个关键的激励点。这些数据反映了青年教师追求自我价值实现的强烈愿望,这一点与当代主流价值观相吻合。通过这些,可以看出青年教师在职业生涯中追求个人成长和认可的趋势,这在一定程度上指导了教育管理者在制定激励政策时的侧重点。

(2)探讨青年教师职业压力的来源时,研究显示 92.0% 的教师主要压力源自职称和职位晋升的激烈竞争,特别是在地方本科院校。例如,副教授职位竞争激烈,常有十余位青年教师竞争一个名额。此外,70.8% 的教师认为教学负担过重是压力的一个重要来源,尤其是在本科院校,高教学任务限制了他们的学术活动。52.4% 的教师感到学校的考核标准过高,增加了职业发展难度,而 36.2% 的教师认为科研压力巨大,因为科研成果通常是评估教师专业能力的重要标准。家庭因素(16.2%)和人际关系处理(8%)也是压力来源,尽管比例较低。这表明青年教师面临的职业压力是多方面的,包括职称晋升、教学负担、科研压力等。这些问题不仅反映了教育体系内部的挑战,也涉及个人职业发展,需要从教育政策、学校管理和个人职业规划等多方面综合考虑解决。

第六章　本科院校国际化特色应用型人才培养的主导

（3）在审视教育领域专业成长的影响因素时，从不同角度对青年教师的观点进行调查。首先，大多数青年教师（70.0%）认为学校未能提供一个有利于教师专业成长的文化和物质环境，这指向了教育机构内部资源和文化氛围的重要性。其次，有超过半数的教师（58.0%）认为自身的知识和技能是制约因素，这反映了个人能力与教育质量之间的密切关系。另外，32.2%的教师感到缺乏培训和经费支持，这凸显了教育系统在持续专业发展方面的不足。再者，28%的教师认为其专业方向与个人兴趣不符，这暗示了个人职业选择与职业满意度之间的关联。此外，还有少数教师认为学校领导对教师专业发展的忽视、家庭因素及工作压力等也是影响教师专业发展的关键因素。这些多维度的观点共同构成了教师专业发展的复杂景观，需要综合考虑个人、组织和系统层面的因素。

（4）在深入分析地方本科院校青年教师的专业发展情况时，本研究关注了教师对于自身职业规划的态度及其提升专业能力的偏好。调查数据显示，58.3%的青年教师仅偶尔进行职业规划，而定期规划者仅占38.1%，这表明经常性的专业发展规划在教师群体中并不普遍。此外，约3.7%的教师表示从不进行此类规划。

（5）在探讨专业能力提升的方式时，超半数的青年教师（55.3%）倾向于通过学历提升来实现这一目标。这一趋势在一定程度上受到地方本科院校吸引新毕业博士或引进博士并提供高额安家费政策的影响，这激发了教师追求更高学位的动力。同时，16.6%的教师选择参加进修培训，15.9%选择企业挂职锻炼，而自主学习则被12.2%的教师选为提升专业能力的方式。本研究通过问卷调查及与青年教师和相关职能部门的深入交流，全面了解了地方本科院校青年教师在职称晋升、教学任务、科研压力、院校政策、专业培训以及主要压力来源等方面的情况。这些调研结果为未来提出针对青年教师专业发展的策略提供了实证基础。后续的研究将依据这些调查结果，制定具体的改进措施或解决方案，以促进青年教师的专业成长和职业发展。[①]

[①] 李公法,陶波,曾良才,等.地方本科院校双师型师资队伍建设研究[J].中国冶金教育,2023(01):27-28.

二、推动职业本科院校教师的综合发展：实施"三位一体"校本教研模式

中国的职业本科院校,作为国家教育体系的核心部分,正处于不断的教育革新中,并在这个过程中发挥着越来越关键的作用。根据《国家职业教育改革实施方案》,这些学院的教师被期望不仅仅专注于课堂教学,还应当在学生的企业实习和社会实践中起到指导作用。在这样的教育体系下,职业本科院校教师被期望兼具三重身份,即同时是教育者、技术专家和实习指导师。

但是,这些院校的教师在实际教学中遇到了一系列挑战。首先,教师数量不足,这限制了教育资源的有效使用。其次,教师来源的单一性可能会对教育的质量和多样性产生不利影响。再次,学校与企业之间缺乏有效的双向互动,这阻碍了教师和学生在理论与实践知识的转换上的能力。针对这些问题,提出了一种校本研修的概念,以促进教师团队向"三位一体"模式的发展。这种研修通过特别设计的培训和实践经验,旨在提高教师团队的专业素养,增强他们在教学、技能培养和实践指导方面的综合能力。通过这些措施,职业本科院校将能更好地适应教育改革的要求,为学生提供更全面、更实际的教育。

（一）当前职业本科教育中教师专业成长的挑战

在目前的职业本科教育体系中,教师的职业发展面临多重困难。一个主要问题是教师资源的短缺,特别是缺少既有专业知识又有实际操作经验的双师型教师。这种类型的教师对于满足技术和技能人才培养的需求至关重要,但现有的数量远远不能满足需求。随着职业教育规模的扩大和学生人数的增长,这一问题日益凸显。

教师专业技能的提升同样是一大挑战。由于企业在生产、服务、管理和技术方面不断创新,职业本科教师在跟上这些新技术方面显得滞后。他们在新技术的研究和开发方面表现不足,而且多数教师缺乏行业认可的专业技能。此外,教师在吸收和应用行业中新工艺、新材料和新标准方面也存在不足,导致教学内容无法与实际生产需求保持同步。尽管职业本科教育极度重视信息技术的运用,但很多教师在信息化教学技

能上不足,难以有效利用人工智能、虚拟现实等现代科技工具。

校本研修是解决这些问题的关键,这种研修通常针对教师实际遇到的问题,通过自我学习和研究来实现。但目前的校本研修体系较为分散,缺乏统一规划。在内容上,这些研修活动往往不能充分支持教师在成为技术大师和培训导师方面的素质提升。学校与企业之间的合作在教师研修中也缺乏足够的支持,而企业作为一个重要的研修参与方,其参与度往往不高。大多数情况下,教师只能在学校内部提高自己的专业技能,这导致了他们技能提升的局限性。因此,职业本科院校的教师需要一个更加全面和系统的研修计划,以及加强校企合作,以便更好地适应行业的需求和技术发展。

(二)"三位一体"指导下的职业本科院校内部研修及其影响

在当前职业教育领域,职业本科院校内部的研修在提高教师职业技能方面扮演着重要角色。这种创新的研修方法旨在解决学校面临的普遍问题,并促进教师与专家团队之间的合作研究。研修过程包括问题识别、假设构建、假设验证以及经验总结等步骤。由于教师素质对职业本科教育的质量产生直接影响,因此提高教师的职业化水平显得尤为重要。

"三位一体"教师成长模型是职业本科院校独创的一种创新模式,旨在通过内部教研活动提升教学水平和教师积极性。这种方法有助于优化教师团队的专业知识和技能结构,以更好地适应社会和经济的发展需求。

当前,职业本科院校面临着满足社会对中高级专业技术人员需求的挑战,职业教育与社会需求不完全吻合。因此,职业本科院校通过内部研修,特别是"三位一体"模式,提升教师的专业技能,以更好地适应社会和经济的发展要求。

"三位一体"模式下的内部研修具有明确的指导和目标性,能够进一步规范研修活动,充分发挥其重要作用。这种研修不仅助力于推动职业本科院校建立符合自身特点的办学模式,还能培养具有强竞争力的专业学科、教师队伍和教学特色,为职业本科院校的持续发展提供坚实支持。

综上所述,"三位一体"教师成长模型是一种重要的创新模式,有助于提升职业本科院校的教学水平和教师积极性,优化教师团队的专业知识和技能结构,更好地适应社会和经济的发展需求。

(三)职业本科院校"三位一体"模式下的教师校内研修策略

在实施职业本科院校"三位一体"模式下的教师校内研修战略时,要设定清晰的目标,以解决教师专业成长的具体问题。该战略将教师的专业教学、实践技能和社会培养紧密结合,为教师职业成长提供了有效的途径和平台,并充分挖掘教师的发展潜力。

1. 完善校本研修管理制度

为了确保校内研修活动的有效性和规范性,建议成立一个专门的校内研修机构。这个机构应当负责整个研修活动的组织和管理,以保障研修活动的有序进行。同时,应明确指定负责人和管理人员,并确保他们具备相应的管理能力和职责。此外,引入经验丰富的教师和行业专家参与研修活动的规划和实施,以确保研修活动能够高效地进行。

在"三位一体"型教师研修活动中,企业的作用不容忽视。因此,在制定研修管理制度时,应充分考虑到企业的特点和需求。职业本科院校应与企业携手合作,共同更新研修理念,并将企业的资源和优势整合到研修活动中。通过校企合作,可以共同制定研修目标和内容,为研修活动提供更加丰富的资源和更明确的指导。在此过程中,职业本科院校应规范研修活动的基本原则,提升管理制度的规范化水平,而企业则应提供必要的支持和保障,与院校共同推进具体的研修计划。这种合作将有助于实现研修目标,进一步促进职业本科院校教师的专业成长。

2. 针对职业特点设计体育课程

要提高职业本科院校教师的专业能力,必须全面分析职业本科教育的实际需求和教师的专业发展需求。在此基础上,通过设计针对性的校本研修方案和创建有效的研修通道,可以加强教师的专业技能,使其更好地适应"三师"角色。在建立研修通道时,应将校内培训与校外培训相结合,并注意技能训练与理论学习、专项培训与企业实践的结合。

为了灵活运用校内外双重途径,全面培养教师的专业能力,职业本科院校应与其他高校和企业加强合作,或通过购买社会培训服务的方式,为专业教师提供定制化的校外培训项目。在评估教师校内外研修成效时,可以考虑技能竞赛成绩和项目完成情况等作为重要指标。确保教师能够根据专业岗位要求和最新的技能竞赛标准,熟练掌握本专业的操作技能。

教师在提升专业技能过程中,应重视专业理论知识的深化。校本研修需要紧密结合理论和实践,确保教师能有效地将专业理论知识和专业实践相结合。同时,将企业实践作为研修的重要组成部分,增加进入企业实践的机会,使教师能够跟随企业师傅深入了解企业工艺流程,提升教师在教学和生产对接方面的能力。

3.融合多方力量的校本研修策略

在职业本科院校实施的校本研修计划中,教师、学校及企业三方共同参与至关重要。为确保研修成效,教师应积极投身于研修活动,而学校和企业则需提供适宜的支持和指导。教师专业技能的提升在很大程度上依赖于他们自身的学习意愿和参与度,这直接影响研修的成效。

针对新聘用的年轻教师和兼职教师,建议职业本科院校制定为期五年的特定研修计划。这些教师需要快速适应教学环境和角色转换。结合学校的教学指南和课程资源,以及企业提供的实际应用平台,进行全面的专业研修以促进其职业发展。研修过程中,应将任务细化。比如,对于年轻教师和兼职教师,首阶段应专注于校内教学基础技能的提升,如备课、授课方法、作业评估等;随后阶段,则需学校和企业在提供实习场地、技术培训和实际操作经验方面给予支持,以实现教师在教学、技术和研究等多方面的综合提升。

五年研修期后,教师应能够独立成长为合格的专业教师。校本研修内容应更加具体和全面,涵盖课堂教学、技能训练及项目研发等多元化内容。研修形式也应更加多样,如结合实战训练、比赛和构建数字化教学环境等。在"三位一体"模式的引导下,校本研修不仅集合了教师、学校和企业的力量,还增强了教师的责任感,从而加速了研修进程的有效推进。

4. 教师专业发展的多元化研修模式

在职业本科院校,校本研修计划对于提升教师的专业技能起着关键作用。研修计划应涵盖多个关键方面,包括青年教师专项培训、班主任能力提升、专业技能强化、后备管理人才培养、课堂教学标准化培训、信息化教学技能提高以及人文素质加强等。这些方面相互补充,共同为教师的全面发展奠定基础。

在教师职业教育管理能力的提升上,尤其是对后备管理人员的培养,目标是加强教师的管理技巧。这可以通过校长的治校理念分享、学员论坛、职业教育项目开发等多种活动实现。

研修应紧密结合教师的实际工作需求,并采取灵活的培训形式,如工作日的自学、周末集中培训或暑假的封闭式研修。后备管理干部培训,以"三位一体"为指导,旨在提升教师的实战能力和满足其发展需求,全面提升教师的综合素质。研修内容的选择、评估方式、实施步骤和考核标准都应围绕着教师的专业成长进行构建。

职业本科院校在设计校本研修课程时,应强调职业教育的特点。研修计划中应确保教师、校企合作和课程内容紧密关联职业教育的实际需求。在研修过程中,应以社会主义核心价值观指导教师建立职业文化自信,并深入理解国家现代职业教育的方针和政策,从而促进教师的职业成长。

职业本科院校的校本研修重点是指导教师掌握现代职业教育所需的管理技巧和技术。在当下多元化的教育环境中,教师的任务不仅限于人才培养,还涉及专业实践和社会培训等多方面。因此,校本研修方案和模块的设计必须确保满足教师的实际工作需求。

综上所述,职业本科院校的持续发展和特色化建设,依赖于教师专业能力的不断提升。学校应以"三位一体"为指导思想,创新并优化校本研修活动,通过不断提高教师的专业能力,使校本研修成为推动教师岗位上成长和学校内部发展的关键因素。此外,提高教师的专业能力也是推动新时代职业教育改革和发展的重要途径。[1]

---

[1] 杨文刚.引领职业本科院校教师专业发展"三位一体"的校本研修策略分析[J].大学,2023(28):107-110.

第三节　本科院校双师型师资队伍的建设

一、地方本科院校的双师型师资队伍建设

（一）双师型师资队伍建设面临的问题

1. 双师理念的偏差与挑战

在新工科的背景下，伴随着地方产业经济的发展，"产教融合、校企合作"的模式逐渐成为构建双师型教师队伍的关键趋势。然而，在一些地方本科院校中，对双师内涵的理解存在明显偏差。常见的误区是，仅将持有教师资格证书和职业技能证书的教师视为双师型教师，这种做法过于侧重于形式，忽略了教师的内在职业素养和实际操作能力。特别是，这种评估方式忽视了教师在企业中的任职经验和行业必备技能对于双素质的重要性。

这种对双师理念的误解导致在人才培养方面的不足，很多院校的双师型教师数量远低于教育部规定的最低比例，即双师型教师数量只占专业教师总数的大约三分之一，远未达到50%的标准。这种情况造成了师资队伍的不足，影响了地方本科院校满足地方产业发展需求的能力，同时也使校企合作和产教融合的实施效果大打折扣。

2. 双师型师资队伍构成的局限性

目前，双师型师资队伍的组成主要分为四类：全职的双师型教师、兼职双师型教师、校内的实习和实训指导教师，以及校外顶岗实习指导教师。然而，通过对地方本科院校的调研发现，兼职双师型教师的数量普遍偏少，主要师资力量还是依赖于全职双师型教师。尽管教育部

鼓励引入兼职双师型教师,但很多院校对他们存在偏见,质疑他们的专业授课能力,导致双师型师资队伍结构相对单一,缺乏足够的实践技能教学。

根据双师型教师的来源统计,大约70%的教师来自院校毕业生,13.95%来自科研机构的研究人员,8.4%来自企业的核心工程师或经验丰富的员工,其他来源于各类社会单位。这一数据反映出双师型师资队伍中缺乏拥有强大实践能力和丰富工程项目经验的教师。专业实践能力强的双师型教师偏少,导致师资队伍中的人员结构和能力配比失衡。这种失衡限制了人才培养模式的"双能"驱动力,难以培育出真正符合产教研深度融合要求的创新型高层次人才。

3. 改进双师教育体系的长期培养策略

中国共产党第十九次全国代表大会报告强调了教育改革中的关键任务之一,即优化双师教育模式。尽管此举旨在提升地方本科院校教师的综合能力,但在实际操作中却面临多方面的挑战。这些挑战包括校企合作项目的缓慢发展、不完善的双师型教师培训体系,以及一些院校过分依赖于专家讲座、研讨会以及课堂旁听等方式来进行教师职业培训。这类单一的培养方式不仅阻碍了教师在双师能力上的持续进步,也未能有效提高其综合素质。

面对这一问题,我们应当设计出多样化且灵活的培训计划,以应对专兼职教师在来源、专业技能及教学方法上的不同。专职双师型教师在获得教师资格的同时,也需具备双师资质,他们通常在理论教学方面较为擅长,而实践技能略显不足。相比之下,企业工程师和科研机构的研究人员等兼职双师型教师则在专业实践方面更为出色,但在教学技巧和课堂授课能力上可能存在不足。这种差异要求我们针对不同类型教师制定不同的职业培训计划。

总结来说,为了有效提升教师的"双能"素质,我们必须重视并改进现有的培训机制和体系。这包括充分认识到专职与兼职双师之间的本质差异,并解决目前培训周期短暂、培训内容缺乏针对性、偏重于理论教学等一系列问题。

第六章 本科院校国际化特色应用型人才培养的主导

（二）地方本科院校的双师型师资队伍建设的建议

1. 优化双师型教师人才选拔标准

在地方本科院校中，对于双师型教师的选拔不应单纯依据其是否持有相关证书，而应更加注重其实际的专业和教学能力。为了提升教师团队的整体素质，制定一套全面而合理的选拔标准是必要的。建议地方本科院校在招聘双师型教师时，组建一个由专家组成的评审团，对候选者的理论教学能力和实际工程技能进行综合评估。

此外，专职教师的选拔应该包括其在过去 5 年内至少有两年的企业工作经验，这不仅有助于教师理解并传授与其专业相关的行业技术动态，还能确保他们在实践中的教学能力。同时，候选教师应在近 5 年内主导或主要参与两个以上的横向项目，并确保其研究成果已经在企业中得到应用。通过这样全面的评估，可以构建一个多维度和多层次的人才选拔体系，从而提高双师型人才引进的标准和监管水平。

2. 拓展双师型教师团队结构：引入企业兼职教师

面对目前双师型教师数量有限、团队结构单一以及缺乏综合实践能力的问题，一种有效的解决策略是引进企业界的兼职双师型教师，以优化和多样化双师型教师队伍的组成。此举主要目的是改进现有的双师团队结构，并增强其实践教学的能力。

企业中的资深技术专家往往具备较高的专业理论知识和强大的技术实践能力，这些特点与双师型教师的要求高度契合。将这些企业专家纳入教师团队，可以显著强化教师队伍在专业实践教学领域的能力，同时为团队带来新的活力和视角。

从企业中引入资深工程师和培训人员，担任兼职双师角色，并明确他们的权利、义务、地位和责任，这一做法有助于构建一个强大且稳定的双师后备力量。这样的队伍结构不仅有利于维持双师团队的多元性，也能更好地满足教育与实践相结合的需求，从而提高整体的教育质量。

3. 发展定制化的双师型教师持续培训方案

在构建双师型教师的长期培训体系时,需重视专兼职教师的来源和职能差异,并依据校企合作的主要目标,打造一套针对性强的个性化培训方案,旨在提升教师的综合能力。对于已获得"双证"资格的专职双师,应鼓励他们与企业建立联系,参与企业的实习和挂职锻炼项目,以增强其实际操作技能。通过与企业的长期合作,承接各类科技项目,专职双师将能深入了解企业的发展趋势,并将工程实践经验与教学内容相融合,以此创新教学方法,并在科研项目中提升其专业技能。

对于兼职双师,培训计划中应包括定期的教学知识讲座、实施考核制度和组织教学能力竞赛等活动,旨在补足他们在教学经验和授课技巧方面的不足。为专兼职双师建立个性化的培训平台,并确保至少持续一年的培训活动,有助于推动双师型教师培训基地的发展。同时,建立专兼职双师的交流与合作平台,实现双方的有效互动和优势互补,进而持续提高他们的综合素质。

(三)地方本科院校双师型师资队伍建设的显著成果

为加强双师型师资队伍的建设,地方本科院校实施了多种措施,包括制定人才引进标准、引入兼职教师和开发个性化的培养方案。这些措施已经取得了明显的成效,显著提升了教学质量。具体成效表现在以下几个方面:

首先,双师型教师的比例得到了显著提升。以机械类专业为例,教师比例从之前的21%增长到了45%。通过与企业建立的长期合作关系,双师团队中的兼职教师占比达到了1/3。同时,专职双师在承担校企合作项目和横向科研项目方面取得了重要进展,促进了校企双方的共赢局面。

其次,针对专兼职教师设计的个性化职业培训方案也取得了良好效果。在这些教师的指导下,学生在"全国大学生机械创新设计大赛"等多个比赛中获得了优异成绩。

最后,学生的就业情况也有了显著的提升。引入了大量企业兼职教师后,学生不仅学到了专业理论知识,还获得了实用的专业实训和实践

第六章　本科院校国际化特色应用型人才培养的主导

技能指导。这种优势在企业招聘时非常明显,使得学生的就业率保持在95%以上,人均工资提高了30%,为当地企业培养输送了大量优秀人才。

二、构建应用型本科院校双师型教师队伍的路径

（一）构建应用型本科院校双师型教师队伍的发展路径

在推进双师型教师队伍建设的过程中,应用型本科院校面临着一系列挑战。虽然这些院校重视学生的技能培养并注重双师型教师的发展,但由于过去的人才培养模式更多侧重于理论而非技能,导致忽视了双师型教师的培养。

此外,应用型本科院校在构建双师型教师队伍时,还遇到了认证标准不一致、人才引进思路单一、考核体系不健全、激励机制不够完善和缺少实际应用实践的问题。这些因素不仅影响了双师型教师队伍的建设,也限制了院校在培养人才方面的发展。

为应对这些挑战,应用型本科院校需采取多种措施。首先,制定统一的认证标准,明确双师型教师的资格条件和认定流程。其次,改变人才引进的思维方式,重视引进具有丰富实践经验和专业技能的教师。再者,完善考核体系,建立科学的评价机制,全面评估双师型教师的教学能力和实践技能。同时,实施有效的激励政策,提高双师型教师的待遇和地位,吸引更多优秀人才加入。最后,加强与企业和行业的合作,为双师型教师提供更多实践机会,提升其实践能力和应用水平。

通过实施这些策略,应用型本科院校可以更有效地推动双师型教师队伍的建设,提升人才培养质量和办学水平,同时为企业和社会培养更多高素质的技能型人才,推动经济社会发展。

1. 认证标准不统一

在当前的学术界中,双师型教师的定义主要分为"双证型"和"双能型"两种。所谓"双证型",是指教师既具有高校讲师的资格,同时还持有如会计或心理咨询师等专业执业资格证书。而"双能型"指的是教师兼具理论教学和实践教学的能力。然而,由于教育部尚未推出统一的认证标准,不同高校在设定双师型教师的认证标准时存在差异,导致这类教师的质量和公认度参差不齐。

2. 引才思维固化

在双师型师资队伍建设中,引才的思维方式也需改革。许多应用型高校在人才引进时过度重视学历背景,而忽视了技能的考核。这导致引进的人才往往无法满足实际教学的需求,形成了一个不良循环。举例来说,很多刚毕业的博士或硕士,因长期接受学术型教育而缺乏实践经验,其教学方式往往局限于传统的理论讲授,难以满足应用型人才培养的实际需要。此外,某些课程的教师也存在专业经验不足的问题,如教授创业课程的教师缺乏创业经历,教授行政管理课程的老师缺乏实际的行政工作经验。

3. 考核体系缺失

在应用型本科院校中,双师型教师队伍的建设虽然是师资队伍建设的关键环节,但这一点并未得到足够的重视。在教师的评估和考核中,很少有针对双师型教师的具体要求,有时甚至完全忽略了这一方面的考核。多数院校倾向于重视教师资格的认证,而忽略了对教师实际应用能力的考核,导致双师型教师的教学潜力未能得到充分发挥。

4. 激励措施不足

在一些应用型本科院校,由于缺乏持续的激励措施,双师型教师的积极性受到了影响。他们参与培训和进一步深造的热情不高。尽管一些高校实施了双师型教师认证补贴制度,为认证成功的教师提供一次性补贴以提高积极性,但这种方法缺乏长期的激励效果。在很多情况下,双师型教师仅作为一种形式性的标签存在于各种评估和检查中,并未真正将其技能转化为实际应用型人才培养的动力。

第六章 本科院校国际化特色应用型人才培养的主导

5. 缺乏应用实践

双师型教师的培养本应着重于实践教学,但现实情况却是许多持有"双证"甚至"多证"的教师缺乏必要的实践技能。一些教师为了获取证书而参加考试,甚至有购买证书的情况出现。这导致他们难以有效地引导学生进行实践教学,无法同时担任"教师"与"师傅"的角色。

此外,即便是获得了双师型资格的教师,也有一部分人在了解学科最新知识和技能方面不够主动。他们与社会需求存在脱节,使得他们对学生的实践指导水平较低,不能满足社会对应用型人才的需求。这种情况造成了学校培养的人才与企业用人需求之间的"脱节",影响了人才培养的质量和效果。[①]

(二)构建师资建设路径:应用型本科院校实现双师型队伍

在应用型本科院校中,对双师型师资队伍的建设需要精准的路径构建,其中关键步骤如下:

1. 制定标准是基础

在建设应用型本科院校的师资队伍中,确立双师型教师的标准是核心任务。目前,教育部还未公布统一的双师型教师标准,因此,各应用型本科院校需依据自身特点,制定符合本校特色的标准,以在该领域获得优势。这些标准在师资建设中起到关键作用。一般而言,双师型教师应具备以下资格:持有高校教师资格证及中级以上教师职称。此外,他们还应满足以下至少一项条件:(1)持有相应专业的中级以上技术职称并有实际工作经验;(2)过去五年内至少有两年相关专业的企业一线工作经验,或参加教育部组织的专业技能培训并取得合格证书,能全面指导学生专业实践;(3)近五年主导至少两个应用技术研究或校内实践教学设施建设和技术提升项目,其成果已被企业或学校应用,且达到行业或学校先进水平。

---

① 郭秋兰,李洁.应用型本科院校转型发展中双师型师资队伍建设研究[J].科学大众·科学教育,2018(09):126.

2. 人才引育是关键,促进双师型师资建设

在双师型教师队伍建设中,引进和培育人才是核心环节。突破传统的评价体系,实施个性化的人才培养方案,是吸引和培养人才的关键。根据 2019 年 1 月国务院发布的《国家职业教育改革实施方案》,自 2019 年起,职业院校和应用型本科高校在招聘教师时,应优先考虑具备三年以上企业经验和高等职业教育以上学历的人员。对于拥有高级工以上资格的高技能人才,学历要求可以适当放宽。自 2020 年开始,基本不再招聘应届毕业生,以改变高校在人才选拔上过分重视学历、忽略实践经验的偏向。

应用型本科院校在人才引进方面需作出调整,围绕"应用型"教育核心,突破"唯学历"传统观念,拓宽教师引进渠道。重要的是建立一个面向高层次、高技能人才的考核和招聘制度,增强双师型教师的引进力度。面对编制等限制,高校应重视"专兼结合"策略,完善兼职教师的自主聘任制度。推动企业工程技术人员和高技能人才与职业院校教师之间的双向流动,邀请业界专家担任兼职教师,构建兼职教师资源库。这些措施旨在解决双师型教师短缺问题,满足教学实践需求,培养符合地方经济发展需求的应用型人才。

3. 聘期管理是必要手段,促进双师型师资建设

聘期管理在构建双师型教师队伍方面发挥着至关重要的作用,它可以激发教师的积极性,并将其转化为学校办学的动力。因此,建立和规范双师型教师的资格准入、任用管理及聘期管理制度显得尤为重要。通过设定严格的认证标准,可以在"入口"阶段保证双师型教师的素质,从而提高他们的综合能力。

实行双师型教师的聘期管理制度,旨在以实践教学为核心,探索建立高质量、结构化的双师型教学创新团队。学校应在聘期管理方面加大力度,促进教师之间的协作分工,实施模块化课程和项目式教学,以此提升双师型教师的教学水平。聘期管理应结合定性分析与量化考核,改进双师型教师队伍结构,优化教师结构比例。

在对双师型教师的评价中,需要关注他们在教学改革、课堂教学和

实践教学方面的表现,并鼓励他们密切关注社会需求,进行教学改革,确保所教授的知识能够在社会中得到应用。这有助于统一双师型教师的理论教学和实践教学,解决实际问题。同时,应鼓励教师利用社会资源,帮助学生实现高质量的就业和创业。

4. 激励机制是重要内容,促进双师型师资建设

在当代高等教育体系中,特别是应用型本科院校,双师型教师的角色和作用日益凸显。这类教师不仅拥有扎实的专业知识,还具备丰富的实践经验,是连接学术理论与实际应用的关键桥梁。他们在培养适应社会和产业需求的应用型人才中起着至关重要的作用。因此,探索和实施有效的激励机制,以提升这类教师的积极性和创造力,成为提高教育质量和促进人才培养的一个重要策略。

具体而言,激励机制的实施可以包括多个方面。首先,经济激励是一种直接有效的手段。学校可以为双师型教师提供额外的经济补助和奖励,这不仅是对他们努力的认可,也是鼓励他们不断提升自身专业水平和教学能力的重要动力。此外,引入国际视野,鼓励双师型教师学习国外先进教育经验,实施学术休假制度,以及提供机会参加企业实践和培训,都是激励他们专业发展的有效途径。进一步地,学校可以通过制定优惠的职称评审标准和教师培训计划,为双师型教师提供职业发展上的支持和鼓励。优先推荐并资助他们参加技能大赛、应用研究项目等,不仅有助于提高他们的专业技能,也有助于提升他们的学术地位和影响力。此外,学校还可以通过国际交流和研修项目,增强双师型教师的国际视野和专业素养。这些交流活动不仅有助于教师吸收国际先进的教育理念和技术,也有利于构建更广泛的专业网络,从而促进其专业成长。最后,将校企合作、技术服务、社会培训以及自办企业的收入,作为教师绩效工资的一部分,可以更加紧密地将教师的个人利益与学校的发展目标相结合。这种机制不仅激励教师积极参与实践教学和研究活动,也有助于促进学校整体教育质量和社会服务能力的提升。

5. 产教融合是实践路径,促进双师型师资建设

在当前高等教育体系中,尤其是应用型本科院校,产教融合成为推

动教育与产业深度融合的重要策略,而双师型教师的培养和建设是实现这一目标的关键。双师型教师,即既具备理论知识也具备实践能力的教师,是连接学术与产业界的重要桥梁,对于培养适应市场需求的应用型人才具有不可替代的作用。

实现产教融合,首先需要强化学校与企业间的合作。这种合作不仅限于简单的校企对接,而且需要形成一种深层次的、互惠互利的合作模式。这包括共同制定课程、共建实训基地、联合进行人才培养等。在这个过程中,双师型教师的角色显得尤为重要。他们不仅能够将最新的行业知识和技能引入课堂,还能通过自身的实践经验,指导学生解决实际问题,从而提高教育的应用性和实用性。

根据教育部的指导意见,应用型本科院校应鼓励教师积极参与企业实训,以增强其实践能力。例如,教师每年至少在企业或实训基地进行一个月的实际培训,可以有效提升他们的实际操作能力和对行业动态的敏感度。此外,通过参与企事业单位的挂职锻炼,教师不仅能够获得实际工作经验,还能建立起与企业的更紧密联系,这对于后续的校企合作和人才培养都有着重要意义。

同时,建立一年教育见习和三年企业实践制度对于新教师来说,是一条有效的职业发展路径。这种制度不仅有助于新教师快速融入教育行业,还能够确保他们具备必要的实践经验和技能,从而更好地满足双师型教师的培养需求。对于特色专业的双师型教师群体,开展订单班教学活动,实现校企合作的一站式对接服务,不仅有利于提升教育质量,也能更好地满足企业的实际需求。

在社会主义现代化建设的背景下,高等教育的核心在于培养能够适应社会和经济发展需要的高素质人才。双师型教师的培养和建设,不仅是应用型本科院校转型发展的关键,也是提高我国高等教育水平、培养符合新时代要求的高素质人才的重要途径。因此,应用型本科院校需要深入实施产教融合战略,积极探索和实践双师型教师的培养模式,不断优化师资队伍结构,以适应新时代教育发展的需求。

三、应用型本科院校在转型中要着力建设双师型师资队伍

应用型本科院校在转型发展中对双师型师资队伍的建设提出了新的要求。这些院校的主要任务是满足市场需求,为地方经济和社会发展

第六章　本科院校国际化特色应用型人才培养的主导

提供人才支持,同时致力于培养具有创新精神和应用能力的人才。因此,教师队伍的调整和转型成为实现这一使命的关键。在这个过程中,教师的评价和激励机制应更加关注其教学和实践能力,而相对减少对科研成果的考核。

(一)师资队伍现状分析

(1)年龄结构不合理。目前,许多应用型本科院校的教师队伍以中年教师为主,这可能会影响到学校长远发展和教育质量。为此,需要优化师资队伍的年龄结构,确保有足够的年轻教师加入,以便更好地适应教育和市场的变化需求。

(2)师资短缺问题。随着高等教育的普及,学生人数迅速增加,导致教师资源紧张。在硕士学历成为教师招聘的常规要求的背景下,吸引应用型人才变得更加困难。由此引发的师资不足和超负荷工作问题,限制了教学质量的提升。

(3)高层次人才匮乏。在应用型本科院校中,高层次人才往往担任管理职务而较少参与教学,这导致他们难以成为教学的核心力量。例如,新余学院建筑工程学院的师资队伍中,博士学历教师和参与国家基金项目的教师相对较少,这成为学校发展的一个制约因素。

(二)双师型师资队伍建设存在的问题

1. 职教师规模庞大且薪酬待遇较低

在探讨应用型本科高校双师型教师队伍建设的问题时,我们首先要关注的是兼职教师的数量及其薪酬待遇问题。众所周知,应用型本科院校在很大程度上依赖于地方政府的财政支持。教师的薪酬待遇与地方财政的盈亏状况紧密相关,但由于地方政府的财政保障能力有限,这种依赖关系常常导致持有高级职称和学位的教师流失,转投其他教育或研究机构。此外,这些高校普遍采用非全额财政拨款和自负盈亏的财务管理模式,从而进一步限制了其在师资队伍建设上的发展潜力。相较于其他同等级别的教育机构,这些应用型本科院校的教师薪酬普遍偏低,这无疑加剧了高层次人才的流失问题。

2. 管理制度不成熟且管理机制落后

另一个值得关注的问题是应用型本科高校的管理制度和机制。由于这类院校发展起步较晚,目前仍处于转型期,其管理制度和规章制度尚未完全成熟。在这种情况下,面对众多兼职教师的管理工作变得更为复杂。显然,这类院校不能简单地模仿研究型高校的教师管理模式,而需要根据自身特点和实际需求制定更加适合的、定制化的管理策略和机制。这一过程中存在的诸多问题,对于高校在师资队伍建设方面构成了重大挑战。

在此基础上,进一步的研究可以围绕如何优化兼职教师的薪酬结构、提高教师队伍的稳定性,以及如何制定更加科学合理的管理制度等方面进行。同时,还可以考虑引入国际教育经验,对比分析国内外应用型本科高校在师资队伍建设方面的差异和经验,为进一步改进和提升我国应用型本科高校的教师队伍建设提供理论支持和实践指导。

(三)重点关注双师型师资队伍建设和管理制度

1. 确立正确的双师型师资队伍建设理念

在应用型大学转型的背景下,建立一个既具备理论知识又拥有实践能力的教师队伍是至关重要的,这也就是所谓的双师型师资队伍。这一概念强调教师不仅要具备扎实的学科知识和教育理论,还要具备实践经验和能力,以更好地培养适应现实职场需求的学生。

(1)界定教师的专业知识和技术技能。要建立正确的双师型师资队伍,首先需要明确定义教师所需的专业知识和技术技能。这包括了解当前职业市场的需求,了解学科领域的最新发展,以及掌握教育教学方法和工具。不同学科和领域可能有不同的要求,因此需要为每个领域明确界定专业知识和技能标准。

(2)实施民主化、激励型的管理策略。传统的教育管理模式可能过于集中权力,限制了教师的创新和发展。在建立双师型师资队伍的过程

第六章 本科院校国际化特色应用型人才培养的主导

中,应采取民主化、激励型的管理策略,鼓励教师参与决策,并为他们提供发展和成长的机会。这可以包括提供专业发展课程、支持教育研究和创新项目等。

（3）设定双师型师资认定标准。为了确保教师具备双师型的能力,需要设定明确的认定标准。这些标准应基于专业知识、实践经验、教育教学技能等多个方面进行评估。教育机构可以借鉴国际经验,制定相应的认定标准,并确保这些标准与学校的使命和愿景保持一致。

（4）建立专家库进行师资资格认证。为了确保双师型师资队伍的质量,可以建立专家库来进行师资资格认证。这些专家可以根据认定标准对教师的资格进行评估,确保他们满足双师型教育的要求。认证的过程应该是透明和公平的,以维护教师的权益。

（5）实施周期性的绩效评估。一旦教师获得双师型师资认定,应该实施周期性的绩效评估来监测他们的专业发展和进步。这有助于保持教师的积极性,鼓励他们不断提高自己的教育教学水平和实践经验。

综上所述,建立正确的双师型师资队伍建设理念需要明确定义专业知识和技能、实施激励型管理、设定认定标准、建立专家库进行认证以及实施绩效评估。这些措施将有助于培养出更具竞争力和适应性的学生,满足现实职场的需求。

2. 转变双师型师资队伍的思想观念

要推动高校在转型过程中实现发展,需要进行思想观念的转变,以确保教师能够积极参与和支持转型。

（1）引导深刻理解转型的重要性和必要性。高等教育管理部门、外部专家和企业界专家可以共同参与专题报告和座谈会,向教师们传达有关转型的信息。这些专家可以分享成功的案例、最新的行业趋势以及国内外的最佳实践,以帮助教师深刻理解为什么转型对学校的发展至关重要。通过这种教育和信息传递,可以增强教师的转型意识。

（2）消除误解和担忧。在推动转型过程中,教师可能会担心一些负面影响,如学校声誉的下降或职业前景的不确定性。因此,需要积极消除这些误解和担忧,提供可靠的信息和证据,表明转型将为学校和教师带来更多的机会和好处。透明的沟通和信息分享是减少担忧的关键。

（3）构建多元化的双师型师资队伍。在转型中,应该鼓励和支持不同学科背景、教育经验和技能的教师参与双师型师资队伍的建设。这将有助于构建一个多元化和丰富的队伍,能够满足不同领域和层次的教育需求。同时,多元化的队伍也有助于创造更具创新性和灵活性的教育环境。

(4)应对挑战和需求。教师需要明白,转型过程中会面临各种挑战和需求。这可能包括不断更新的教育技术、不同学生群体的需求、新的教学方法等。因此,教师需要具备学习和适应的能力,以不断提高自己的教育水平,以满足学校和学生的需求。

总之,转变双师型师资队伍的思想观念需要通过教育和信息传递,消除误解和担忧,构建多元化队伍,以及培养教师适应转型的能力来实现。这将有助于学校更好地应对转型期的挑战和需求,促进其可持续发展。

第七章 本科院校国际化特色应用型人才培养的趋势

在当今全球化和技术革命的背景下,本科院校面临着诸多挑战和机遇。本章旨在探讨本科院校在国际化特色应用型人才培养方面的新趋势,包括内部治理的破局、教育供给质量的优化和人工智能教育的发展。本章的学术价值在于为高等教育领域提供了深入的理论和实践研究,有助于推动本科院校在应对时代变革中更具创新性和竞争力。通过本章的研究,我们可以更好地理解本科院校的未来发展方向,为教育政策制定者、学校领导和教育从业者提供有益的思考和指导。

第一节 本科院校内部治理的破局之路

就构建现代化的内部治理体系对于稳步发展本科教育的重要性,本节以职业本科院校为例进行详细分析。职业本科院校在国家职业教育改革中扮演着关键角色,但原有的内部治理体系需要改革和优化,以适应本科院校的发展需求。现代化的治理体系不仅是现代治理体系的一部分,还是国家和社会治理体系的延伸,应具备相应的特征和要求。在这个过程中,提高决策效率、透明度、责任追究力度,以及强调参与和共治原则都是关键要素。这一构建现代化治理体系的努力将有助于提高本科院校的教育质量,满足社会需求,培养高素质的技术技能人才,促进社会经济的发展。

一、本科院校内部治理体系现代化构建

（一）本科院校内部治理体系现代化构建逻辑

本科院校内部治理体系现代化有其必要性。党对本科院校全面领导十分重要，特别是在培养技术技能人才和服务于党的治国理政方面。只有通过坚持党的领导，本科院校才能在社会主义教育方向和立德树人任务方面保持稳定性。此外，治理体系的现代化对于提升教育质量和实现立德树人任务至关重要。

本科院校内部治理体系现代化在推进职业教育治理体系和治理能力现代化方面扮演着关键角色。党的十八届三中全会将推进国家治理体系和治理能力现代化视为全面深化改革的总目标，将国家治理体系和治理能力视为国家制度和制度执行能力的核心体现。2019年2月，《中国教育现代化2035》明确提出了推进教育治理体系和治理能力现代化的目标。此外，《国家职业教育改革实施方案》也明确指出，职业教育的现代化对于整体教育现代化至关重要，而"十四五"时期，中国已经全面启动了职业教育治理体系和治理能力现代化的建设。

本科院校内部治理体系现代化对促进职业本科教育的稳步发展也至关重要。这一观点得到了习近平总书记在2021年4月的重要指示的支持，其中强调了发展职业本科教育的必要性，并提出建设高水平职业院校和专业的目标。国家政策文件《关于推动现代职业教育高质量发展的意见》（以下简称《意见》）进一步规定，到2025年职业本科教育招生规模须达到高等职业教育的10%。此外，2022年5月1日修订的《中华人民共和国职业教育法》为职业本科教育提供了法律地位，强化了其重要性。本科院校作为职业本科教育的关键组成部分，其内部治理体系现代化的程度直接关联到教育质量和水平，因此在职业本科教育的推进中发挥着核心作用。

因此，本科院校内部治理体系现代化在稳步推进职业本科教育的过程中扮演着至关重要的角色。

第七章 本科院校国际化特色应用型人才培养的趋势

(二)本科院校内部治理体系现代化构建的要素

习近平总书记指出,国家的政治体制和治理结构应当根据国家的历史文化、社会性质和经济发展水平来选择。从这一理论出发,本科院校在研究和构建现代化内部治理体系时,需要以内部治理体系构建的要素为基础。在教育实践中,影响本科院校内部治理体系构建的因素有很多,但其中主要包括院校的类型属性、办学文化、培养模式、办学定位和办学体制等五个构建要素。

1. 类型属性是本科院校内部治理体系构建的基本指导原则

属性指的是事物的性质以及事物之间的关系,而不同类型的教育机构具有不同的属性和特征。职业教育是一种特殊类型的教育,它具有独特的类型属性和特点。根据《关于推动现代职业教育高质量发展的意见》,职业教育要坚持五个原则:坚持立德树人、德技并修,坚持产教融合、校企合作,坚持面向市场、促进就业,坚持面向实践、强化能力,坚持面向人人、因材施教。特别是产教融合和校企合作被明确视为职业教育最显著、最本质的类型属性。本科院校是职业教育体系的重要组成部分,因此在构建内部治理体系时,必须强调职业教育的类型属性和特色,尤其是产教融合和校企合作,这正是本科院校与普通本科院校和应用型本科院校的主要区别之一。这一强调将有助于确保本科院校的内部治理体系更好地适应职业教育的需求,推动职业教育的发展和提高本科院校的办学水平。

2. 办学文化是本科院校内部治理体系构建的价值依据

本科院校的办学文化包括本科院校的办学理念、教育思想以及在教育实践中体现出来的特有文化特征。这一文化主要包括制度文化、物质文化、思想文化和行为文化等要素。其中,制度文化被看作是本科院校办学文化的核心和基础,它包括制度的制定原则和价值观念,代表了制度体系的设计理念、观念和价值导向。实际上,现代治理体系和治理能力的提升与制度和制度执行能力的现代化密切相关。与此同时,物质文化、思想文化和行为文化为构建和完善治理体系提供了物质、思想和行为上的支持。因此,先进的办学文化,尤其是高度发展的制度文化,对于完善治理体系和提升治理能力具有至关重要的作用。在构建内部治理体系时,本科院校必须以办学文化为价值基础,特别关注制度文化的建设,不断完善制度体系,以确保本科院校能够适应时代的需要并不断提升其治理能力。

3. 培养模式是本科院校内部治理体系的指导原则

本科院校的人才培养模式是内部治理体系的关键指导原则。这种模式结合现代教育理论,针对培养目标和规格,制定教学内容和管理规定,实现全方位人才培养。它包括培养目标、规范及实现这些的方法,强调教育过程的灵活性和动态性。同时,职业教育的人才培养模式也反映了技术技能人才的培养目标和方法。因此,这一模式对于院校内部治理体系的基础和组织极为重要,指导本科院校培养高素质技术技能人才,确保教育质量和有效性。

4. 办学定位是本科院校内部治理体系构建的标准驱动

办学定位是本科院校内部治理体系构建的标准驱动。它涉及本科院校的类型和办学道路的选择,对于本科院校的长远发展和全局管理至关重要,是本科院校建设发展的核心。因此,本科院校在构建内部治理体系时,应以办学定位为标准,推动治理体系的现代化。

5. 办学体制是本科院校内部治理体系构建的基础支撑

办学体制是本科院校内部治理体系构建的基础支撑。它涉及国家对教育机构的主要制度安排,包括办学主体的多元化、投资体制和经费来源。职业本科院校办学体制改革依据法律法规,涉及本科院校的资格条件、权利义务等。

（三）本科院校内部治理体系现代化的特征

本科院校内部治理体系现代化的特征,包括组织体系、制度体系、运行体系、评价体系和保障体系。现代化治理体系的关键是使这些体系与院校的类型属性、办学文化、培养模式等相匹配。

1. 组织体系的多元治理

本科院校的组织体系以权力结构为基础,涵盖机构设置、职能布局、权力配置等。这一体系应与院校的类型属性相匹配,尤其在职业教育领域,应体现产教融合、校企合作的特点,从而实现多元共治和协同管理。这种多元化的治理方式有利于促进教育资源的有效配置和利用,提高治理效率。

2. 制度体系的章程统领

制度体系包括管理、教学科研、服务社会和文化传承等方面的规范性文件和机制。本科院校的章程,作为办学的纲领性、政策性和规范性文件,是治理体系的核心。制度体系应与办学文化相匹配,确保院校的各项活动和决策都符合其办学理念和文化价值。

3. 运行体系的法治民主

运行体系作为治理体系和治理能力的动力保障,关键在于遵循法治、科学和民主的原则。它应与人才培养模式相匹配,确保教育活动的开放性和合作性。民主法治的特征有助于保障教育决策的透明度和公正性,同时促进教育活动的科学化和规范化。

4. 评价体系的职业导向

本科院校的内部治理评价体系是衡量其治理和发展的关键工具,它不仅检验和评估治理效果,还起到指导作用。这个体系的构建需要依据本科院校的办学定位,尤其是其职业教育属性。办学定位反映了院校的教育目标和类型,其中职业导向是职业教育的本质特征。因此,为了确保评价体系的准确性、科学性和系统性,它应与院校的办学定位紧密相连,充分体现职业导向。这样的评价体系能够有效推动院校治理和发展,符合"善治"的标准。

5.保障体系的竞争配置

本科院校治理保障体系是建立有效治理体系的基础环境和条件。随着治理体系和治理能力的现代化,传统的单级管理和资源计划分配模式已不再适应现代院校的需求。因应这种变化,许多本科院校开始下放权力,增加二级学院的自主权,并在办学体制多元化的背景下,实施资源的竞争性配置。这种竞争性配置模式激发了办学活力,提高了治理能力和资源使用效益。因此,本科院校内部治理保障体系应与办学体制相匹配,采用竞争配置模式,以支持院校治理体系的有效构建和运行。

二、本科院校内部治理体系现代化构建的路径

(一)构建多元治理内部治理组织体系

本科院校与企业的紧密合作区别于传统的本科院校办学模式,体现在其"多元共治、协同治理"的特征。院校需围绕多元治理完善内部治理决策机构和组织架构,并与企业、行业、政府等利益主体建立长效的融合机制。

(1)完善决策机构。吸引外部力量参与院校治理,如引入企业、行业和政府代表共同组成董事会,是提升治理水平的关键。民办本科院校应建立以董事会为核心的治理结构,赋予其决策权,并明确决策程序和机制。

(2)完善组织架构。与传统院校以学科知识为组织架构逻辑不同,本科院校应以技术知识和产业需求为基础,组建具有产业特征的二级学院。此外,探索建立混合制企业学院、现代产业学院、产学研基地等,不断优化内部组织架构。

第七章　本科院校国际化特色应用型人才培养的趋势

（3）建立融合机制。职业教育紧密联系产业发展，其内部治理不仅是校内事务，还应与企业形成深度融合的合作体。这要求强化本科院校、企业、行业协会和政府之间的多元治理，建立跨界沟通、融合的长效机制，打造符合多利益主体价值的共同体。

总结来说，本科院校的多元治理体系旨在实现教育与产业的深度融合，通过引入外部力量、优化组织架构和建立融合机制，以达到更高效、协同的治理效果，满足职业教育的特殊需求。

（二）构建章程统领内部治理制度体系

我国教育部强调内部治理体系的重要性，要求建立现代本科院校制度，章程核心，自主管理和自我监督，提升治理现代化。同时，本科院校章程体现办学文化，需积极建设和更新，坚守初心使命，总结特色，融入管理体系，提高治理的现代化水平。

（1）章程建设的系统推进。本科院校的章程是其基本的法律文件，对于规范办学行为至关重要。这要求本科院校在章程建设上做到几点：首先，明确办学的初心和使命，如培养高素质技术技能人才，服务经济社会发展等；其次，凝练办学特色，如办学历史、文化、优势等，形成独特的办学理念和人才培养模式；最后，严格遵循法律法规，确保章程的制订过程包括充分的调研、论证和社会意见征询。

（2）制度体系的完善。章程不仅是一个独立文本，而且是整个制度体系的核心。民办本科院校应构建以章程为统领的治理体系，其中包括董事会领导下的校长负责制和相关配套制度。这需要加强顶层设计，将董事会的具体要求融入本科院校章程和各项规章制度中，形成分类、分层的网状制度体系。同时，还应明确本科院校和二级教学单位的权责关系，发挥二级学院的办学主体作用，构建清晰的管理制度体系。

（3）制度执行和监督的强化。制度的生命力在于执行。本科院校需要加强对章程和制度的学习与宣传，提升师生的制度意识和认同。本科院校应树立制度的权威，维护其严肃性，确保决策过程和结果的公开透明，并主动接受社会监督。同时，通过举报信箱、民主评议等多种方式，发挥校内外监督机制的作用。

（三）构建民主法治内部治理运行体系

本科院校的内部治理运行体系应基于民主法治原则，通过建立法治保障、法治监督和平等协商机制，确保治理的有效性和合法性，同时促进人才培养模式的优化和发展。

（1）法治保障机制的建立。在治理体系和治理能力现代化的背景下，本科院校需要运用法治思维和方法进行治理。重要的是建立并完善法人治理结构，协调政治权力、行政权力、学术权利和民主权利之间的关系。特别要强调的是，本科院校应尊重教授治学的学术权利和师生参与的民主权利，确保学术委员会在人才培养中发挥其学术治理和评价作用。

（2）法治监督机制的建立。本科院校需要建立对政治、行政权力的监督机制，并加强对人才培养相关资源的监管。同时，建立对学术权力的监督机制，防止学术权力的垄断，并实施学术委员会的选举制度。此外，本科院校应建立问责机制，对决策失误或过错进行明确的责任追究。

（3）平等协商机制的建立。鉴于职业教育办学主体的多元化，本科院校内部治理应建立平等协商机制。行业企业、政府部门、本科院校和师生等利益相关者都应在这一机制下参与治理，确保各方意见都能被听取和考虑。这样的协商机制有助于促进治理决策的科学性、有效性和合理性。

（四）构建职业导向内部治理评价体系

本科院校的内部治理评价体系应基于职业导向，通过明确评价价值取向、科学设置评价指标、灵活使用评价方法，从而驱动院校内部治理的现代化和有效提升院校治理质量。

（1）评价价值取向的明确。在构建评价体系时，本科院校需牢牢把握以职业为导向的办学目标，因为职业性是职业教育的核心特征。这意味着，评价体系不仅是对院校内部治理的反映，也是对其办学定位的体现。

（2）科学设置评价指标。评价指标应基于院校的办学定位和职业

第七章 本科院校国际化特色应用型人才培养的趋势

导向。需要考虑内部治理主体的多元化(如本科院校、行业企业、政府、师生)和人才培养目标的多重性。本科院校应围绕治理结构、制度、方式、保障等方面,设置多层次和多类别的子系统指标,形成一个互相支撑、相互贯通的评价指标体系。

(3)灵活使用评价方式。评价方式应结合定量评价和定性评价,因为内部治理的评价内容复杂,有些部分无法仅通过定量手段评估。同时,过程评价和结果评价的结合也很重要,因为单纯的结果评价无法全面反映治理的动态过程。此外,重要的是强化评价结果的应用,确保评价体系能够有效地检验、指导、规范和推动院校治理和发展。

(五)构建"竞争配置"内部治理保障体系

本科院校构建的"竞争配置"内部治理保障体系应涵盖组织保障、人才保障和基础保障三个方面,旨在优化资源配置,提高治理效率,从而推动院校治理体系和治理能力的现代化。

(1)强化组织保障。本科院校的组织保障是以党委或董事会领导下的校长负责制为基础的。院校需要建立并实施"教授治学、民主管理"的组织管理模式,设立由教授、专家组成的各类委员会,作为党委和行政决策的智囊团。这样的组织结构旨在实现决策过程的民主化和科学化,为高效的内部治理提供坚强的组织保障。

(2)加强人才保障。人才是治理体系和治理能力现代化的关键。本科院校需建立符合职业教育需求的师资人才培养机制,加大师资队伍培育力度,并鼓励教师提升能力和素质。此外,应推行以人为本的治理理念和人文关怀,增强教师的认同感和归属感。同时,改革人事和分配制度,建立科学的薪酬激励机制,促进资源配置的优化和竞争机制的合理化。

(3)优化基础保障。社会发展带来的变化要求本科院校更新其治理保障体系,特别是在资源配置方式上。院校需要树立办学成本观念,实施竞争性的资源配置方式,提高资源使用效率。具体来说,应将有限资源集中于建设优势和特色专业群以及内部治理等关键领域,为实现治理体系和治理能力的现代化提供坚实的基础保障。

第二节 本科院校教育供给质量优化

一、加强系统治理发挥管理功效

本科院校在面对本质与理念的冲突下,迫切需要回归教育的本真。本科院校的本质是追求真理和学术价值,但在复杂的社会环境中,其教育理念受到多重压力,逐渐偏离了价值理性的本质。由于片面追求知识的实用价值,院校失去了理性的核心属性和内在要求,导致人文价值被科学社会主义和工具价值主义所侵蚀。为了应对这种状况,本科院校应采取生态化的管理方式,遵循以人为本的原则,减少外界干扰,确保教育教学和师生在院校中的核心地位。

(一)在党的领导下坚守本科院校质量底线

(1)中国本科院校在面对教育本质与现实理念冲突的情况下,要坚持教育的根本价值和目标。首先,本科院校需要回归到其追求真理和学术价值的本质,面对社会环境的多元压力,应坚守价值理性,避免偏离教育的本真。当前,院校理念受到工具价值主义的影响,导致人文价值被科学社会主义所侵蚀,个体价值受到社会价值的排挤。为应对这种情况,院校管理需遵循生态化原则,坚持"以人为本",确保教育教学和师生在院校中的核心地位。

(2)教育的本质是促进人的全面发展,以服务于经济和社会的发展。本科院校的使命是培养适应中国发展需求的人才,将"育人为本"作为首要任务。这要求本科院校遵循社会主义办学方向,以学生和学习为中心,全面贯彻立德树人和学术自由的理念。

(3)最终,本科院校的责任是培养具有中国特色社会主义德智体美劳全面发展的优秀人才,以实现国家软实力的增强和民族复兴。院校需坚持以"立德树人"为首要任务,适应新时代的发展要求,回归以理性培养和人才培养为核心的教育轨道。

（二）健全教育多元协同投资体系

健全中国本科院校的多元协同投资体系，以应对现有投资体系的局限性和促进教育高质量发展。

（1）资金供给的拓宽。中国本科院校面临的主要问题是投入主体单一、资金不足和模式陈旧。目前，大部分资金来源于政府投入、学费收入等渠道，导致过度依赖政府资助和经费不足。为了持续发展，本科院校需要开发多样化的融资渠道，因为单一的政府财政投入已不足以支持教育的大规模和高水平需求。

（2）政治制度与管理模式。中国的政治制度和高等本科院校的集中式管理模式导致行政权力凌驾于学术权力之上，阻碍了本科院校多元共治的发展，违背了内生治理逻辑。因此，推动政府与本科院校的关系转变，从行政管理向服务关系转移，是改善投资体系的关键。

要解决这些问题，策略包括：

（1）协调政府与本科院校的权责关系。政府应从直接管理转向为本科院校提供服务，精简教育行政机构，赋予本科院校更多自主管理权。

（2）架构利益共享的投资吸纳体制。缓解教育投资单一性所带来的财政压力，深化本科院校的财政体制改革，建立稳定的资金投资机制，同时利用本科院校的资源优势吸引社会资本。

（3）合理调整经费投入结构和监督机制。调整本科院校经费结构，确保多元教育经费的增长，同时加大对教育投入和经费使用的监督力度，提高资源利用效率。

这些措施旨在构建一个由政府主导、社会各界广泛参与的办学体制，以经济为支撑的教育多样化形式，最终形成一个主体多元、制度环境公平、激励机制健全的办学格局，从而推动本科院校的持续高质量发展。

（三）持续推进本科院校管理依法行政

目前，本科院校的管理体系过于依赖行政力量，导致权力设置和审批权限在政府放权中的不适应，引发了管理主体间的权责不对称。由于行政化的影响，学术自主权受到削弱，同时，政府在履行本科院校协调服务职能上存在不足,造成本科院校治理的困境。

完善本科院校法律体系:解决这些问题需要通过完善法律体系,确立本科院校的法律地位和权责关系。这包括:

(1)确立公务法人的法律地位。将本科院校定义为公务法人,明确其法律上的权责和利益关联,确保其在法律上的主体地位。

(2)规范政府的责权关系。面对本科院校供给形式的复杂多样性,需要明确政府与本科院校之间的权利和责任关系,完善相关法律规定。

(3)完善立法和执法体系。发挥地方立法机关和政府的立法主动性,加快出台有效的地方性本科院校法律法规,同时,强化教育执法,确保本科院校法律法规的全面实施。

通过这些措施,旨在将法治深入融入本科院校管理中,使院校管理更加科学和高效,同时确保本科院校在法治轨道上的稳定运行。

(四)打通本科院校质量监控通道

打通本科院校质量监控通道,通过以下措施,旨在提升本科院校的教育质量,确保本科院校在法律和道德层面规范办学行为,同时,加强本科院校的分类指导和评价,为不同类型的本科院校提供有效的发展路径。

(1)建立科学的标准体系。需要加强本科院校的标准体系建设,确立科学的评价机制。由于本科院校的社会职能难以用数字量化,评价体系应考虑多样性,建立灵活多变的评价维度。此外,应引入国际知名企业和质量认定机构参与评价,加强个性化、多元化的人才培养。

(2)评价标准的多样性。在加强本科院校分类发展的评价标准方面,中国本科院校应突出特色和水平,确保学科专业设置和人才培养模式适应社会发展需求。不同类型的本科院校应有不同的评价标准,以促进多样化人才的培养。

(3)质量监督机制的优化。中国本科院校的质量监督机制需要改进,特别是在制度监督和实践反馈方面。应利用适应性评估和及时反馈来提升教育质量,确保教育监督贯穿于教育教学的整个过程。

(4)全方位监督机制。建立本科院校质量动态监测平台,运用信息技术和大数据处理信息发布和反馈事务。同时,加强政府、本科院校和第三方机构之间的沟通,确保监督机制的有效执行。

第七章 本科院校国际化特色应用型人才培养的趋势

（5）多元评价机制的完善。改革传统的评价方式，利用科技工具分析手段，全面把握本科院校的学科专业设置和人才培养模式，根据时代特点和社会需求进行调整。构建一套全面立体的评价指标体系，确保评价活动的专业化和规范化。

（6）反馈机制的落实。确保质量评估与反馈过程在本科院校管理中的重要作用，提升评估机构的准确性和响应速度，确保本科院校在教育管理中的问题得到及时纠正。

（6）问责机制的强化。加强对本科院校的问责，确保本科院校质量监管落实到位，有效监督教育行政履职行为，并对违法行为追究法律责任。引入社会力量参与监督，增加本科院校办学信息的公开程度，确保本科院校质量的有效保障。

二、促进供需升级支持科技创新

本科院校实际供给能力涵盖资源、机会和知识产品，对科技创新至关重要。中国本科院校的供给质量存在不足、低质和过剩问题，与高质量发展标准不匹配。因此，需要改革外部管理体制和内部治理，以确保充足的物质和人力资源支持本科院校的发展。

（一）激发本科院校自主管理的新活力

激发本科院校自主管理的新活力，可以通过以下改革措施，旨在优化本科院校的管理体系，提高其自主管理的灵活性和效率，从而推动本科院校的高质量发展。

（1）行政主导模式的问题。当前本科院校的管理体系在行政主导下缺乏灵活性，政府"行政授权"限制了院校的自主权。本科院校行政组织人员大多由中央直接任命，导致行政化管理占据了本科院校应有的自主管理空间。教育资源调配权也主要由政府管控，涉及学科设置、招生比例、学位授权等方面，缺少社会调节机制。

（2）调整管理结构。为改变这种情况，需要打破集中化的权力机制，激励和释放供给活力。转变政府管理思想，从直接管理到间接调控，强化本科院校的世界竞争力，支持不同地区本科院校的发展，尤其是中西部地区。

（3）省级政府管理协调机制。完善以省级政府为主的管理结构协调机制，中央政府应精简行政机构，简化本科院校的行政管辖，扩大省政府在本科院校管理上的权限，建立政府与本科院校的协调机制。

（4）政府与本科院校关系的重新定义。需要重新定义政府与本科院校之间的"管"与"放"的关系，将其转变为服务和被服务关系。政府应尊重本科院校的独立主体地位，对本科院校的内部管理不干涉，细化人才培养质量细则。

（5）赋权本科院校和社会参与。国家政策应赋予本科院校更大的自主权，简化审批流程，建立良好的信息沟通渠道，明确行政机关和主管人员的权责。同时，应引入市场竞争机制，激发院校竞争投入机制的活力。

（二）统筹规划学科专业人员数量

本科院校可以通过以下措施统筹规划学科专业人员数量，以解决专业人才供给与市场需求不匹配的问题。

（1）信息沟通不畅的问题。当前，本科院校的专业人才供给与市场需求不匹配，部分原因在于信息沟通不畅和本科院校的行政化管理方式。市场调控在调整人才规模和结构方面的关键在于建立有效的需求传导机制，并及时掌握市场信息。

（2）招生数据库的建立。中国本科院校的招生计划主要由政府决定，缩小了院校的自主空间。参考发达国家的本科院校，直接面向市场的招生方式能更灵敏地根据市场信号作出调整。整合招生数据和学科设置信息，运用大数据分析预判未来的招生规模和教育结构，深入掌握区域经济对本科招生的影响。

（3）信息智库的创建。加快本科院校供给与需求间的信息流动，建立市场需求信息智库。利用网络平台搜集产业财务数据、行业发展实时数据，科学预测市场劳动力需求。

（4）就业信息数据库的完善。建立本科生就业信息数据库，追踪毕业生就业去向，形成全国性公开平台。结合大数据统计，调整学科设置，扩大省政府对培养单位的调控权限，适时调整招生比例，引导学科专业的发展，确保学科专业目录的稳定性与扩容性。

综上所述，这些措施旨在改善本科院校与市场需求之间的匹配程度，通过建立有效的信息收集和分析机制，优化本科院校的招生和培养

第七章　本科院校国际化特色应用型人才培养的趋势

体系,提高专业人才的市场适应性。

（三）建立有效的教师激励晋升机制

建立有效的教师激励晋升机制,以提升本科院校的教育质量,可以采取以下措施：

（1）教师质量与教育质量的关系。本科院校的质量与教师的质量密切相关,优秀的教师队伍是提升教育质量的关键。中国目前面临的主要问题是教师总量不足和高素质教师匮乏。

（2）教师队伍的重要性。教师是本科院校发展的基础资源,其素质直接影响院校质量。高素质教师队伍的建设是实现教育现代化的关键。

（3）教师激励和晋升机制。为保证教师队伍的高质量发展,需要全面深化管理改革,提高管理效率。这包括采取多样化的考核评估方式,关联业绩考核与薪资待遇,引入竞争机制激发教师的创造性。

（4）具体改革措施。改革人事制度,采用合同管理替代事业编制管理,优化人力资源配置。调整薪酬制度,确保教师的收入与城市消费水准相匹配。建立分类分层的绩效考核体系,创新考核模式,加强对教师教学科研的考核比例。

（5）增加专业教师招收比例。随着本科院校招生数量的增加,需要扩大专业教师队伍。灵活掌握招收时间,扩大信息渠道,简化招聘流程,吸纳有学识和能力的人才。

总之,这些措施旨在建立一个激励性和公平的教师晋升机制,通过改善教师的工作条件和职业发展环境,提升教师的专业水平和工作积极性,从而提升本科院校的教育质量。

（四）加速提升科研成果的转化率

本科院校加速提升科研成果转化率的重要性及其实施路径主要体现在以下几个方面：

（1）科研成果转化的推动。本科院校需积极对接区域经济发展,针对国家战略需求开展科技攻关,目标是占据国际创新制高点。同时,通过校企合作构建产学研联动模式,共享利益,增强本科院校服务区域发展的动力,提升科研成果质量及其转化为科技实力的能力。

（2）增强基础研究能力。基础研究是科技创新的发动器，中国本科院校在此方面存在缺乏顶尖人才和团队、学科平台综合性不足等问题。加强基础研究，布局前沿科学中心，发展新型研究型本科院校，改革研究项目申报和审核标准，激发创新人才的活力。

（3）加快关键技术攻关。"双一流"本科院校应加强基础研究建设，解决政策制度障碍，集中专业团队解决核心技术问题，满足国家创新服务需求。

（4）提高科研成果运用和转化率。中国本科院校的科研成果转化率低，科研实力需加强。将产业需求与本科院校科研能力结合，建立专业与区域产业结构的对接机制，提升人才培养和产学研合作质量。

（5）产学研融合的区域发展价值。厘清本科院校在产业经济发展中的作用，建设本科院校科技园区，推动不同层级本科院校联合创新产学研模式，依托产业需求推动学科专业发展，提升创新技能型人才供给质量，促进区域产业转型升级。

总之，这些措施旨在加快本科院校科研成果的转化率，通过加强基础研究、关键技术攻关和产学研融合，提升本科院校的科研实力和对区域经济社会发展的服务能力。

三、优化供给结构推动强国建设

本科院校供给结构不均衡，凸显了教育公平和需求之间的矛盾，原因包括地区差异、院校类型和需求多样性。习近平总书记提出了优化教育结构、学科专业和人才培养结构的要求。为改变这种不平衡，需要建立多层次区域本科院校布局，分类建设与管理，科类专业设置合理对接，推进人才培养模式创新。

（一）构建多层次区域本科院校布局体系

中国本科院校的区域发展差异显著，特别是中西部地区相对东部地区的发展较弱。为了解决这种不平衡，需要依据国家教育发展战略来优化本科院校的区域布局。

（1）战略调整和资源优化。根据习近平总书记的指示，要服务国家区域发展战略，优化教育资源配置。这意味着按照人口和经济发展水

第七章　本科院校国际化特色应用型人才培养的趋势

平,合理布置本科院校,尤其是增强中西部本科院校的承载力和发展水平,实行政策倾斜,提供充足的本地化资源。政府需调配专项资金补偿弱势区域,同时,保障资源竞争的有序进行,并形成"强者全面发力,弱者彰显特色"的发展路径。

（2）城市群发展和本科院校布局。随着经济发展的空间结构变化,依托中心城市和城市群构建本科院校网状布局成为关键。例如,以重庆、成都、武汉、郑州等国家中心城市为中心,构建相应城市群的本科院校布局。本科院校需精准对接区域发展战略,如西部大开发、成渝经济圈等,发挥产学研一体化功能,推动产业发展。不同层次和类型的本科院校应互补协同发展,以提升区域本科院校的空间活力。

（3）省级政府角色。省级政府在掌握区域经济社会发展的优势和趋势的基础上,应合理分配优质本科院校资源,通过合建、搬迁等方式支持城市发展,尤其是对预期城市进行资源倾斜。

总之,为实现区域本科院校布局的优化,中国需科学调整本科院校结构,依托城市群发展,确保各区域本科院校资源合理配置和高效利用,以支持区域经济社会的发展。

（二）不断强化本科院校的分类协调发展

中国本科院校的分类协调发展,特别是在中西部地区,是提升整体教育质量的关键。虽然中西部地区在教育规模上庞大,但在本科院校层次和质量上仍有差距。为了强化这些区域的本科院校发展,需要实施多项策略。

（1）区域空间布局调整。依据国家战略部署,科学调整本科院校布局,关注中西部地区本科院校发展。政策上倾斜,增强中西部本科院校的资源和发展能力,强化省级间的资源调配和沟通,缩小区域差距。

（2）财政保障和资源配置。保障必要的优质资源建设,政府需合理引导优质资源,确保中央和地方政府以及社会力量对本科院校的投资。特别是通过专项转移支付增加区域本科院校经费,支持本科院校集群式可持续发展。

（3）地方政府的统筹管理。地方政府需强化对本科院校协调发展的管理,提升省内本科院校的办学能力,通过财政支持推进本科院校的特色发展,并激励中西部地区迎头赶上。

（4）校企合作。搭建产学研合作平台，鼓励本科院校与企业的合作，以提升教育质量。此外，对中西部本科院校尽量保持均衡发展，引入紧缺人才。

（5）分类建设与管理。依据各地区特色和需求，实施分类管理政策，促进各类型本科院校的特色发展，提升服务区域经济社会发展的能力。

（6）国际优质资源吸收。增强国际合作，引进国际高端人才和先进技术，加强中外合作办学项目，丰富中国本科院校的资源和经验。

通过这些措施，中国旨在加强本科院校的分类协调发展，特别是提升中西部本科院校的发展水平，从而实现全国教育质量的整体提升。

（三）深入调整科类结构对接产业转型升级

中国本科院校的科类结构调整是提升教育质量和满足产业需求的关键。目前，本科院校提供的人才结构与市场产业需求不完全匹配，存在专业同质化的问题。为此，本科院校需深入调整科类结构以更好地对接产业转型升级。

（1）科类结构的优化。本科院校的科类结构直接影响着人才培养和产业发展。调整科类结构，使其与国家经济发展紧密耦合，有助于提升本科院校毕业生的就业质量和适应市场的能力。

（2）产业需求对接。本科院校需根据国家和城市主导产业以及新兴产业的发展需求，调整和优化科类和专业设置。这包括增设与高新技术产业和战略性支柱产业紧密联系的新兴专业，淘汰落后的学科专业，确保学科专业的动态性和市场适应性。

（3）响应区域发展战略。本科院校应依据国家区域发展战略，支持和鼓励高等本科院校根据区域经济需求增设相关专业。例如，对于特定区域的经济发展需求，可以大力发展如国际贸易、法律、外语等相关专业，以满足区域经济的特定需求。

通过这些措施，中国的本科院校能更好地适应经济发展的需求，提升教育质量，同时增强毕业生的就业竞争力和产业适应性。

（四）积极推进人才培养模式的创新

中国本科院校的人才培养模式创新对于提高人才培养质量和满足

国家发展需求至关重要。目前，存在的问题包括人才数量不足、质量不高、结构不合理等。以下是推进本科院校人才培养模式创新的关键措施：

（1）转变人才培养模式。本科院校应从单一的"专才"教育转向综合性的"通才"教育，以适应知识综合化和学科精细化的发展趋势。这不仅是满足个人全面发展的需求，也是实现国家现代化目标的关键。

（2）贯通本研学段。强化本科与研究生教育的连接，优化基础学科的培养方案，增强课程体系连贯性，筛选有创新潜力的学生，重视研究生阶段的专业深度与知识融合，促进不同学科间的交叉与合作。

（3）完善学位分流机制。通过综合考核，根据学生的兴趣、特长和专业能力，提供个性化的指导和选择机会，调整学科专业发展方向。

（4）加大拔尖创新人才培养力度。重视创新人才的培养，加强校企联合，建立创新型科研平台，促进学科交叉与创新研究。

（5）挖掘学生创新驱动潜力。加强师生互动，提供丰富的学习资源和创新平台，增加科研信息的公开度和国际交流机会，促进学生的创新能力培养。

通过这些措施，中国本科院校可以更有效地培养出适应国家发展需要的高素质人才，为科技创新和社会发展提供坚实的人才支持。

第三节　本科院校的人工智能教育

一、人工智能赋能教师队伍建设

（一）教师队伍使用人工智能的现状分析

1. 教师队伍使用人工智能的现状及其影响

以下通过问卷调查的方式，对全国500名教师进行了样本调查，以获取教师使用人工智能技术的数据和信息。调查结果显示，女性教师在人工智能应用中占比较大,且大部分教师的年龄在 31 至 50 岁之间。在学历方面,大部分受访教师拥有本科及以上学历,显示出了教师队伍整体教育水平的提高。

调查结果还显示,超过 80% 的教师对人工智能技术有一定的了解,近 60% 的教师已经在教育教学工作中应用了人工智能技术。这些教师主要运用人工智能技术进行学生行为分析、个性化评价等工作。大部分受访教师认为人工智能技术能够显著提高教学效率和质量,为教育创新和发展带来新的机遇。然而,也有部分教师对过度依赖人工智能技术可能导致教育机械化和缺乏人文关怀表示担忧。

基于以上分析结果,我们提出以下建议:

(1)加强教师对人工智能技术的认识和应用能力的培训,以便教师能够更有效地利用这一技术。

(2)建立以人为中心的技术应用模式,确保人工智能技术服务于教育的核心价值和人文关怀。

(3)探索建立针对教师职业发展的支持和保障机制,为教师的专业成长提供更多的资源和支持。

2. 教师队伍使用人工智能技术调查结果的深度分析与启示

针对教师队伍在人工智能技术应用方面的调查结果,可以进一步进行如下深入分析:

首先,调查结果显示,教师们主要将人工智能技术应用于学生行为分析和个性化评价等环节。这表明教师们正在逐步发掘人工智能技术在教育领域的应用潜力,但这种应用仍处于初级阶段。为了更全面地发挥人工智能技术的潜力,教育部门和相关机构需要进一步推动人工智能技术在更广泛的教育场景中的应用,并鼓励探索更多创新的应用方案。

其次,调查中女性教师在使用人工智能技术方面的比例高于男性,这可能反映出女性教师对新技术的高度适应性和接受度。因此,在推广人工智能技术应用时,应注重性别平等和多元化,确保所有教师不论性别都能获得相应的支持和资源,以促进教育领域的均衡发展。

此外,从教师的反馈中可以看出,加强对教师队伍在人工智能领域的培训和职业发展支持是至关重要的。教育管理部门和高校应为教师提供定制化的培训方案和持续的职业发展支持,以帮助他们提升在人工智能领域的专业理论水平和应用能力。同时,可以考虑建立相应的激励机制,如奖励机制或职业晋升机会,以激励教师积极参与人工智能技术的研究和应用,促进教育领域的创新和长远发展。

综上所述,根据教师队伍在人工智能技术应用方面的调查结果,我们需要在技术应用深度、教师培训和职业发展支持等方面进行更多的探索和努力,以实现人工智能技术在教育领域的全面融合与高效应用。

(二)人工智能赋能高质量教师队伍建设的实施策略

1. 本科院校中国家宏观层面对人工智能在教育领域的应用策略

在教育和科技的双重变革中,人工智能的应用对于高质量教师队伍的建设起到了关键的推动作用。为了从国家层面实施人工智能赋能教师队伍建设的策略,可以采取以下几种方法:

(1)增强政策引导和支持。政府应该出台相关政策,鼓励教育领域对人工智能技术的创新和应用。这包括组织研究项目,推动人工智能与教育的深度融合,投资基础设施和技术设备,确保教师有足够的资源来利用人工智能工具,并设立激励机制,表彰和奖励教师对人工智能教育应用的贡献。

(2)加强师资队伍建设。国家需要为教师提供专业知识和技能的培训,提升他们应用人工智能技术的能力和教学水平。同时,改革教师职业发展机制,为教师提供更广阔的发展空间和职业晋升机会。此外,教育部门应该与高校合作,开发和推广针对人工智能的教育应用课程,提升教师队伍的整体素质和能力。

(3)加强教育资源共享和合作。建立跨区域、跨学校的资源共享平台,优化资源配置,实现资源共享。同时,加强与企业界和科研机构的合作,共同探索和发展人工智能技术在教育领域的应用。此外,推动国际交流和合作,与全球范围内的教育机构共享人工智能教育应用的经验和成果。

(4)加强安全保障和监管。建立完善的数据安全和隐私保护机制,确保使用的人工智能技术是安全可靠的。加强对人工智能技术在教育领域的监管和规范化管理,尤其是对教师、学生和家长的个人信息保护应予以足够重视。此外,制定和完善相关的法律法规,确保人工智能技术在教育领域中的合理、有效和可持续发展。

综上所述,国家需要采取全面的策略来推动人工智能在教育领域的应用。这不仅需要鼓励技术创新和应用,还要确保技术的安全性和合规性。同时,重视教师和学生的技能培训和专业发展也是必不可少的。通过这些措施,可以有效地推动人工智能技术在教育领域的健康、高效和可持续应用。

2. 本科院校中观层面对人工智能在教育领域的应用策略

在本科院校中,将人工智能技术有效融入教师队伍建设和教育教学过程是提升教育质量和现代化教育水平的关键途径。为了实现这一目标,本科院校可以采取以下措施:

(1)制定人工智能教育应用规划。明确人工智能技术在教育领域的应用目标和实施计划,包括优化教学流程、提升教学效果、制定个性化教学方案等。同时,重视人工智能技术的安全性和监管,确保学生信息安全和隐私保护。

(2)加强教师培训和队伍建设。为教师提供人工智能的基础知识和应用技能培训,提高他们的技术应用和教学能力。建立教师之间的交流和学习平台,分享和推广优秀的人工智能教学实践和经验,促进教师团队的共同成长。

(3)提高家长的参与度和支持。加强家长对人工智能在教育领域应用的理解,提升他们对这种教育方式的认可和支持。通过定期沟通和信息反馈,增强家校之间的交流,确保家长对学生学习情况的了解和参与。

(4)加强评估和质量控制。建立针对人工智能教育应用的评估标准和指标体系,定期对教育效果进行评估和反馈。同时,对采用人工智能技术的教师进行考核和监督,确保技术应用的正确性和有效性。

(5)促进资源共享和合作。建立校际、区域间的人工智能教育资源共享机制,促进资源的有效整合和优化利用。加强学校、师生与社会各界的交流合作,推动教育信息化和人工智能技术的深度融合。

通过这些措施,本科院校能够更有效地利用人工智能技术,提升教师队伍的专业能力和教学质量,同时,为学生提供更加个性化、高效的

第七章　本科院校国际化特色应用型人才培养的趋势

学习体验。

3.本科院校教师在人工智能应用中的微观策略

在本科院校的微观层面,教师队伍在人工智能技术应用中扮演着至关重要的角色。因此,采取措施提升教师在该领域的能力和积极性是必要的。以下是一些具体的策略:

（1）培养教师对人工智能的兴趣和热情。通过专业培训和交流活动,增强教师对人工智能技术的理解和应用技能,使他们能够更有效地将人工智能融入教学过程中。

（2）支持教师的职业发展和成长。提供多样化的培训和学习资源,鼓励教师参与教育项目、教学竞赛和学术活动。同时,完善职称评定和职业发展机制,以促进教师的长期职业成长。

（3）推广人工智能在教学中的应用。推广使用人工智能教育应用软件和工具,提高教学管理及评估的效率和智能化程度。例如,智能辅助教学、虚拟实验室等工具可以有效提升教学效果和质量。

（4）加强教师队伍的合作与分享。建立合作交流平台和机制,鼓励教师之间的合作和经验共享。这种"技术分享"文化可以促进教师团队的共同进步,并探索人工智能技术在教学中的创新应用。[1]

二、人工智能时代本科院校教师在线教学能力发展研究

（一）发展在线教学能力的意义

1.教育理念的更新和适应

在线教学能力的提升对于本科院校教师而言,意味着教育理念的更新和适应。当前的学生群体在数字化、信息化的环境下成长,对新兴技术的适应性强。这就要求教师摒弃仅依赖传统教学方法的思维,转而拥

---

[1] 黄骊.人工智能赋能教师队伍建设的实施策略研究[J].太原城市职业技术学院学报,2023（10）:95-97.

抱"互联网＋教育"的新趋势。通过在线教学,教师不仅可以将教学内容和信息远程传递和共享,还能与学生进行更全面、双向的互动。在线教学能力的提升使教师能够更灵活地根据学生的个性化需求进行教学,从而达到教学相长的目的。

2. 促进了现代教育理论的发展

教育信息化的推进是一场重要的教育改革,它不仅引发了多种新问题,也促进了现代教育理论的发展。教育信息化不断深入,其过程中产生的各种问题和现象需要运用信息科技的原理和方法来处理。这对于现代教育学的发展和完善起到了积极的推动作用。

3. 增强了教师的创新能力

提升教师的信息技术水平对于培养适应时代发展需要的学生至关重要。信息化教育增强了教师的创新能力,激发了学生的主动参与精神。在教育信息化的背景下,学生在搜集、处理、创造信息的过程中,能够更深入地探究和发现知识,这对于培养具有创新精神的人才具有重大意义。

(二)本科院校教师在线教学与线下教学的行为差异

1. 行为表现差异

在线下授课中,教师和学生处于同一时空环境,教师可以直接监督学生的学习行为,进行及时的反馈和互动。而在线教学则要求教师适应非同步的学习环境,更多地依赖学生的自律性和积极性。因此,在线教学要求教师在有限的时间内,选用合适的教学资源,利用多媒体工具如音频、视频、文本和图像,以吸引学生的注意力,提高其参与度。例如,一些知名网络教师,如罗翔,通过构建虚拟角色和生动的案例分析,使得法律课程内容易于理解并引人入胜,从而吸引了大量观众,包括非法律专业的学生。在线教育在呈现方式上更倾向于动态的视听材料,减少纯文本内容,利用精美的课件和生动通俗的语言,增加教学内容的吸引力。

2. 线上与线下互动差异

网络教学模式中,由于时间和空间的限制,学生与教师之间的互动方式存在显著差异。在线上教学中,互动活动和策略虽然丰富,但由于缺乏实时的物理接触,这些互动的效果可能会有所减弱。例如,传统课堂上的直接提问和即时反馈,在线上可能转变为通过电子邮件、论坛或其他网络平台进行,这可能导致交流频率的降低和反馈时间的延迟。

在提问方式上,线上教学倾向于利用开放性的问题来引导学生思考,而非要求即时回答。教师可能会通过留言或线上讨论的形式,鼓励学生对自己的学习行为进行自我反思和反馈。

在非语言交流方面,线下教学中教师的身体语言、面部表情和空间距离等非语言因素在教学中发挥着重要作用。相比之下,在线教育的环境中,教师的非语言交流受到限制。例如,教师需要保持在摄像头可捕捉的区域内,这限制了身体语言的使用范围。因此,在线教学中,师生之间的亲密感可能会降低,需要通过其他方式来增强师生之间的情感连接。教师在线上教学中需更加注重语音的语调和节奏,以及适当的视觉辅助材料,来弥补非语言交流的不足。

3. 线上和线下辅助教学行为差异

辅助教学行为包括教师在课堂中处理各种教学情境的能力,这既可能涉及预先计划的内容,也可能是对实时教学环境中出现的突发问题的应对。在传统的线下课堂中,教师通过采用多种教学策略,如引入吸引学生兴趣的主题,以激发学生的学习动力,同时也能实时调整教学策略,以适应课堂的实际情况。这种即时的反应能力有助于维持积极的教学氛围,即使面临挑战也能迅速转变为教学的好时机。

相比之下,在线教学中,教师与学生的互动受到物理空间的限制,这可能导致教师在处理教学中的即时问题时遇到困难。例如,在线课堂中的直播教学,一旦出现技术问题或其他突发情况,教师可能无法及时进行有效的干预,这对于保持积极的教学氛围构成了挑战。在这种情况下，负面情绪的出现可能对整个教学环境产生不利影响。因此，线上教学中的教师需要提前准备应对各种可能的教学挑战，并利用现有技术和资源，如预先录制的视频、在线互动工具等，来弥补物理空间限制带来的不便，确保教学质量。

4. 课堂管理

在探讨课堂管理的范畴内，我们可以将之定义为教育工作者为营建一种对学习有益的环境所作出的决策和行动。具体而言，课堂管理涉及教师对于学生行为问题的应对策略，尤其是那些对教学过程产生负面影响的行为。在传统的面对面教学中，教师能够直接观察并指导学生的学习行为。然而，在线教学环境中，这种直接的监督和干预变得更加困难。例如，在线课堂上学生注意力分散或心不在焉的情况下，教师往往难以及时发现并进行干预。因此，在网络教育的背景下，教师通常会采用签到等方法来保证课堂管理的有效性。

（三）本科院校教师在线教学能力发展现状

1. 未能充分融入现代教育理念

目前，许多教师对信息化教学的理解仍旧局限于基本的工具应用，如 PPT 展示、视频播放和平板互动，而缺乏对学生主动参与的重视。他们往往还是以教师和教材为中心，忽视了学生的主体地位。此外，一些教师将网络资源和信息化设备视为传统教学资源的替代品，而未能充分融入现代教育理念。

2. 难以有效利用教学资源和平台

在教师的在线教学能力方面，受限于计算机操作技能，传统的课堂教学者可能对信息化教学持抵触态度，难以有效利用教学资源和平台。相比之下，年轻教师能更快适应和掌握信息化教学技巧，但由于经验不足，他们在实施过程中可能会遇到问题，如信息化教学的过度使用或不

第七章　本科院校国际化特色应用型人才培养的趋势

当使用,导致教学效率和效果不理想。此外,在当前的教育信息化 2.0 时代,本科院校教师还未深入改革和探索信息化教学方式。一些院校甚至没有建立统一的信息资源共享平台,从而降低了信息技术在教学资源中的使用效率。

3. 本科院校教师在线教学的实践经验较少

在目前的本科教育环境中,教师对于在线教学实践的经验普遍较为有限。信息化教学,即将信息技术融入教学过程,主要表现在教学工具、方法和评估等方面。尽管大多数院校配备了充足的智能教育设备,但这些设备的利用效率并不理想。一些教师仍旧沿用传统的教育观念和教学方式,未能充分利用信息化教育设备和软件。

此外,部分教师在课堂教学的重新设计方面缺乏深入理解,仅仅是将信息技术应用于现有的教学模式,而未能有效地将其与教学流程整合。这种做法并未显著提升教学效果和学生的学习效率。信息技术的应用在课堂教学中未能达到预期的教育效果,部分原因在于其与教学内容和方法的融合程度不够深入。

(四)导致教师在线教学能力较低的原因

1. 教师缺乏信息化的教学理念

发展信息化教学能力是一个长期的、全方位的过程,涉及教师在教育理念、态度、行为和兴趣等多个维度的发展和转变。教师在反思自己的教育实践后,能够对自己的教学方法进行更准确的评估和理解。

这种发展不仅局限于技术层面,还深刻影响着教师的整个职业生涯。缺乏合理的教育观念,教师的发展可能仅限于机械式的知识积累和应用,无法有效提升其在信息技术领域的能力。此外,如果教师没有坚定的教育信念,他们的成长就无法满足时代的需求,这不仅会限制他们个人的发展,而且可能导致他们将教师职业仅视为一种职业选择,而非以高尚的教育理想为目标。因此,缺乏对教育的深刻理解和信仰,对教师的成长和发展产生了重大影响。

2. 缺乏支持以及激励政策

教师的职业发展不仅受个人教育理念的影响,还面临着外部环境的挑战。对于本科院校而言,领导层在政策和经济支持上的不足可能严重影响院校的整体发展。随着中国本科院校招生规模的扩大,大量高层次人才加入教育领域,其中不乏非教育专业背景的人士。这就更加凸显了对教师进行专业知识和技术培训的重要性。

为应对这一挑战,政府和院校需要提供更多的政策和资金支持,建立合适的激励机制,确保教师能够有序、有目标地参与到自己的职业发展中。这样的措施将促进教师的个人成长,同时提升整个本科教育系统的质量和效率。

3. 缺乏针对本科院校教师的专业发展服务体系

在当前互联网时代,虽然网络上有丰富的资源和服务,但专门针对本科院校教师专业发展的服务资源却相对稀缺。目前大多数平台主要为学生提供学习支持,如帮助教师管理学生作业,但专注于本科院校教师自身发展的服务却不多见。在本科教育环境中,教师既是教育者也是学习者,他们的学习模式、自主性、时间安排和资源选择与普通学生有显著差异。因此,为了促进教师的持续学习和发展,迫切需要建立一个专门针对他们职业发展的服务体系。这样的系统将更好地满足这一群体的实际需求,助力他们的职业成长和发展。

(五)提升本科院校教师在线教学能力的措施

1. 加强在线教学能力的培训工作

为提升本科院校教师的在线教学能力,需采取多方面的措施。首先,加强对教师信息技术应用能力的培训至关重要。由于信息技术的快速发展,教师即使掌握了新技术,也不一定能够有效地应用于教学实践中。因此,关键在于培养一批能够熟练利用信息技术进行教学研究的教

第七章　本科院校国际化特色应用型人才培养的趋势

师,并将这些技术应用于具体的学科教学中。这不仅能解决当前的教学挑战,还能促进整个本科教育的进步。

此外,为确保培训工作的顺利进行,还需完善软硬件条件。根据当前的教育环境和培训需求,适时更新或补充培训所需设备和资源,以保障培训活动的有效性。这样的综合措施将有助于本科院校教师的在线教学能力得到全面提升。

2. 组织专业人员深入培训教师在线教学能力

对于提升本科院校教师的在线教学能力,除了基于教学需求的校内培训外,还需采取更深入的专业培训措施。关键在于将教师学习的技术应用于实际教学中,实现理论与实践的有效结合,以便更有效地向学生传授知识。因此,本科院校应重视教师在信息技术方面的能力提升,确保他们能够利用这些技术来增强自身的教学效果。院校可以通过组织专业培训人员对教师进行指导和评估,帮助教师在实际操作中获得更多的经验,从而加速提升他们的信息化教学能力。

3. 开展在线教学比赛

本科院校还可以通过举办在线教学技能竞赛来检验教师的能力水平,并激励他们更好地利用信息化教学手段,创造更优质的学习环境。同时,教师需要对信息化教学方法的优缺点有清晰的认识,并根据教学对象、环境和内容来合理应用这些方法,以确保教学效果的最大化。这种综合性的培训和激励措施将有助于本科院校教师在信息化教学方面的全面提升。

4. 引导教师积极地进行自学

对于本科院校教师而言,提升信息化教学能力不仅需要依靠学校提供的培训和指导,更重要的是培养自主学习的习惯。这是因为教师需要不断适应教学需求的变化。在建构主义学习理论中,学生被视为学习的中心和积极的知识构建者。同样,教师在提升信息化教学能力的过程中也应成为主动的学习者,认清自己在这一过程中的主体地位。

只有结合校内培训与自我学习,教师的信息化教学能力才能得到真正的提升。教师需要紧跟时代和学科的发展,不断进行自我更新和提升。这样,他们才能更好地发挥所授专业课程的作用。因此,这种情况要求教师树立"终身学习"的理念,通过自己的行动来实践这一观念,引导学生更好地学习新知识,实现师生共同成长。

5. 加强信息平台的构建

为了提升本科院校教师的信息化教学水平,关键在于加强信息技术平台的建设。首先,学校需要完善硬件设施,包括购置先进的电子教学设备。互联网线路作为信息流通的关键通道,应全面覆盖校园以满足日常教学需求,而各种电子产品则是信息传输的核心元件。在采购设备时,要预见未来的技术发展,尤其是针对无线网络的全面覆盖和适用于移动设备的教学工具。资金有限时,可采取试点方式,优先为某些院系配备高端设备,以实现资源的高效利用。此外,在技术平台建设中,还需培养一批专业的维修人员,将他们融入信息化教学体系,为教师提供技术支持,确保信息化教学的顺利实施。

6. 积极转变教师的教学理念,更新教学模式

转变教师的教学理念和更新教学模式也至关重要。教育理念是教师发挥作用的核心,对现代教育技术的理解对教师的职业发展有重要影响。目前,教学方式已从传统模式转变为结合影像、图形、声音和文字的多媒体方式,这不仅提升了学生的综合能力,还激发了他们的课堂思维和自主学习动力。微课、翻转课堂等新型教学模式正在逐步取代传统的教学方法。利用微博、微信等平台进行教学扩展,使教学活动从课堂延伸到线上空间。信息化教学的高效沟通不仅促进了学生参与课堂设计,还提高了他们创造自主课堂的热情和信息运用能力。因此,教师需要改变自己的教学观念和方式,将信息化教学深入融入自身实践,不断提高学习力,探索新的教育方法和规律,以开辟信息化教学的新路径。

第四节　本科院校国际化特色应用型人才培养路径探索

　　2020年6月,教育部等八部门《关于加快和扩大新时代教育对外开放的意见》指出,做强"留学中国"品牌,打造来华留学重点项目和精品工程,提高来华留学教育的质量和管理水平,推动来华留学教育提质增效。2021年,审议通过的《中共中央关于党的百年奋斗重大成就和历史经验的决议》指出,我国坚持推动共建"一带一路"高质量发展,使共建"一带一路"成为当今世界深受欢迎的国际公共产品和国际合作平台。2022年,习近平总书记在党的二十大报告中对"增强中华文明传播力影响力"做出重要部署,要求"加强国际传播能力建设,全面提升国际传播效能,形成同我国综合国力和国际地位相匹配的国际话语权"。新时代来华留学生教育被赋予了服务国家对外关系和国际战略、为企业发展提供人才支持以及推动高等教育实现国际化发展的新使命。同时,近年来随着"一带一路"倡议的不断推进和"人类命运共同体"设想的提出,掀起了相关国家来华留学的热潮。但是,当前来华留学本科应用型人才培养质量、水平和国家内涵式发展需求尚有差距,并且存在人才培养目标错位、理念隔阂、文化归属感缺失及学业成就预期低等诸多问题,因此,如何提升来华应用型留学人才培养质量是亟须研究解决的问题。本节的学术价值在于为本科院校国际化特色应用型人才培养提供深入的理论和实践研究,以地处西南边陲的一所本科高校普洱学院来滇留学人才培养为研究对象,探索"四螺旋理论"下来滇老挝国家为主体留学人才精准培养的实现路径,对积极推进来滇留学人才培养"提质增效"以及支持"云南加快建设我国面向南亚东南亚教育辐射中心"具有战略性意义。为高校教育改革和国家留学教育内涵式发展提供决策参考。

一、"四螺旋理论"视域下的来华留学人才培养框架构建

　　提出运用"四螺旋理论"分析来华留学人才培养模式和路径,构建

本科院校国际化特色应用型人才培养模式研究与实践

来华留学人才培养新框架,是本科院校精准培养国际化特色应用型人才关键支点。本节对学界来华留学人才培养研究进展进行了梳理。学界研究贡献重点为以下三方面:一是来华留学人才培养和教育管理国家政策的研究;二是来华留学人才培养及教育管理现实困境及影响因素的研究;三是改进和优化来华留学人才培养及教育管理策略的研究。综合这三方面的成果分析,其更多地是关注宏观及微观层面的问题分析,中观研究不足,其研究一定程度上尚缺乏系统性、全面性和深度。来华留学人才精准培养框架构建,本质上应具有多元驱动性、资源多样性、动态适应性和持续演进性等特征,这需要构建多层次、多模式、多节点、多主体的平台予以支持。由此,我们在明确界定来滇留学人才和"四螺旋理论"内涵的基础上,从理论和实践两个层次论证"四螺旋理论"与留学人才精准培养具有天然的适配性。

(一)"四螺旋理论"与来华留学人才培养相关研究进展

1. "四螺旋理论"相关研究进展

"四螺旋理论"是在"三螺旋理论"基础上发展起来的。三螺旋的概念源于生物学,Lewontin(2000)最早使用"三螺旋"模型分析基因、组织和环境之间的关系。20 世纪 90 年代以后,埃茨科威兹(Etzkowitz)(2000)等人正式提出 UIG"三螺旋创新"新范式,该范式将大学、产业和政府视作同等重要的三个主体,三者互相作用、相互交叉。周春彦等人(2006)首次提出双三螺旋理论体系,它是由"大学—产业—政府"的三螺旋(阴螺旋)和"大学—公众—政府"的三螺旋(阳螺旋)组合而成了"双三螺旋结构"。Carayannis(2009)对"双三螺旋结构"进行改造,提出在"三螺旋"基础上增加第四个螺旋,即基于媒体和基于文化的公众或公民社会。王成军等人(2020)将"四螺旋理论"应用于创新人才培养方面,提出创新型人才培养和科技创新的目标符合社会公共利益。

2. 来华留学人才培养相关研究进展

(1)来华留学人才培养和教育管理国家政策的研究。一方面,不少

第七章　本科院校国际化特色应用型人才培养的趋势

学者从国家宏观政策视角进行研究。李宝贵等人（2017）认为来华留学教育的发展与"一带一路"国家政策关系密切。"一带一路"政策为来华留学教育带来发展机遇，提供生源增长新引擎。国际教育报（2018）指出政治因素是导致国际留学生减少的主要原因，强调了发展国际校友关系战略方针的重要性。张继桥等人（2019）梳理了中华人民共和国成立以来高等教育对外开放（包括来华留学教育）政策的发展、变化和动力机制，为后续的政策制定提供了参考。姜丽萍等人（2023）通过回顾2000—2022年间来华留学人才培养政策，提出我国人才培养方针从"扩大规模"转向"提质增效"，人才培养层次从"非学历教育"转向"学历教育"，人才培养模式从"特殊化"转向"趋同化"，人才培养理念从"教学"转向"教育"。另一方面，一些学者从不同视角对单一省份来华留学教育政策进行研究。邵彤（2013）认为辽宁省需要充分利用地缘位置、地缘经济、地缘历史文化、地缘教育政策等方面的优势来发展来华留学教育，是促进辽宁省来华留学教育可持续发展的必然过程。蔡子怡（2019）以广西壮族自治区为案例，提出伴随"一带一路"政策的不断推进，广西应凭借地理位置优势与东盟国家建立沟通桥梁，并按照《广西教育事业发展"十三五"规划》要求进一步提升广西教育在东盟各国的影响力。张轶等人（2021）提出省级来华留学教育政策引导着各地区的来华留学教育发展，重庆市来华留学教育发展取决于来华留学战略规划和政策的制定和引导。

（2）来华留学人才培养及教育管理现实困境及影响因素的研究。基于来华留学人才培养和教育管理国家政策要求，不少学者认为我国来华留学人才培养及教育管理存在诸多问题。法赞·阿里（Faizan Ali）（2015）等通过调查问卷的方式研究了马来西亚公立大学的服务质量对国际学生满意度、机构形象和忠诚度的影响。其调查结果表明，高等教育服务质量的所有五个维度都影响学生的满意度，这反过来又影响机构形象，而这两者共同影响学生忠诚度。哈巍等人（2018）认为全球化的人才竞争加剧对来华留学人才培养提出了新的要求，必须转变旧有发展模式。旧有的管理模式存在诸多弊端，加剧了本土学生与来华留学生之间的冲突。汤妩艳（2020）认为来华留学人才培养仍面临着立法和实践背离社会政策功能、高校自主权有待提升以及粗放发展模式下的监督和问责制度供给不足等现实困境。梅倩（2022）提出高职院校来华留学人才培养存在培养定位难以满足日益增长的培养内容难以实现提质增效、培养效果难以契合"走出去"企业的岗位需要等问题。

（3）改进和优化来华留学人才培养及教育管理策略的研究。面对上文中来华留学人才培养和教育管理的诸多问题,蒂德韦尔（Tidwell）（2002）认为高校要为留学生提供丰富的资助项目,鼓励留学生能够积极参与各种活动,并提出具有国际化理念的教师是留学生高等教育的有利因素,要求这些老师能敏锐地捕捉国际流行趋势改革课程与教学,促进前沿的知识和理念的传播。蔡宗模（2019）以C大学案例,提出从完善并落实政策规范、把好入口语言关、出台标准规范、开展审核评估及加强战略管理等方面提升人才培养质量。凯伦多斯（Karen Doss）和鲍曼（Bowman）（2019）研究了第三方提供者和自学途径计划在增加美国高校国际学生入学率方面的作用,认为衔接课程能够降低入学门槛,有效扩大招生规模。狄伟锋（2022）基于以人为本的理念,提出从构建新型师生关系的方式、扩大高校招生自主权、完善奖学金管理制度、趋同化教育管理方式以及发挥中国文化功能等方面提高人才培养和管理水平。

（二）基于"四螺旋理论"构建来华留学人才精准培养的整体框架

1. 基于"四螺旋理论"来华留学人才精准培养整体框架的构建原则

（1）整体性原则。整体性是指在培养计划中应该充分考虑个体的整体发展,包括学术、专业技能、人际关系、心理健康等诸多方面,而不仅仅是专业知识的传授。在当前全球化的背景下,留学人才更需要具备跨文化交流能力和全面发展的个人素养。因此,整体框架的构建应当注重个体的多方面发展和特长的培养,而不是片面地追求专业技能的提升。同时,根据相关调查数据显示,来华留学人才在就业过程中普遍存在交流能力不足、心理压力大、待人处事能力欠缺等问题。"四螺旋理论"强调了知识、技能、情感和意志等多方面的发展,提倡在教育中注重学生的全面成长,在来华留学人才的培养中,可以有针对性地结合"四螺旋理论",构建个性化的整体框架,以期帮助留学生全面发展、更好地适应跨文化环境,实现个人价值。

（2）开放性原则。在构建来华留学人才精准培养整体框架的过程

第七章　本科院校国际化特色应用型人才培养的趋势

中,"四螺旋理论"提供了重要的理论支撑。通过对"四螺旋理论"的分析,可以发现其中强调的开放性原则对于培养计划的设计具有重要指导意义。具体而言,开放性原则要求培养框架要注重与国际接轨,提供多元化的学术资源和交流平台,以促进来华留学人才的全面发展。同时,开放性还意味着要与不同学科、不同文化背景的人才进行交流,从中汲取智慧,为学生提供更广阔的视野和更丰富的学术体验。

（3）实践性原则。实践性是指学生在学习过程中需要通过实际操作、实地实习等方式将所学知识应用到实际中,以提升他们的实际操作能力和解决实际问题的能力。在当前本科院校应用型人才培养背景下,构建针对留学人才的实践性培养框架显得尤为重要。实践性培养框架的构建原则包括但不限于:提供实践性的课程设置与教学安排,提供实践性的实习机会与科研项目,激发学生的学习兴趣与动力并激发其自主学习的能力。

（4）动态性原则。动态性原则是在来华留学人才培养整体框架中至关重要的,它强调培养方案和课程设置的灵活性和时效性。在当前快速变化的社会环境下,传统的固定培养模式已经不能满足人才需求,动态性原则的引入使得培养计划更具有前瞻性和适应性。这一原则的应用不仅需要对国际学生和留学生的需求进行深入分析,还需要对就业市场和技术发展趋势进行充分了解,才能够构建出更为科学合理的培养方案。因此,动态性原则的引入将为来华留学人才培养带来新的思路和方法,并且有助于提升人才培养质量和效果

（5）差异化原则。差异化原则是指针对不同的留学人才群体,因材施教,注重个性化培养,充分考虑留学生个体差异的培养原则。它涉及教育资源的合理配置与利用,更关乎留学人才的全面发展和个体成长。在不同的学术环境和教育体系下,来自不同国家和学科背景的留学生都面临着各自独特的学习和生活问题,因此需要根据其个体差异制定不同的培养方案。此外,差异化教育可以提高学生的学习积极性和主动性,增强其对学习的投入和热情,有利于培养学生的创新能力和独立思考能力,从而更好地适应未来社会的挑战。

2. 基于"四螺旋理论"来滇老挝留学人才精准培养整体框架的构建理念

（1）厚植情怀,强化认同。情感投入是促进留学生学术成就的重要

因素,而认同感则与留学生的学术适应性和生活满意度密切相关。在培养过程中,鼓励留学生参与到本土社会生活中,与中国文化进行深度互动,可以增强他们对中国的认同感和归属感,进而促进整体培养框架的有效实施。情感共鸣和认同感的强化可以促进跨文化交流与理解,对留学生的成长与发展具有积极作用。

(2)整体关联,动态平衡。来华留学人才的精准培养需要构建一个整体关联、动态平衡的框架。在这个框架内,各个环节需要相互关联,相互促进,保持动态平衡,以实现人才培养的整体目标。数据显示,在中国留学生的整体素质提升中,跨文化交流能力、专业技能、领导能力以及创新能力等多方面都得到了提升。此外,由于人才的整体素质需要不断适应社会发展的需求,因此培养框架需要保持动态平衡,不断调整和更新。

(3)多元合作,实践协同。多元合作是指不同学科、不同国家或地区的教育机构、企业和政府之间开展合作,共同为来华留学人才的培养提供支持和资源。根据中国教育部的数据显示,自2010年以来,中国已与包括美国、英国、澳大利亚等在内的多个国家签署了来华留学人才培养合作协议,这为培养计划提供了政策和资源支持。其次,实践协同是指通过将学术知识与实际工作相结合,使留学人才在不同领域的实践中获得更多的锻炼和成长。

(4)趋同管理,差异发展。趋同管理强调的是对留学人才的整体规划和管理,以确保他们的学习和生活在统一的框架下达到既定的目标。而差异发展则强调了每个留学人才的个体差异和需求,以及为他们提供有针对性的培养计划和资源支持,以满足其个性化的需求。趋同管理保证了培养过程中的基本一致性和规范化,为留学人才提供了相对稳定的学习环境和经验积累机会。然而,差异发展则是保障每位留学人才根据个体差异进行针对性发展,不同学科、不同背景的学生能够得到个性化的培养和关怀,最大限度地发挥其潜能。

3. 基于"四螺旋理论"来华留学人才精准培养整体框架的构建

(1)确定"四螺旋"培养路径的多元主体——高校—政府—企业—社会。高校作为培养高素质人才的重要阵地,作为知识的创造者和传播者,在培养人才、开展科研和服务社会等方面发挥着关键作用。政府作

第七章 本科院校国际化特色应用型人才培养的趋势

为政策制定和资源调配的主体,作为社会治理者和政策制定者,能够通过政策引导和资源整合来推动"四螺旋"培养路径的发展。企业作为实践基地和用人单位,作为产业界的主要参与者,不仅是培训学生实践能力和提供就业岗位的关键力量,还能够为高校提供实际需求和行业趋势的反馈。社会作为培养环境和就业市场,作为整个培养体系的最终服务对象和受益者,对于"四螺旋"培养路径的有效性发挥着至关重要的作用,它们共同参与并推动了"四螺旋"培养模式的形成和发展。综合而言,多元主体参与是构建"四螺旋"培养路径的关键,只有高校、政府、企业和社会之间紧密合作,才能够实现人才培养的多方共赢。

(2)研究四元共同体功能和优化互动策略。学校是教育提供者,首先需要设计和实施与应用型人才培养标准相结合的课程体系,以培养学生的专业能力和实践技能。其次,建立研究中心,进行创新研究以响应社会和产业需要,将研究成果转化为实践教学内容。再次,建立国际化平台,强化学生的国际视野,提供跨文化交流和国际合作项目。政府是政策制定者,首先要设立鼓励国际学生来华学习和就业的政策,如奖学金项目、签证便利等。其次建立监管机构,确保教育质量和留学生权益,监管教学和服务标准,保障教育公平性。再次是资源协调者,拨款或提供其他资源以支持教育机构和企业之间的合作,如实习基地建设和校企合作项目。企业要提供学生实践基地,创造留学生实习和工作经验的机会,为他们理解和融入实际职场环境提供渠道。企业也是人才需求方,为教育机构提供市场需求信息,帮助学校调整培养计划,直接参与课程开发和人才培养。最后,企业是知识创新参与者,与高校和研究机构合作进行技术研发和知识创新。社会是文化交流的促进者,为留学生提供了解和经历中国文化及社会实践的机会,丰富他们的文化体验。同时提供社区支持,通过社区服务和志愿活动,帮助留学生融入当地社会。最后建立社会反馈通道,提供对教育质量的评价和反馈,以及对人才培养需求的社会反馈。

(3)构建多元主体协同驱动机制。通过"四螺旋理论"分析,可以得出,构建有效的学校—政府—企业—社会协同驱动机制需要各方面的深度融合与有效沟通。一是制定共同目标:所有四元共同体成员应围绕精准培养应用型人才的共同目标进行合作,确保各自的活动和项目都有助于实现这一目标。二是平台建设:创建多方对话和协作的平台,如校企联合论坛、政策研讨会和社会服务平台,提高沟通的频率和效率。

三是相互理解：加强各方面的相互理解，通过互访、交流和共同研究项目，让各方更好地了解彼此的需求和能力，促进有效合作。四是强化协同创新：通过联合研发项目、创新实验室、联合教育项目等形式，鼓励各方携手创新。五是动态反馈机制：建立高效的反馈机制，确保教学内容和人才培养方案能够实时反映市场变化，及时调整和优化。

例如，政府可以推动政策设计，具体到鼓励企业与高校合作研发，或者给予留学生在国内企业实习的优惠政策；大学要与政府的宏观政策和企业需求相结合，设计出符合市场需求的国际化课程；企业需要提供实习岗位和实践机会，培养学生的职场技能；社会组织则可以通过文化交流和社区服务等方式，为留学生提供实践和了解中国文化的机会。

设计四元主体协同驱动下来华留学人才精准培养"四螺旋"框架：①学校螺旋：教育和研究中心，负责提供专业知识和技能培训。设计和实施理论与实践相结合的课程。促进国际交流，激发学生创新和批判性思维。提供实验室和研究设施。与企业合作发展校企联合课程。②政府螺旋：政策支持和监管，制定留学生教育质量标准和法律框架。积极引导和投资留学人才培养项目。提供留学生奖学金、签证、就业等方面的便利。建立校企合作和国际项目的促进环境。③企业螺旋：实践平台和知识应用，提供实习、实训和就业机会。参与制定教育项目，与学校共同设计适应行业需求的课程。支持职业技能培养和学生创新项目。提供市场和产业趋势反馈，引导课程内容。④社会螺旋：文化交流和社会实践，促进学生与本地社会交流和互动。提供文化、语言学习和社会实践机会。社区服务和非政府组织提供志愿者项目，帮助留学生融入社区，加强跨文化理解。

二、"四螺旋理论"视域下来滇留学人才精准培养的路径优化

云南省位于中国西南边陲，与老挝、越南、缅甸等国家接壤，地处中国与东南亚、南亚交会的战略要地。近年来，云南积极参与"一带一路"建设，特别是在教育领域，地方沿边本科院校积极招收和培养来自周边国家的留学生，为促进区域的文化交流与经济合作，云南已逐渐发展成为中国向南开放的重要窗口和区域教育中心。普洱市是云南省面积最大的州市，也是为数不多的同时与老挝、越南、缅甸等国家接壤的州市。2012年升格为本科院校的普洱学院，致力于国际化特色应用型人才培

第七章　本科院校国际化特色应用型人才培养的趋势

养的教育外交建设。继 2013 年学校获批云南"国门大学"后,2015 年获批《云南省国门大学基础能力提升工程项目》资金支持,此举加快了来滇留学人才精准培养的实践探索步伐。不同层次和不同类型的高校开展国际化办学应该有不同的选择和做法。普洱学院作为一所云南边疆民族地区本科高校,在国际化办学的选择上应当从普洱与澜湄流域国家接壤或相邻的现实,选择面向澜湄流域开放,走差异性国际化发展之路,同区域内,学校又将面向老挝招收留学生作为重点。根据国际化办学的趋势,学校开设老挝语、泰语、缅甸语专业,不断扩大招收和送出留学生的规模,2013 年以来,老挝留学生数量一直保持在 200 人以上,是中国招收老挝留学生最多的高校之一;与老挝国立大学、苏发努冯大学、泰国清莱皇家大学、兰帕潘尼皇家大学、格乐大学等采取合作办学方式联合培养国际复合型人才,送出中国留学生一直保持在 200 人以上。区域内国际化特色应用型人才培养成效显著。

（一）基于"四螺旋理论"来滇留学人才精准培养的主体优化

（1）学校螺旋层主体的主导性作用优化策略。其一,课程设置的优化,结合地区产业需求和国际市场趋势,设立和优化有针对性的课程和专业方向,提高留学生的职业竞争力。其二,加强教育合作,通过与海外教育机构合作,与老挝、泰国、缅甸等合作高校联合培养、学分互认等形式,提高教育国际化水平。其三,建设跨文化交流机制,加强来滇留学生与本地学生和社会的跨文化交流,提升其语言能力和文化适应能力。

（2）政府螺旋层主体的支撑性优化策略。其一,政策制定与激励措施实施,出台更具吸引力的留学和工作政策,提供奖学金、创新创业税收优惠等激励措施。其二,投入基础设施建设,改善留学生的生活和学习环境,提供一流的教育与研究设施。其三,提供监督和质量保障,确保教育质量,推进教育公平,为国际学生创造良好的学习和生活条件。

（3）企业螺旋层主体的载体性优化策略。其一,开展行业需求调研,企业积极参与行业和市场需求调研,让教育机构了解未来人才市场的需要。其二,创造实习就业机会,为留学生提供实习和就业机会,加强与在滇高校的合作,实现校企合作。其三,推动技能培训合作,企业与高等院校合作开设短期技能提升课程和培训项目,提供真实案例和项目实践。

（4）社会螺旋层主体的平台性优化策略。其一，搭建文化交流平台，非政府组织和社区团体可以组织各类文化交流活动，促进国际学生与当地社群的融合。其二，推进服务和支持平台，为留学生提供各种服务，包括语言学习支持、专业学习支持、心理咨询、职业发展指导等。其三，关注公众参与和反馈，通过民间组织收集留学生和公众的反馈，作为持续改进教育质量和环境的依据。通过上述四螺旋主体的策略优化，能够形成一个互利共赢的创新生态系统，不仅可以提供更适应市场需求的人才培养，而且能够为云南的社会经济发展和国际化战略提供支撑。

（二）基于"四螺旋理论"来滇老挝留学人才精准培养的目标优化

普洱学院凭借与老挝国家所处的地缘相近、人文相亲的天然优势，凝练出来滇留学人才培养目标的"五认同"内涵，概括为发展认同、教育认同、生活认同、文化认同、价值认同。"四螺旋理论"下的目标优化策略分述如下：

（1）学校层面达成目标的优化策略。提供高质量的教育体验，涵盖中国的发展历程、教育体制、文化传承和价值观念。建立跨文化交流平台，鼓励老挝学生深入研究并理解中国社会的多元和复杂性。通过课程设计，强调中国的发展模式、改革开放的成就及其全球影响，并反映中国的生活方式和习俗。设计融合中老两国特色的课程，将中老友好关系、中国发展经验、中国语言和文化相结合的课程体系。开展关于中国教育体制和哲学的讲座和研讨会，帮助老挝留学生形成教育认同。举办中老文化节等活动，使学生体验中国传统和现代文化，促进文化认同。通过价值观教育，结合中国特色社会主义核心价值观与老挝学生的价值背景，促进价值认同。

（2）政府层面达成目标的优化策略。提供奖学金、签证便利等政策支持，减轻学生经济负担，提高他们对华教育的认同和愿望。促进教育交流与合作，与老挝政府合作，为留学生提供信息、资源和指导。推动国际交流计划，政府可以支持、主导或资助中老文化交流活动和项目，建立中老教育合作平台。

（3）企业层面达成目标的优化策略。提供实习和工作机会，帮助老挝学生了解中国的工作环境和商业实践，以便他们更好地融入中国社会，形成对中国发展的认同。企业在参与跨境项目时，可以吸纳老挝留学生参与,提供跨文化工作体验,使学生能够亲身体验中国的产业发展和商业环境。增强对中国价值和工作方式的认同。企业与相关的大学合作开展产学研项目,使学生能够参与到实际的工作中,加深对中国发展模式和工作文化的理解。例如,2022年12月,普洱学院联合东软教育科技有限公司与老挝苏发努冯大学共建中国首个"一带一路数字产业学院"。

（4）社会/民间组织层面达成目标的优化策略。促进留学生的社会融合,并提供文化适应和个人发展支持。组织社区接待家庭项目、文化交流活动,帮助老挝学生更好地了解中国的日常生活习惯和社交礼仪。通过文化体验、讲座、研讨等形式让留学生深入了解中国的文化和价值观。提供生活辅导和文化适应支持服务,帮助老挝留学生解决在华生活中可能遇到的问题。鼓励和促进老挝学生与当地社区互动,加深对中国的社会挂钩和生活认同。通过社会组织和社区活动,共同探讨和传播人类共同价值,促进老挝学生对中国价值观的理解和尊重。通过上述四个方面的合作与协调,可以优化老挝学生在中国留学的培养目标。这不仅让他们在学术上取得成就,更能让他们深刻理解中国社会,同中国人民建立深厚的友谊,为未来中老两国的交流与合作奠定坚实的基础。

三、基于"四螺旋理论"来滇老挝留学人才精准培养的实现路径

"四螺旋理论"为这一培养路径提供了理论框架,强调了不同利益主体之间围绕共同的教育目标进行资源共享与深度合作的重要性。针对普洱学院老挝留学生的特定需求和潜在的发展方向,优化培养路径将帮助他们更好地适应中国的发展环境,增进对华认知与认同,培养出既符合中国社会发展要求又能服务于老挝本国需求的国际化人才。

我们将结合实例深入探讨"四螺旋理论"在人才培养实践中的应用,分析四个主体(政府、学术界、产业界、社会/民间组织)如何通过合作创造协同效应,以及这一协作模式如何助力于老挝留学生在中国的教育、文化适应、专业发展和价值观形成。通过细致的规划和创新的实施,旨在达到来滇老挝留学人才培养的最佳效果。

（一）学校为主导构建来滇老挝留学人才培养新模式

普洱学院作为地处边疆民族地区的国门大学,面向澜湄流域国家招收培养留学生是学校国际化办学的重要内容,留学生培养的成效也是评价学校国际化办学成败的关键。针对澜湄流域国家留学生基础弱、汉语水平普遍不高的现实,学校对留学生的培养模式进行改革,要求留学生人数达到 10 以上的专业单独开设留学生班,制定有针对性的人才培养方案,配备优质师资。留学生培养方案突出模块化的培养理念,构建起语言课程＋文化课程＋专业课程＋实践课程的课程体系,同时,以政府奖学金、留学生入境办理签证便利化等措施为支撑,以企业提供的实习实践基地为载体,以社会各组织资源平台为保障,四螺旋主体驱动协同发力,锚定留学生培养的发展认同、教育认同、生活认同、文化认同、价值认同目标,保证"五认同"的培养目标落到培养过程的每一个环节(图 7-1)。

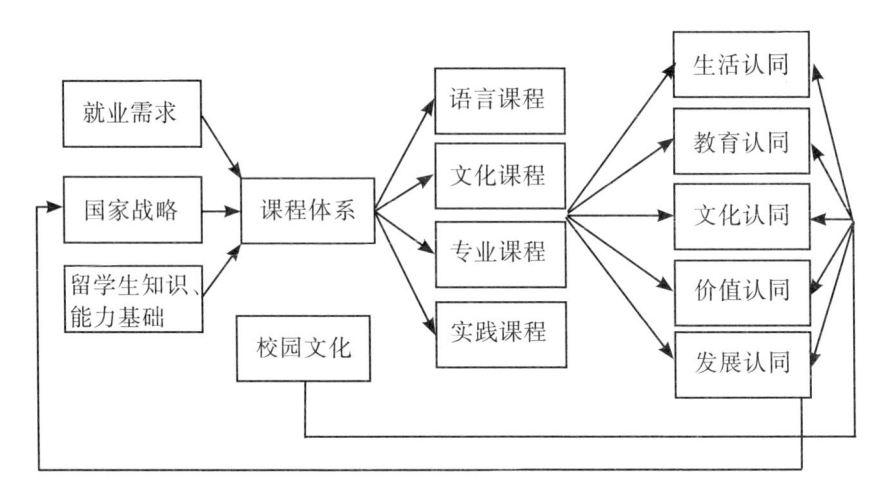

图 7-1 留学人才培养新模式

（二）学校—政府—企业—社会组织融入推动文化交流发展

（1）开展文化交流,促进中国和周边国家友好合作。2018 年 9 月,普洱学院获批成立了云南省华文教育基地,积极开展面向南亚东南亚的

第七章 本科院校国际化特色应用型人才培养的趋势

华文教育培训和华文交流活动项目。联合泰国清莱皇家大学成功举办了三届泰北地区汉语演讲暨中华才艺大赛，比赛以我的中国梦、我爱汉语为主题，吸引了泰北地区六十余所大中小学六百余名选手参赛。通过组织汉语演讲比赛，汉语在泰北地区中小学中的地位不断上升，大部分学校汉语教育已经获得了与英语等西方语言教育一样的高度，有一些学校甚至将汉语设置为第一外语。

（2）开展国际职业教育和专业培训，服务国家对外发展战略和云南面向南亚东南亚教育辐射中心建设。学校分别于2018、2019年在老挝丰沙里省举办三期，共一百四十余人的公务员能力提升培训。通过为期一个月的培训，老挝公务员初步掌握了信息化办学软件操作和现代管理，接受了茶艺、书法等中国文化的熏陶，在提升管理服务能力的同时，建立起对中华文化的认同。

（3）配合"走出去"企业开展对象国员工培训和东南亚国家人才培训，与昂兹国际老挝华潘水泥有限公司合作建立校外实习实训基地，接收对方选派的公司职员、老挝高中毕业生、公务员来普洱学院开展各类培训学习。

（4）搭建澜湄教育合作新平台，开启澜湄教育合作新篇章。2019年，学校发起举办澜湄流域教育合作论坛，澜湄六国30所高校和科研单位参会，本次论坛规模和影响力超过了同期省内同类论坛。论坛就推进澜沧江—湄公河流域国家高校与中国高校间合作进行了广泛探讨，在合作办学方面达成了一系列共识，与会高校共同签署了澜湄教育合作倡议，共同决定将澜湄教育合作论坛作为澜湄高校合作的经常性会议固定下来，开启了澜湄流域国家间高等教育合作新篇章。2022年12月，举办澜湄流域国家经济合作与应用型人才联合培养论坛；2023年10月，举办澜湄流域国家资源经济合作与数字化人才联合培养论坛。

（三）集成现代学徒制、产教融合、校企合作、实践教学管理等人才培养模式实践

2021年12月3日，中老铁路作为"一带一路"中老友谊标志性工程，在中老两党两国最高领导人的见证下顺利开通运营。中老铁路老挝段由老中铁路有限公司运营管理，基于普洱学院与老中铁路有限公司所具有的独特地缘、亲缘、人文特点及双方现有的资源优势。2023年3月，

普洱学院、老中铁路有限公司秉持"相互尊重、平等相待、合作共赢未来"的基本理念,加强双方区域国别研究与国际化应用型人才培养的交流与合作,从区域行业产业需求出发,对留学生教育、专业人才培养、国家、省市智库中心平台与资源建设等领域共同开展实质性的合作与实践运作,为"一带一路"高质量应用型人才供给提供强有力支撑。共同打造中老"语言 + 职业技能"特色培训平台、共建产教融合实习实训基地、推荐就业与人力资源培训等五项内容的合作协议,开启提升中老铁路应用型人才联合培养的新序章。

整合普洱学院老挝研究中心、云南省华文教育基地、南亚东南亚研究院、"一带一路"研究院等科研平台与老中铁路有限公司研究平台资源,合作共建智库平台,以期双方在科研项目申报、学术论坛举办、区域国别交叉学科建设等方面开展合作,优化双方资源配置,以跨境服务为主线,针对铁路经济、数字产业、文旅产业等领域开展研究,充分发挥智库作用,强化咨询服务,为国家和省市开展中老合作交流提供决策依据,共同打造服务特色鲜明的面向南亚东南亚辐射中心建设的中老跨境智库平台。

打造应用型特色优势专业,推动铁路运营经济相关专业发展。双方合作成立相关专业建设指导委员会,合作开发和建设课程,共同推动课程建设与行业标准、生产流程、项目开发等跨境服务需求科学对接;合作建设高水平"双师双能型"教师队伍。实现校企人才双向流动机制;合作引入行业标准和企业资源积极开展国际实质等效的专业认证和职业资格鉴定,促进专业认证与创业就业资格协调联动,打造"1+X"职业技能等级证书培训鉴定体系。

用好云南工匠学院(普洱校区)平台和中老铁路有限公司培训基地,整合双方合作伙伴生态企业,充分发挥汉语国际教育、老挝语专业特色,搭建校政企行协同培训平台,围绕中老双语、职业技能培训和职业资格鉴定等领域,合作打造中老"语言 + 职业技能"特色培训平台,形成区域内外非学历培训、职业技能鉴定和学历继续教育互补的终身教育体系。

合作打造集实践教学、科技研发、生产实习、培训服务等多位一体的实习实训平台,构建基于跨境服务产业发展和创新需求的实践教学和实习实训环境,共建实习实训基地,营造真实的生产和技术开发工作环境,普洱学院按老中铁路有限公司需求安排留学生到公司实习实训,老

第七章　本科院校国际化特色应用型人才培养的趋势

中铁路有限公司按专项工作统一接纳及安排实习生食宿、交通和老挝国内意外保险,办理老挝国内暂住证、工作证,并协助办理境外事宜。

合作指导大学生职业生涯规划和推荐就业,老中铁路有限公司同等条件下优先录用普洱学院毕业生,组织参加普洱学院校内毕业生供需洽谈会;普洱学院作为人才培养基地,利用院校的软硬件教学资源,承担或协助老中铁路有限公司开展包括员工和社会学员职业培训等在内的人力资源培训服务。

参考文献

[1] 杜新秀.理解·融合·共生：基础教育国际化理论与政策研究[M].广州：华南理工大学出版社,2023.

[2] 韩扬溪.高等教育国际化研究[M].北京：北京工业大学出版社,2021.

[3] 梁秀文,付宁花.新时代高职教育国际化发展研究[M].北京：中国财富出版社,2022.

[4] 刘进."一带一路"学生流动与教育国际化[M].北京：北京理工大学出版社,2020.

[5] 吕红.中国职业教育国际化策略研究[M].重庆：重庆大学出版社,2022.

[6] 任新红.新时代高等教育国际化发展研究[M].成都：西南交大出版社,2022.

[7] 汤晓军.中国高等职业教育国际化研究[M].苏州：苏州大学出版社,2021.

[8] 王增涛.中国高等教育国际化研究[M].西安：西安交通大学出版社,2021.

[9] 王志娟.高等教育国际化新论[M].北京：北京工业大学出版社,2021.

[10] 杨明全.基础教育国际化政策与实践比较研究的视角[M].上海：上海教育出版社,2021.

[11] 张伟.新时代地方高校教育国际化论纲[M].长春：长春出版社,2021.

[12] 陈玉涓.高等教育国际化发展与人才培养研究[M].北京：中国原子能出版社,2021.

[13] 任君庆,等.宁波高等职业教育国际化研究[M].杭州：浙江大

学出版社,2018.

[14] 买琳燕. 高职教育国际化发展路径研究 [M]. 长春：吉林人民出版社,2018.

[15] 陈娴. 民办高校教育国际化特色案例学术文集 [M]. 上海：上海社会科学院出版社,2022.

[16] 于漫. "双一流"背景下高等教育国际化理论探索与实践研究 [M]. 北京：中国原子能出版社,2022.

[17] 李小萌. "双一流"建设中的高等教育国际化论文集 [M]. 北京：对外经济贸易大学出版社,2018.

[18] 谭贞. 中外合作办学政策对我国高等教育国际化的影响及对策研究 [M]. 上海：上海交通大学出版社,2020.

[19] 曹文,范晓虹. 从 0 到 1 基础教育国际化特色办学的实践与创新 第 1 卷 [M]. 北京：外语教学与研究出版社,2019.

[20] 邵光华,施春阳,周国平. 区域高等教育国际化研究 [M]. 杭州：浙江大学出版社,2016.

[21] 康宁. 中国高等教育资源配置转型程度趋势研究 [M]. 南京：南京大学出版社,2019.

[22] 李玉萍. 高校教师信息化教学能力发展研究 [M]. 合肥：中国科学技术大学出版社,2021.

[23] 朱益明,王瑞德. 中国教育现代化 2035[M]. 上海：上海教育出版社,2020.

[24] 刘世清,袁振国. 教育强国之路 [M]. 上海：上海人民出版社,2021.

[25] 康宁. 中国高等教育资源配置转型程度趋势研究 [M]. 南京：南京大学出版社,2019.

[26] 刘晓洪,郎永祥,张艳. 改革开放 40 年我国教育信息化发展研究 [M]. 北京：冶金工业出版社,2020.

[27] 吴中才. 信息技术在数学教学中的应用 [M]. 上海：华东师范大学出版社,2021.

[28] 石转转,王慧,李艳. 新时代独立学院国际化人才培养模式探索与实践 [M]. 成都：西南财经大学出版社,2019.

[29] 陈丽. 教育变革的力量 [M]. 重庆：重庆大学出版社,2019.

[30] 陈琳. 以教育信息化推动教育现代化研究 [M]. 北京：科学出版

社,2020.

[31] 武晓琼,王海萍.信息化时代的教育教学理论与实践研究[M].北京:中国水利水电出版社,2019.

[32] 彭江.高等教育质量发展研究[M].北京:社会科学文献出版社,2020.

[33] 关博.教育国际化背景下的个性化教育研究[M].长春:吉林文史出版社,2018.

[34] 王成军,方军.知识管理——基于四重螺旋的创新创业研究[M].北京:社会科学文献出版社,2020.

[35] 程斌.中外合作办学发展研究[D].昆明:云南师范大学,2008.

[36] 蔡子怡.广西东盟来华留学研究生培养模式研究[D].南宁广西大学,2019.

[37] 狄伟锋.非洲来华留学生教育管理研究[D].杭州:浙江师范大学,2022.

[38] 祝刚,章晶晶.教师教育发展五大国际转向[J].云南教育(视界综合版),2021(C2):77-78.

[39] 李公法,陶波,曾良才,等.地方本科院校双师型师资队伍建设研究[J].中国冶金教育,2023(01):27-28.

[40] 杨文刚.引领职业本科院校教师专业发展"三师合一"的校本研修策略分析[J].大学,2023(28):107-110.

[41] 郭秋兰,李洁.应用型本科院校转型发展中"双师型"师资队伍建设研究[J].科学大众·科学教育,2018(09):126.

[42] 黄骊.人工智能赋能教师队伍建设的实施策略研究[J].太原城市职业技术学院学报,2023(10):95-97.

[43] 王红蕾,艾达."一带一路"视域下地方行业高校教育国际化实践[J].神州学人,2022(09):22-25.

[44] 林雪莹,张兰芳.应用型本科院校国际化人才培养模式探索与实践[J].教育教学论坛,2016(04):160-161.

[45] 赵立红.应用型本科院校国际化外语专业人才培养模式研究与实践[J].辽宁科技学院学报,2017,19(04):53-55.

[46] 廖春生.基于产教融合的人才培养模式[J].新教育时代电子杂志(学生版)2020(25):278-279.

[47] 吕玉国,赵蓉,李艳琼,等.校企合作人才培养模式的实践探索

[J].科学咨询,2023（20）:233-235.

[48]葛道凯.坚持以人民为中心的发展理念推动高等教育内涵发展[J].中国高等教育,2017（20）:4.

[49]尹晶晶.在教育进程中坚持以人民为中心的时代价值[J].未来与发展,2020（05）:4.

[50]刘代友.全面建成小康社会时代教育公平实施对策探新[J].四川职业技术学院学报,2023（02）:99-105.

[51]彭国华,甘永涛.澳大利亚政府高等教育国际化的推进策略及对我国的启示[J].教育理论与实践,2022（18）:8-12.

[52]胡婉,徐瑞珂.软实力视角下的英国高等教育国际化:经验与启示[J].戏剧之家,2019（19）:149-153.

[53]袁利平,李盼宁.俄罗斯高等教育国际化的战略框架及政策分析[J].中国人民大学教育学刊,2017（01）:156-173.

[54]李小红,杨文静,经建坤.马来西亚高等教育在地国际化的实践及启示[J].高教探索,2022（05）:93-97.

[55]周春彦,亨利埃茨科威兹.双三螺旋:创新与可持续发展[J].东北大学学报,2006（03）:170-174.

[56]李宝贵,尚笑可."一带一路"背景下来华留学教育新使命[J].现代教育管理,2017（11）:52-58.

[57]张继桥,刘宝存.新中国成立七十年来高等教育对外开放政策的历史演进与基本经验[J].高等教育研究,2019（08）:9-17.

[58]姜丽萍,庞震.21世纪20年来华留学人才培养:回顾与展望[J].天津师范大学学报(社会科学版),2023（01）:31-37.

[59]邵彤.来华留学教育的地缘优势和发展策略——以辽宁省为例[J].现代教育管理,2013（06）:17-20.

[60]张轶,周茜,苟朝莉."一带一路"背景下重庆市来华留学教育发展政策研究——基于政策比较分析视角[J].重庆高教研究,2021（05）:13-25.

[61]哈巍,陈东阳.挑战与转型:来华留学教育发展模式转变探究[J].中国高教研究,2018（12）:59-64.

[62]汤妩艳.来华留学生教育治理:困境、模式与出路[J].法学论坛,2020（01）:126-134.

[63]梅倩.进一步扩大开放背景下高职来华留学生精准培养策略研

究[J].中国职业技术教育,2022(12):71-75.

[64]蔡宗模,杨慷慨,张海生,等.来华留学教育质量到底如何——基于C大学"一带一路"来华留学教育的深描[J].清华大学教育研究,2019(04):104-112.

[65]Lewontinr. The triple helix: Gene, organism, and environment[M].Cambridge: Harvard University Press,2000.

[66]Lleydesdorff L, Etzkowitz H. The triple helix as a model for innovation studies[J]. Science and Public Policy,1998(03):195-203.

[67]ETZKOWITZ H, LLEYDESDORFF L.The dynamics of innovation: From national systems and "mode 2" to a triple helix of university-industry-government relations[J]. Research Policy,2000(02):109-123.

[68]Carayannis E. G., David F J. Campbell D. F. "Mode 3" and "quadruple helix": Toward a 21st century fractal innovation ecosystem[J].International Journal of Technology Management,2009(3/4):201-234.

[69]Low international student application and enrollment at U. S. graduate schools[J]. International Educator,2018(27):9.

[70]Faizan Ali. Service quality as a determinant of customer satisfaction and resulting behavioural intentions: A SEM approach towards Malaysian resort hotels[J].Tourism: An International Interdisciplinary Journal,2015:63.

[71]Tran, LyThi. International Review of Education/Internationale Zeitschrift fur Erziehung swissens chaft[J].International Educator,2019(65):557-578.

[72]Karen Doss, BowmanHow. Third-party providers and homegrown programs can boost international student enrollment.[J].International Educator,2019(28):40-42.

[73]Hanassab, S. &Tidwell, R. International students in higher education: Identification of needs and implications for policy and practice[J]. Journal of studies in International Education,2002(06):305-322.